U0904794

永思勇行

YONGSI YONGXING

李勇库◎著

《政协委员文库》丛书
编辑委员会

李勇库（2012年）

辑一　思考·体会

辑二　分析·研究

辑三　探索·创新

辑四　实践·经验

辑五　人才·队伍

辑一

思考·体会

创建国家环境保护模范城市的思考

国家环境保护模范城市是我国环境保护的最高荣誉，是现阶段我国城市实施可持续发展战略的典范。大庆作为内陆、高寒、资源型城市，继张家港、大连、深圳等沿海城市以后，在全国地级以上城市中第16个、内陆城市中第1个进入国家环保模范城市行列。这是大庆发展历史上具有里程碑意义的一件大事。创模工作已告一段落，但留给我们很多值得思考和总结的问题。

回顾创模历程，我们有很多深刻的体会。大庆市是从1998年提出创建国家环保模范城市目标的，在3年的创建过程中，我们体会到：

一、搞好创模工作，必须全市上下紧密团结、通力合作，在行动上达到高度统一。在创建工作中，我们抓宣传，大讲环保模范城市，进行深入研究，形成了一系列重大决议；抓活动，每年都针对创模工作的重点和难点，赢得大企业的支持，调动各方面的力量抓创模；抓责任，把创模任务分解到各部门、各企业、各县区，落实到人头；抓督办，签订环保责任状，逐年兑现奖惩。通过以上措施，真正使市里几大班子、几大中直企业、各部门和全社会高度重视环境保护工作，环保工作成为最受重视、叫得最响的一项工作，由部门行为上升为市委、市政府和全社会的行为，齐抓共管的格局得以形成，形成了合力抓创模的局面。没有这一点，创模工作就无从谈起。

二、创模工作的实践，是大庆精神、铁人精神在新时期的又一次发扬光大。面对创模工作遇到的前所未有的困难、挑战和考验，在短短的3年时间里，我们把“有条件要上，没有条件创造条件也要上”的铁人精神，把“大会战”和“三老四严”的大庆精神作为强大的精神动力，解放思想，克服困难，抢抓机遇，扎实工作，在整治市容环境脏、乱、差，大气、水等工业污染防治，城市绿化、美化等难点上，付出了艰苦的努力，取得了较大的突破，不仅收获了环境成果，也收获了宝贵的精神财富。

三、创模工作是我们自加压力，自觉实践“三个代表”要求的体现。提出创建国家环保模范城市，是市委、市政府站在可持续发展和为全市人民及子孙后代谋福利的高度，及时做出的重大决策，是在挑战环境，也是在挑战自我。原定4年时间，我们只用了3年就实现了创模目标。

四、开展创建活动，为推动环境面貌大幅度改善、加快地方经济发展提供了难得的机遇。回想几年的实践，我们深深地感到：没有创建，就没有城市环境面貌的巨变。正是因为开展了创建活动，我们通过集中财力、动员大企业出资、采取资产换置等办法，先后投资70多亿元，新上了400万平方米的集中供热工程，建成了东城区污水处理厂、垃圾处理厂、优质饮用水等37项环保工程，全面整治了各类污染企业。几年的努力，带来巨大的变化，大庆的城市环境质量明显提高了，环境质量各项指标均达到或超过国家标准，蓝天碧水，空气清新，市容环境更加优美，人与自然和谐的生态城市已有雏形。更重要的是，通过创模，扩大了大庆在国内外的知名度，展示了大庆良好的城市形象，优化了招商引资环境和经济发展环境，提高了人居质量，去年大庆市荣获中国人居环境范例奖。

展望环境保护工作的未来，我们肩负的任务仍然十分艰巨，要向更高目标迈进。环保模范城市，只是取得了加入生态环境较好城市的“入场券”，荣誉也是压力、鼓舞和鞭策。环境保护工作只有起点，没有终点。在今后的工作中，一是要始终把握可持续发展的主题。牢固树立保护环境就是保护生产力、破坏环境就是破坏生产力、改善环境就是发展生产力的思想，齐心协力，坚持不懈地致力于环保事业。二是要切实巩固创模工作成果。用动态的标准、更高的要求来巩固已取得的成果，通过加快环境基础设施建设、努力减少污染物的排放总量等措施，确保各项指标不下降。三是要向生态园林城市目标进军。我们提出，争取用10年时间，把主城区建成国家园林城市，用20年时间把市区建成国家园林城市，基本实现生态环境的彻底改善和良性循环，把大庆建设成为森林城市、草原城市、花园城市和湖泊环绕、最具特色、最好的生态、最适宜人居住的北方城市。重点是实施治水、种树、复草、净气四大工程。治水主要是通过治理和疏通市区内的100多个自然沼泽，改善其水质，新建污水处理厂，实现达标排放。种树主要是搞好“三北”防护林体系、城外防风林、城郊经济林、城内观赏林建设，5年内植树25万亩。复草主要是停止草原开发，新增草原面积55万公顷，基本治理草原“三化”问题。净气主要是抓好工业固体废物、汽车尾气、化学气体、采暖锅炉的治理。目前，生态园林城市建设已正式启动实施。四是大力实施发展环保产业，培育新的经济增长点。走活政府投入、企业投入、社会投入、招商引资，多元发展环保产业的路子，不断扩大环保产业在经济总量中的份额，使之成为市域经济健康发展的新支柱。五是要加大环保执法监察力度。认真贯彻落实环保法律法规，严格查处各种破坏环境的违法、违章行为，逐步走上靠法制保护环境的轨道。我们将通过不懈的努力，把大庆的明天建设得“天更蓝、水更清、地更绿、花更香、城更美”，真正实现可持续发展，加快建设高科技现代化城市进程。

（节选自2001年全国市长研究班论文选《市长谈城市》第22期）

合力推进大庆可持续发展

一个时期以来，在国家和省的支持下，全市人民致力于大庆的可持续发展，做出了不懈的努力，有了一个良好的开端。特别是近两年，把推进大庆可持续发展作为市委、市政府的中心任务，突出了发展替代产业、完善城市功能、改善生态环境三大任务，形成了一整套的工作思路和措施。近期，市、企主要领导带队到资源型城市学习考察，总结吸取这些城市的经验教训，这也充分表明了我们走可持续发展道路的决心和信心。

一、要统一思想，深化认识。当前，在可持续发展问题上存在着上热下冷、上紧下松的问题，特别是在干部队伍中，仍然存在危机意识不强、与已无关、信心不足等问题。所以，要通过学习、宣传和教育，提高对实现可持续发展必要性和紧迫性的认识，增强主动性和自觉性，把可持续发展变成广大干部群众的自觉行动。建议在调查研究的基础上，结合即将召开的党代会，做出一项决定，明确可持续发展的中心任务及思路、重点、措施、要求，在全市范围内长期坚持下去。同时，组织召开一次动员大会，通过现场直播、设分会场等形式，广泛动员、炒热叫响。要在全市上下围绕可持续发展开展一次大讨论。通过这些措施进一步统一干部群众思想。

二、要发挥优势，形成合力。大庆在实现可持续发展问题上，最大的优势就是石油化工这个支柱产业，没有石油化工就没有大庆的今天，大庆要实现持久繁荣必须依靠这些大企业。要坚持“一条船”。政企同在一条船上，一荣俱荣，一损俱损，一定要同舟共济。如果我们发挥不好这个优势，不借助这个优势，不挖掘这方面的潜力，要实现大庆的持久繁荣至少需要更长的时间，花费更大的气力，也许会走更多的弯路。要坚持“一盘棋”。全市各级党委、政府，各部门都要把可持续发展的思路变成实际行动，不能各自为政，搞部门利益和地方保护，一定要从全市人民的根本利益和共同利益出发，服从和服务于可持续发展这个大局。要坚持“一股绳”。要在全市上下形成人人关心可持续发展、参与可持续发展的局面，真正做到心往一处想，劲往一处使，合力推进可持续发展。

三、要抓住机遇，加快发展。要坚持发展是硬道理，抓住政企关系处在最好时期的机遇，抓住省委大庆现场办公会的机遇，抓住加入WTO的机遇，加快发展我们自己。要编制好可持续发展规划，制定好可持续发展实施纲要，合理开发利用大庆资源，确保资源的永续利用，在这方面要聘请专家专题研究。要狠抓工作落实。建议实施“三个十”工程，即完善城市交通、通信、教育、医疗等十大功能；抓好植被恢复、绿地建设、水环境治理等十大生态工程；以大企业为依托，以开发区为载体，新上十个产值超20亿元的立市转型工业项目。要按功能、工程、项目落实目标、责任、任务，要实行市企、县区、部门领导负责制，狠抓推进落实。通过十五年的努力，初步实现产业替代、功能替代、环境替代的目标。

四、要加快生态环境的保护和治理。没有生态环境的改善，大庆的可持续发展就是一句空话。在开发利用资源的同时，我们也在破坏资源；在为国家作出巨大贡献的同时，也在给子孙后代留下遗憾，这一点必须要有清醒的认识。要切实调整开发思路，坚持在开发中保护，在保护中开发，不能以破坏环境为代价换取经济的发展。在城市建设上实施东移北扩战略。在生态环境建设上，要建立项目库，抓好推进落实。

五、要创造良好的内外部发展环境。要坚持对外开放。通过走出去，请进来，争取更广泛的支持。要化解矛盾。把稳定作为中心任务，为可持续发展创造稳定的社会环境。要优质服务。在依法办事的同时，努力提高办事效率，为投资者搞好服务。要改善市容环境。坚持三分建、七分管，在完善十大功能的同时，强化管理，创造舒适的生活环境和工作环境。要加强领导。建议市里成立由市、企主要领导参加的可持续发展领导小组，下设办公室，既可挂靠计委，也可以独立出来，专抓可持续发展。

（节选自2002年大庆市委中心组学习发言）

大力弘扬社会主义先进文化

一、为什么要进行社会主义文化建设

文化是民族的灵魂，是维系国家统一和民族团结的精神纽带。每个民族都有自己的文化，中华民族五千多年的历史，之所以能维系到现在，不断地发展壮大，它的支撑是文化。将来要发展，要全面建设小康社会，还是离不开文化，要靠文化这种内在的、潜在的精神动力来激发人们、调动人们、鼓舞人们的士气，来振奋整个民族精神，去支撑这个国家，支撑这个社会。优秀作品，不仅鼓舞了现代人，也能鼓舞今后几代人。文化的力量是无穷的，文化是凝聚力、创造力，是竞争力。

文化是综合国力的重要组成部分。综合国力的核心是经济实力，综合国力的竞争归根结底是经济实力的竞争。但是，经济的发展从来就离不开文化的渗透和支撑。一个国家的综合实力不仅体现在经济上、军事上、金融上，而且还体现在文化上。可以说文化是生产力。

文化是全面建设小康社会的重要目标。全面建设小康社会，不仅要有繁荣的经济，还要有繁荣的文化，否则就不是小康社会，至少是一个不全面的小康社会。现在提出政治建设、经济建设、文化建设，把它作为重要目标提出来了。小康社会是个综合体。

二、发展社会主义文化首要的是解放思想

首要问题就是必须解放思想、转变观念，树立新的文化观。

一是必须在转变职能、管办分离上解放思想，树立管理就是服务的新观念。文化部门作为政府部门要转变职能。管办分离，政府主要是管理。管理是服务，不是干预。这些年来，政府的一些部门就是忙于事务，应酬场面，注意下面几个分管单位，真正就全社会怎样发展文化、建设文化研究得不够，政府的职能不到位、错位。

二是必须在深化改革、转换机制上解放思想，树立改革就是调整的新观念。现在一说改革，有人拥护，有人反对。实际改革就是调整，就是修正，修正错误的，坚持正确的。改革永无止境。改革就是调整，不断地适应社会主义市场经济发展的需要，大改、小改，不管怎么改，都是调整。利益调整是改革，组织结构的调整也是改革，工作内容的调整，包括运行方式的调整、机制的调整都是改革。所以对改革不要害怕，改革的目的，小平同志早就给界定了——就是“三个有利于”。在改革这个问题上要解放思想。那么调整什么呢？那就是江泽民同志讲的要突破前人，后人也会突破我们。有利于事业发展，该动就动，该改就改。

三是必须在加快大文化建设上解放思想，树立文化也是生产力的新观念。以经济建设为中心，发展是第一要务，在这个问题上，怎么抓都不算越位，怎么抓都不算过分。文化既然是生产力，只有发展生产力，解放生产力，才能促进经济社会的全面发展、小康社会的早日建成。发展是第一要务，发展建设社会主义先进文化应该

把它作为生产力来对待。

四是必须在尊重知识、崇尚人才上解放思想，树立人才就是效益的新观念。属于文化公共事业的产品，有社会效益；属于文化产业的产品，有经济效益。这些效益是谁来创造呢？是人才，没有人才不行。当前，最大的危机是人才危机。文化系统面临的人才危机尤其严重，能够坚守在大庆、奋斗在大庆这块土地上是非常可亲可敬的，很不容易。

五是必须在与时俱进、开拓创新上解放思想，树立创新就是文化生命的新观念。不创新是不行的，老守田园，满足现状，只看过去辉煌看不到未来发展是不行的。过去只能说明历史，不能说明现在和将来。实践也证明了，推陈才能出新，除旧才能布新，革故才能鼎新。所以，必须要与时俱进，开拓创新，锐意进取。创新是内在的动力和源泉，只有创新才能给事业注入生机和活力。创新是一个民族的灵魂，文化人要丢了灵魂，就意味着生命的窒息。

三、必须牢牢把握先进文化的前进方向和根本要求

十六大报告对什么是先进文化给了界定。什么是先进文化？在当代中国，社会主义的先进文化，就是面向现代化、面向世界、面向未来，民族的、科学的、大众的社会主义文化。就是要靠这个先进文化，不断丰富人们的精神世界，振奋人们精神。在坚持社会主义先进文化方向上，一是必须以马克思列宁主义、毛泽东思想、邓小平理论作为社会主义先进文化建设的理论基础；二是要用“三个代表”重要思想来统领社会主义先进文化，用“三个代表”重要思

想来指导文化工作，衡量文化工作；三是全面贯彻党的文化工作方针，坚持为人民服务、为社会主义服务的方向和百花齐放、百家争鸣的方针；坚持以科学的理论武装人，以正确的舆论引导人，以高尚的精神塑造人，以优秀的作品鼓舞人。

坚持社会主义先进文化，要把握好这么几个问题：一是坚持弘扬和培育民族精神。民族精神的内涵就是中华民族千百年来形成的以爱国主义为核心的团结统一、爱好和平、勤劳勇敢、自强不息的伟大民族精神。在坚持培育、弘扬民族精神的同时，也要坚持弘扬、培育大庆精神、铁人精神，并结合时代发展需要，赋予它新的内涵。二是切实加强思想道德建设。三是大力发展教育和科学事业。四是积极发展文化事业和文化产业。五是继续深化文化体制改革。六是必须创造出更加灿烂的先进文化。光坚持不创造不行，就是要多出佳作，多创精品，打造品牌，扩大影响，恢复名誉，再做贡献，重塑大庆在社会的形象、在国内的形象、在国际的形象。在计划经济时期靠“两论”起家，发扬大庆精神、铁人精神，拿下大油田，在全国树立了一面工业战线的红旗。在市场经济的今天，文艺工作者要肩负重塑大庆形象的重任。

四、必须认真对待、妥善处理和解决好有关问题

关于完善功能问题，全市文教卫生系统在完善功能方面占相当大比重，从大文化角度来说，奥体中心，文化中心，这些要研究，要加强，要建设，要改造，要逐步投入。关于人才问题，要努力改变现状。关于政策问题，就大文化建设的一些政策问题进行研究。关于理论研究问题，一些有疑惑的问题，需要研究，不能只知其

一，不知其二，把它研究深、研究透，思想统一，步调、行动就能一致，标准也能统一。

关于文化事业、文化产业以及组建文化集团问题。文化事业是面向社会，为公众提供公益性文化产品的事业，它生产公益性文化产品，也包括服务。按照十六大精神，文化事业不能市场化，不能按照商业化的经营管理方式去考虑、研究、运作，国家必须在投入上给予保障，在政策上给予扶持。也就是说，它的社会效益是第一位的。同时，搞社会主义市场经济，必须面向市场，生产的产品不面向市场就没有生命力，要树立成本观念、效益观念，不断增强自身发展活力。文化产业，简单说就是文化加经营。文化产业是适应社会主义文化建设，满足人民群众精神文化需求的一个途径，也是发展文化事业的有力支撑，是重要的支柱产业和新的经济增长点。从狭义来说，似乎仅仅指图书音像业、文化娱乐业、文化演出业等，实际上不是这个概念。它是一个大的概念，包括新闻传媒业、体育发展业、医疗发展业、教育发展业等等。我们提出组建文化集团，第一，是文化结构调整的需要，是改革，重要一点是解决管办分离问题。政府部门应该站在更高的层面，站在更广阔的空间和发展领域去研究大文化建设的问题，而不是鼠目寸光，紧紧盯在下面几个单位。第二，为什么不叫文化产业集团，叫文化产业集团，严格地说就纯属于经营性；叫文化集团，定位在事业单位企业化管理。第三，组建集团，通过组织结构的调整，争取政策。政府已经确定实行经费补贴总额包干，一定三年不变，超支不补，结余留用。这种组织结构调整，有利于在财政供给方式上进行改革。第四，这种组织结构的优化组合有利于资源共享。实行优化组合后，设备、设施共用，实现了资源共享，但关键是内部机制要理顺。优化组合还可以解决统一管理和分散经营的关系。文化局完全可以摆脱事务性的工作，站在更高层面实行业务上的指导和行业上的管理。还可以通过集团的组建，以集团为核心层，以资产为纽带，按专业分工和规模经营的要求来发展、壮大集团，实行跨地区发展和多种经营，为将来形成文化产业，走向世界和参与国际竞争做准备。

文化分类很多，有全球文化、本土文化，东方文化、西方文化，传统文化、现代文化，先进文化、落后文化，民族文化、世俗文化，高雅文化、通俗文化等等，这些都得研究。出几本书、演几场节目就是文化吗？严格意义说它只是文化的一个分支。先进文化要面向世界、面向未来、面向社会。既然要面向世界，光研究中国文化不行，世界先进文化也得研究。必须立足当前，着眼未来。

（节选自2002年12月与大庆部分文艺工作者座谈时的讲话）

牢记党的宗旨　全心全意为人民服务

一、共产党员为什么要牢记全心全意为人民服务的宗旨

全心全意为人民服务是我们党的根本宗旨。坚持全心全意为人民服务的宗旨，不仅是我们党区别于一切剥削阶级政党的根本标志，也是我们党的最大政治优势，还是马克思主义政党先进性的根本体现和本质特征。在社会主义市场经济条件下，能否牢固树立全心全意为人民服务的思想，自觉坚持立党为公、执政为民，是对我们每个共产党员保持先进性的根本要求和现实检验。

（一）全心全意为人民服务是党的先进性的根本体现

马克思主义唯物史观认为，人民群众是社会生产的主体，是生产力中最重要的因素，是社会历史发展的决定力量。人民群众既创造了社会物质财富，又创造了社会精神财富，因而是人类历史的创造者。在马克思主义看来，人民，只有人民，才是创造历史的动力，才是社会的主人。因此，我们党从成立之日起，就把自己的根深深植于人民群众这片沃土，把服务人民作为自己的神圣责任和庄严使命，把人民的利益、人民的幸福，作为党一切行动的出发点和归宿，并鲜明地把“全心全意为人民服务”作为党的宗旨，公开宣称党除了工人阶级和最广大人民的利益，没有自己的特殊利益。可

以说，80多年来，无论形势任务发生怎样的变化，无论面对什么样的冲击和考验，党的宗旨始终没有改变，而且内涵不断得到丰富和拓展。特别是进入21世纪，我们党明确提出了全面建设小康社会的宏伟目标，这既是坚持全心全意为人民服务宗旨的最终体现，也是人民意愿的集中反映，鼓舞了广大人民群众团结一致为建设中国特色社会主义的伟大事业不懈奋斗。

从我们党走过的八十多年的光辉历史看，也是一部为最广大人民翻身解放、当家作主，为最广大人民谋利益的奋斗史。战争年代，是为人民群众站起来而奋斗；新中国成立后，是为人民群众富起来而奋斗。一代又一代共产党人前仆后继，英勇奋斗，与时俱进，开拓创新，谱写了为人民服务的壮丽篇章。据资料记载，1937年抗日战争开始时，全国还有四万名党员，而在大革命和土地革命战争期间牺牲的共产党员，是这个数字的十倍，真正是九死一生。全国解放前夕党员发展到了300万人，但仅全国有名可查的共产党员烈士就有370万人，也就是说，绝大多数共产党员没有等到五星红旗升起的那一天。在新中国成立后，为改善人民生活，实现广大人民群众改变我国经济文化落后状况的迫切愿望，广大党员干部在极其困难的条件下，坚持党的宗旨，密切联系群众，与人民群众同甘共苦、顽强拼搏，闯过了一个又一个难关，迅速改变了“一穷二白”的面貌，为进行社会主义现代化建设奠定了坚实的基础。在长期的奋斗历程中，党员队伍中涌现出了许许多多为人民服务的先进人物，张思德、雷锋、王进喜、焦裕禄、孔繁森、郑培民、任长霞、牛玉儒等一批无私奉献、造福于民、深受群众爱戴的好党员、好干部，就是他们当中的突出代表，他们的名字被人民永远铭记在了心里。这些先进人物虽然所处的环境不同，从事的工作不一样，但他们共同的最优秀的品质就是始终把人民装在心中，把人民的利益看得高于一切，把自己的一生无怨无悔地奉献给了全心全意为人民服务的伟大事业。

我们党80多年的历史证明，在任何时候任何情况下，全心全意为人民服务的宗旨不能忘，与人民群众同呼吸共命运的立场不能变，坚信群众是真正英雄的历史唯物主义观点不能丢。正如胡锦涛同志指出的：全心全意为人民服务，引导人民群众认识自己的根本利益并团结起来为之奋斗，是我们党的唯一宗旨，也是共产党员保持先进性必须解决好的一个根本问题。改变或丢掉了这一条，就从根本上改变了党的性质，就会使党丧失先进性。

（二）全心全意为人民服务是巩固党的执政地位的现实需要

回顾党的历史，我们党所以能够从无到有、从小到大、从弱到强，从建党之初的50多名党员，发展到今天成为拥有6000多万党员的世界第一大执政党，就是因为我们党始终坚持全心全意为人民服务的宗旨，得到了人民群众的真心拥护和全力支持。广大人民群众正是从党的奋斗历程中，从党领导人民进行的革命和建设实践中，从广大党员不怕牺牲、英勇奋斗的具体行动中，从不断获得经济、政治和文化权益的切身感受中，深切领悟到我们党是实实在在地为全体人民谋利益的，因而自觉自愿地跟党走，积极投身并不断推进革命、建设和改革的伟大事业。与此相反，回顾国际共产主义运动史，20世纪80年代末至90年代初，一些国家执政多年的大党、老党之所以垮台，共同的也是最根本的原因就是它们脱离了群众，因而失去了群众的拥护和支持。十月革命胜利后，新生的社会主义苏联曾经经历了两次生死考验：一次是国内的白卫军和14个帝国主义国家的联合进攻，另一次是希特勒法西斯军队的入侵。每当苏联共产党和苏维埃祖国面临危机，都有千百万的人民群众挺身而出，义无反顾地投入战斗，用鲜血和生命保卫自己的党和社会主义政权。但是，到了1991年，在苏共亡党的生死关头，当年没有因为牺牲和饥饿而离开党的人民、在生死考验面前奋不顾身保卫党的党团员、为党冲锋陷阵的红军都不再和苏共站在一起。1991年12月25日19时38分，印有锤子和镰刀的苏联国旗，在飘扬了69个春秋之后，于沉沉夜色中伴着寒风在克里姆林宫降下。当时，每十个人中就有一个人是苏共党员的苏联老百姓，对苏共的垮台却表现出惊人的冷漠。这种冷漠说明了什么呢？说明一个政党的盛衰，全在人心向背。

我们党所以能够经受住20世纪90年代“政治风波”的考验，在广大人民群众支持下，维护了改革发展稳定的政治局面，维护了社会主义制度，一个根本的原因是中国共产党代表最广大人民群众根本利益，我们党和人民之间的血肉联系是其他任何国家的任何政党都不能比拟的。一是中国共产党和人民之间的感情是在长期革命战争中用鲜血凝成的；二是共产党员为人民利益吃苦在前，牺牲在前，赴汤蹈火，前仆后继的献身精神在人民心中树起了丰碑；三是密切联系群众是党的三大作风之一，在党员和干部队伍中一直保持了下来；四是为了人民的利益知错就改，增进了群众的信任；五是以经济建设为中心的正确路线，实现了人民利益，得到了人民拥护。新中国成立后，特别是改革开放的二十多年，是中国历史上发展最快，人民生活改善最大的时期，从没有任何政党能如此造福于中国人民。

但是，长期执政的有利地位，和平年代的优裕环境，一方面使我们党取得了更好地服务人民的有利条件，另一方面也增加了脱离群众的危险。特别是在改革开放和发展社会主义市场经济的条件下，脱离群众的危险在一些方面进一步加大了。如长期执政、身居高位容易忘了人民群众，容易淡化脱离群众的危机感、危险感。经济的繁荣、物质条件改善，容易忘了艰苦奋斗的精神。有的党员干部把党的优良传统丢在了脑后，把党和人民的利益丢在了脑后，把脱离群众的危险丢在了脑后，特别是少数党员干部在走上了重要的领导岗位后，没有经受住考验，成为了腐败分子，走上了背叛人民的不归路，教训十分深刻。我们每个党员干部，都是党联系群众的桥梁，心中是否装着人民群众，真正为老百姓谋利益，直接关系到群众对党的感情。当党员干部一步步脱离了群众，心中的群众观念越来越淡薄时，人民的心中对他们的感情也会越来越淡薄；当党不再代表人民的根本利益，不再为人民的利益而奋斗时，人民也不会在危急时刻为党排忧解难，这就是历史的辩证法，也是我们从苏联与东欧剧变中获得的最重要的教训之一。今天，中国人民的绝大多数对我们党是信任和支持的，但是，如果我们党不能始终保持先进性，如果不能始终坚持全心全意人民服务的宗旨，不能始终保持与人民群众的血肉联系，在新的历史条件下也就得不到人民群众的拥护，就失去了存在的依据、存在的价值、存在的意义，也就跳不出当年黄炎培先生对毛泽东同志说的“其兴也勃焉，其亡也忽焉”的历史周期率，就必然会垮台，这绝不是危言耸听。对此，每一个党员特别是领导干部都要有强烈的忧患意识，要居安思危，警钟长鸣。

（三）全心全意为人民服务是每个共产党员应尽的政治义务

党的宗旨是每个党员的行动指南，同时也依赖于全体党员的实践去体现。没有全体党员具体的、富有说服力的为人民服务的行动，党的宗旨就会变成一句空话。《党章》规定：“中国共产党党员必须全心全意为人民服务，不惜牺牲个人的一切，为实现共产主义而奋斗终身。”因此，坚持为人民服务的宗旨，既是对人民群众的承诺，也是中国共产党对全体共产党员的根本要求。作为党员，必须承认并努力实践为人民服务的宗旨，不但要向党作出为人民服务的承诺，更要承担履行为人民服务的义务。每个党员为人民服务的行为，都会换来一方或一部分百姓对党的信赖、爱戴和拥护，能使党的执政基础不断稳固。从这个意义上说，为人民服务不只是党员的一般义务，更是党员的政治义务。

能否坚持全心全意为人民服务的宗旨，对于一个共产党员来说，是立党为公还是立党为私的分水岭、试金石，决定着他的政治方向、政治立场和人生价值取向。邓小平同志曾说过，我们进了城，执了政，究竟是为了做官呢，还是为了做人民的勤务员呢？如果是为人民大众服务，就要站在无产阶级和人民大众一边，把为最大多数人谋取最大利益作为自己的最大的人生价值。如果为个人私利或者剥削阶级少数人的利益服务，就会在政治上追随资产阶级，站在资产阶级和其他剥削阶级一边，把谋取一己私利和少数人的利益作为唯一的人生价值追求。由此可见，为什么人的问题，是共产党员必须搞清楚的最根本的原则问题，在这个问题上必须有一个清醒的头脑，有一个明确的态度和坚定的立场。“入党为什么？”这个问题所有党员在入党宣誓时都回答了。为什么现在还要问？因为有的党员入党后不想这个问题甚至干脆就忘了这个问题。因此，对“入党为什么？”这个带有根本性的问题，入党时要问，入党后仍然要问，必须经常问、反复问、一辈子问，否则就要出毛病。我是50年代出生的，从小深受毛泽东思想的熏陶。上学的时候，正赶上全国掀起学习毛主席著作的热潮，在这股热潮中我也认真学习了毛主席著作。我记得其中的“老三篇”，即《为人民服务》《纪念白求恩》《愚公移山》，还上了初中课本，这些著作给我的教育很深，可以说，当时几乎篇篇能背。60年代初，毛主席发出“向雷锋同志学习”的号召后，全国开展了向雷锋同志学习的活动，那时候我虽然还不是十分懂事，但雷锋同志“出差一千里，好事做了一火车”的先进事迹和“做社会主义大机器上一颗永不生锈的螺丝钉”精神仍然深深打动了我，雷锋同志“把有限的生命投入到无限的为人民服务之中去”的朴素语言，至今记忆犹新，可以说，雷锋精神一直是鼓舞我自觉实践全心全意为人民服务宗旨的巨大精神力量。

后来，我参加工作，走向了社会。在党的教育下，随着阅历的丰富、觉悟的提高、知识的增加，自己对党的宗旨的认识也不断增强。我当过电影放映员，当过公社团委书记、公社党委书记，当过蔬菜公司经理，担任大庆市政府副秘书长和副市长期间，也分管了很长时间的农业和农村经济工作。工作期间，经常和农民在一起，还带领过农民学大寨。在与老百姓的接触中，与老百姓结下了深厚的情谊。可以说，农村工作的经历，对我一生的影响很大。所以能够在工作中始终带着感情去做工作，真心诚意地为老百姓办一些好事实事，与这些经历是分不开的。

另外，我的出生地——大庆，是铁人王进喜战斗过的地方，可以说，我也是在铁人精神的激励和鼓舞下成长的。我虽然没有机会和铁人一起共过事，但有幸与其长子一起学习过。早在大庆炼油厂当放映员期间，特别是做党团工作的过程中，为了向其他同志宣传铁人精神，也了解了王进喜的许多先进事迹，接触了大量与王进喜有关的人和事，确实非常感人。他的精神不仅鼓舞和激励了一代代石油工人，而且影响了中国的几代人。王进喜的先进事迹有很多，比如用身体做搅拌机，纵身跳进泥浆池搅拌泥浆；缺少拖拉机、吊车，就用绳子、撬杠把60吨的钻机一寸一寸地运到井场；没有水罐车，就带领工人用脸盆一盆、一盆端来几十吨水开了钻，等等，但给我印象最深刻的，还是工人们说的，你就是把王铁人的骨头砸碎了，也找不出半个“我”字。这是一种什么精神？这就是一种彻底的全心全意为人民服务的精神。当时参加大会战，由于条件非常艰苦，所有的工人都吃不饱，一日只有一餐，一餐只有三两个野菜团子。因此，所有的工人都消瘦，腿上一按就是一个坑。到后来，很多工人都患有肝炎，有一些甚至患上了肝癌、胃癌。在他们当中，年龄超过60岁的很少。可以说，现在的人很难想象在那个艰苦的年代里，他们是以怎样崇高的境界，顽强的毅力和钢铁般的意志去为祖国挖石油的。从当年王进喜率领的1205钻井队为祖国打出第一口油井到现在，大庆已打出3万多口油井，虽然有些油井已不再出油，但是，40多年来，铁人精神一直鼓舞着一代又一代石油工人，它不仅成为了石油职工无私奉献的精神象征，而且成为了石油工业的时代风貌，成为了石油行业里最为宝贵的精神财富。

全心全意为人民服务，对共产党人来说，是最起码的要求，是最基本的觉悟，也是最根本的原则。不为人民服务，共产党就没有存在的必要；不为人民服务，就不配共产党员这个光荣称号。

二、共产党员如何做到全心全意为人民服务

共产党员要做到全心全意为人民服务，有理论上、思想上、作风上和工作上等各方面的要求。可以从培养对群众的感情，增强为人民服务的本领，端正价值取向，加强党性修养和锻炼，立足本职见行动等几个方面去把握。

（一）共产党员要努力增进对人民群众的深厚感情

对人民群众的深厚感情，是树立为人民服务人生观的思想基础。共产党员能否牢记党的宗旨，全心全意为人民服务，首先取决于他对人民群众的感情。可以说，对群众感情有多深，工作动力就有多大，创新能力就有多强，工作成效就有多显著。焦裕禄、孔繁森、郑培民等优秀党员干部之所以能鞠躬尽瘁、任劳任怨，就是因为他们对人民群众的真挚情谊激发了他们献身党和人民事业的永恒动力。因此，要实践党的宗旨，首先必须努力增进与人民群众的深厚感情，使全心全意为人民服务成为我们的自觉行动和毕生追求。

在邓小平同志诞辰100周年纪念大会上，胡锦涛同志曾经用“心中始终装着人民”这句话来评价小平同志，这正是小平同志光辉一生的真实写照。如果不是心中装着人民，小平同志就不可能在命运的低谷，仍然能够超越个人的逆境，始终坚守这样的信念：“我是中国人民的儿子，我深情地爱着我的祖国和人民。”如果不是心中装着人民，就不可能在“三落三起”的坎坷经历后，仍然心系人民的安危冷暖，在国家发展的特殊关口，深刻把握时代的脉搏和人民的需求，提出贫穷不是社会主义，社会主义要消灭贫穷的全新目标；如果不是心中装着人民，就不可能始终相信人民、依靠人民，把人民拥护不拥护、人民赞成不赞成、人民高兴不高兴、人民答应不答应作为制定方针政策和作出决断的出发点和归宿。而且，大家耳熟能详的“不管白猫、黑猫，捉住老鼠就是好猫”“发展是硬道理”“摸着石头过河”这些朴素的言语，哪一个不是来自平民化的生活体验；农村“包产到户”、发展个体私营、建立经济特区这些大胆的尝试，哪一个不是源自人民群众的历史创造。因此，在对待人民群众的感情上，小平同志等老一辈无产阶级革命家永远是值得我们学习的楷模。

要增进对人民群众的深厚感情，就必须多接触群众，多了解群众，并在接触、了解群众中加深对群众的感情。只有多接触群众，才能于平凡中见伟大，真正领悟到只有人民才是创造历史的动力这一伟大真理；只有多接触群众，才能亲身感受到老百姓的可亲可敬可爱之处，感受到老百姓纯朴、善良、勤劳的优良品质；只有多接触群众，才能真正体验到老百姓生活的艰辛，了解老百姓内心的渴望和企盼。只要我们真正深入群众，思想就会受到触动，心灵就会引起震撼，情感就会得到净化和升华。

要增进对人民群众的感情，就要毫不动摇地相信和依靠群众。要始终坚持和弘扬“从群众中来，到群众中去”的优良传统，密切联系群众，把群众呼声作为“第一信号”，把群众的利益作为“第一选择”，把群众满意作为“第一尺度”，时刻把人民群众的安危冷暖放在心上。要心里装着群众，凡事想着群众，工作依靠群众，一切为了群众，真正做到“权为民所用，情为民所系，利为民所谋”。

要增进对人民群众的感情，就要从点点滴滴的小事做起，从群众最现实、最关心、最直接的利益要求和实际困难做起，多给群众以看得见、摸得着的利益，在工作实践中不断增强同人民群众的感情。群众利益无小事，桩桩件件总关情。群众的一些困难，对于我们来说，可能是芝麻小事，但对困难群众而言，就可能是迈不过去的坎、闯不过去的关，因此，对于群众的这些困难，一定要带着深厚感情竭尽全力去办、去解决，把实事好事办在群众开口之前，把思想工作做到群众心坎之中，千方百计地帮群众之所急、送群众之所盼、排群众之所忧、解群众之所难，把党的温暖送到周围群众身上。

当然，增进对人民群众的感情，绝不能怀着功利目的，把为群众做点好事当作“感情投资”的一种手段，意在日后从群众那里捞取更多的“回报”。这些人即使一时能赢得群众的好感，但早晚要露出虚情假意的“真馅”，招致群众更大的反感。要坚决摒弃那种对待群众“在困难时依靠，顺利时就不依靠；需要时依靠，不需要时就不依靠；口头上依靠，思想上并不依靠”的实用主义态度，真心诚意地为群众排忧解难，与群众呼吸相通，休戚与共，切实增强党和人民群众的血肉联系和鱼水之情，用实际行动，满怀深情地服务人民。

（二）共产党员要不断增强为人民服务的本领

牢记全心全意为人民服务的宗旨，光有主观愿望是不够的，还必须有为人民服务的本领。正如邓小平同志指出的：“没有专业知识，又不认真学习，尽管你抱了很大热心建设社会主义，结果做不出应有的贡献，起不到应有的作用，甚至起反作用。”

当前，我国改革开放和社会主义现代化建设已经进入了一个新的历史阶段，新情况、新问题层出不穷。特别是在知识经济迅速发展的今天，专业性、知识性程度越来越高，这对我们的理论水平、政策水平、思想水平、知识水平、工作水平都提出了新的更高要求。所有这些，都说明了我们增强为人民服务本领的时代性、紧迫性和重要性。当前，我们不熟悉、不懂得的东西很多，光靠老的工作方法，光靠工作热情和勤奋的工作态度，是远远不够的。必须学习，学习，再学习，努力获取新知识，增长新本领，掌握新方法，不断增强工作的主动性、系统性、预见性和创造性。只有这样才能适应新时期发展的要求；才能实践全心全意为人民服务的宗旨；才能做好党和人民交给的各项工作任务；才不愧为一个伟大的共产主义先锋战士。

联系到我们每一个普通党员，增强为人民服务的本领，更多地意味着提高政治素养、职业素质和做好本职工作的业务能力。目前，随着党和政府对审计工作更加重视，审计地位不断提高，审计领域不断扩大，审计任务也越来越繁重。在这种情况下，我们的审计人员不但要通晓财会知识，而且要熟悉各行各业的法规制度和各种经济活动规律，善于发现、分析和思考问题。一名称职的审计人员只有努力学习政治、经济、文化、历史、法律、科技等多方面的知识，形成足够的知识和经验储备，才能胜任自己所担负的职责。为此，要主动联系自己的工作实际，不断完善知识结构，培养业务技能，不断增强自身业务素质。要缺什么学什么，急需什么先学什么，通过努力学习和认真实践，力争成为本职岗位上的行家里手。

当前，作为审计人员，加强计算机知识的学习显得尤为迫切。我记得李金华审计长说过三句话，第一句是“审计信息化是一场深刻的革命”；第二句是“不掌握计算机审计知识，我们将会失去审计资格”；第三句是“审计机关的领导干部如果不了解信息技术就将失去指挥的资格”。可以说，一句比一句递进，一句比一句深刻，充分说明了学习计算机知识的极端重要性和紧迫性，大家对此一定要有足够的认识。可以说，计算机审计的问题已经不仅仅是一个方式方法的问题，它已经涉及我们整个审计人员的思维方式和综合素质，要求我们以一种崭新的信息化和网络化的理念来开展审计监督。如果没有足够的计算机知识，我们就会被社会所淘汰，就会被历史所淘汰。因此，希望大家认真抓好这方面知识的学习，促进我们业务素质的提高。只有这样，我们才能履行好审计监督职责，切实解决提高为人民服务水平的问题。

（三）共产党员要有正确的价值取向

首先要正确对待权力地位。对共产党人来讲，权力是人民赋予的，权力就是责任，就是奉献。权力越大，责任越重，奉献就应越多。我们必须把人民赋予的权力化作为人民服务、为人民谋利益的责任和动力。要增强公仆意识，牢固树立执政为民的思想。在权力问题上，要永远保持谨慎态度，力戒骄横、力戒浮躁，时刻不忘记共产党人的理想信念，牢固树立群众意识，不断增强群众观念，真正为人民掌好权，用好权。

要树立正确的权力观、地位观，就需要经常想想“我是谁”，经常问问“我是谁”。这个问题，作为群众可能好回答，但作为一名共产党员，确实需要认真回答，因为在生活中还真有人忘了“我是谁”，比如一些陷入泥潭的党员在反省悔过找原因时，常说的一句话就是：“我辜负了组织的培养，忘记了自己是一名公仆、一名共产党员……”因此，作为一名共产党员，我们的特殊身份和职责使命要求我们经常想想“我是谁”，真正做到“权大不忘责任重，位高不移公仆心”。有的党员干部不能够正确认识自己，总觉得自己能干，认为今天的“位置”是个人奋斗得来的；还有人认为自己付出太多，得到太少，总觉得吃亏，内心深处就想得到些“补偿”和“安慰”。为什么？就是因为他们把党的宗旨抛到了脑后，在“入党为什么”“在党干什么”“为党留什么”的认识上出现了偏差。他们没有想一想：如果缺了组织的培养、同志的支持，仅凭一己之力，会有什么作为？因此，只有经常想想“我是谁”，经常问问“我是谁”，才会认识到自己的渺小，群众的伟大，才会多一点自知之明，正确认识自己；才会自觉地按照共产党员的标准来衡量和要求自己，时刻感到“如履薄冰，如临深渊”，不敢有任何的懈息和放松；才会想到自己的职责和义务，真心实意地努力实践党的宗旨，全心全意为人民服务。

其次要正确对待利益得失。要始终坚持把党和人民的利益放在第一位，吃苦在前、享受在后，自觉地做到群众的利益高于一切，把个人理想、人生价值定位在为人民服务上，一辈子全心全意为人民谋利益。

要树立正确的利益观，就要正确对待个人得失，要坚持用两点论的方法来分析得与失，充分认识得与失的辩证关系。得与失是一个事物的两个方面，既对立又统一，我们决不能只看失，看不到得或者只看到个人的失，看不到整体的得。同时，得与失也有相继性。没有老一辈革命者、建设者的失，哪里有社会主义新中国的得。如果老一辈人人都不想失，都怕吃亏，革命就不可能胜利。同样，如果我们今天人人都怕失，都想得，只讲索取不讲奉献，全面建设小康社会的宏伟目标也就无法实现，个人的幸福也无从说起。另外，得与失还是互补的，只有我们个人有所失，他人才能有所得，反之，他人有所失，才能使我们有所得，得与失是相互补充的。常言说，前人栽树，后人乘凉，人人为我，我为人人。因此，只有树立正确的得失观，才能保持一个良好的心态，才能自觉地把自己毕生的精力奉献给人民，奉献给这个伟大的时代，奉献给全面建设小康社会的宏伟大业。

要树立正确的利益观，还要正确处理好奉献和索取的关系，要有少一点索取、多一点奉献的精神。

我们共产党人是历史唯物论者，从来不否认社会成员个人的利益，在可能的条件下，还要十分尊重党员个人权利和利益，并尽量满足党员个人的抱负和追求。但是，作为一个共产党员首先考虑的不应该是个人，他必须毫不犹豫地将个人利益服从国家利益，局部利益服从整体利益，眼前利益服从长远利益，使个人的理想、抱负和追求符合党的宗旨。人为什么活着，应该为谁活着，每个共产党员都应该认真思考。雷锋同志有一句名言，“人吃饭为了活着，但活着却不是为了吃饭”。这话虽然普通，却道出了人生价值的深奥道理。铁人王进喜也曾经说过：“宁可少活二十年，拼命也要拿下大油田”，他确实少活了二十年，死时年仅47岁，但他的人生价值得到了升华。因此，一个共产党员，如果只是为了自己，为了家产而活着，那么，它的意义就很有限了。只有为国家、为社会、为民族的最根本的利益去活着，毫不保留地奉献出自己的聪明才智，这样的人生才有真正的意义，才是光荣的人生，闪光的人生。共产党人就要追求这样的人生，并努力去实践这种人生价值。

中国共产党党员永远是劳动人民的普通一员。除了制度和政策规定范围内的个人利益和工作职权以外，所有共产党员都不得谋求任何私利和特权。一个党员，任何时候都应该把方便让给别人，把困难留给自己，甘愿吃苦，不谋私利，必要时要做出重大牺牲。可以说，奉献精神是共产党员先进性的最本质特征。党员的先进性在现实生活中的意义，更多地体现为一种对个人利益的舍弃。能不能在党和人民需要的时候，自觉地放弃个人的利益，不仅是一种人生境界，更是共产党人优秀品质的一种必然要求。因此，每个党员都要通过努力，力争做“一个高尚的人，一个纯粹的人，一个有道德的人，一个脱离了低级趣味的人，一个有益于人民的人”。这样的共产党人，才能取信于人民，才能有崇高的威信，才能有号召力，才能真正发挥共产党员的先锋模范作用，才能更好地实践全心全意为人民服务的宗旨。

（四）共产党员要加强党性修养和锻炼，始终保持共产党员的先进性

党性是一个政党固有的本质属性，是政党阶级性最高而集中的表现。党性不仅体现在党的纲领、路线、方针、政策上，而且体现在每个党员的思想、言论和行动中。共产党员的党性是实践党的宗旨的基本素质，只有不断加强党性修养，才能始终保持共产党员的政治本色和先进性，才能自觉增强党员意识，牢记党员要求，履行党员义务，努力实践全心全意为人民服务的宗旨，真正做到“平时看得出，关键时刻站得出，危难时刻豁得出”，并始终保持共产党员的蓬勃朝气、昂扬锐气和浩然正气。

加强党性修养和锻炼。一是要坚定理想信念。这是革命和建设事业成功的前提，是人民团结的基础。只有共同的理想和信念，才能有共同奋斗的目标，才能增强凝聚力，才能战无不胜，攻无不克。所以，理想和信念，是共产党员的根本立场和先进性的标志，是共产党员的巨大的精神支柱和力量源泉，也是共产党员人生观、世界观和价值观的最集中表现。共产党员要坚信共产主义社会是人类历史上最美好的社会制度，要坚信共产主义事业必定会胜利，共产主义社会一定能够实现，要把实现共产主义作为每个共产党员的最高理想和最终追求，并下决心终生为实现人类最美好的伟大的共产主义事业，鞠躬尽瘁，死而后已。二是要牢记“两个务必”，保持和发扬艰苦奋斗的优良作风。我们党是靠艰苦奋斗起家的，也是靠艰苦奋斗发展壮大、成就伟业的。艰苦奋斗作为我们党的优良传统和作风，作为我们马克思主义政党的政治本色，是凝聚党心民心、激励全党和全国人民为实现国家富强、民族振兴共同奋斗的强大精神力量，是我们党保持同人民群众血肉联系的一个重要法宝。

越是改革开放和发展社会主义市场经济，越要弘扬艰苦奋斗的精神。发扬艰苦奋斗的精神，并不是让大家都来过“苦行僧”式的生活，相反，我们要通过经济发展，不断地提高广大人民群众也包括广大党员的物质文化生活水平。发扬艰苦奋斗精神，关键要使广大党员、干部充分认识建设中国特色社会主义的长期性、艰巨性，牢固树立勤俭建国、勤俭办一切事业的思想，始终保持昂扬向上的奋斗精神、创业精神，始终不脱离人民群众。广大党员要带头发扬艰苦奋斗精神，通过全体人民的共同实践，使艰苦奋斗精神成为激励我们开创中国特色社会主义宏伟事业的精神力量。三是要自觉抵制腐朽思想的侵蚀，端正党风，廉洁自律。党风问题的实质是党同人民群众的关系问题。党风好坏决定着人心向背，人心向背决定着党的命运。因此，党风不正是最大的党性不纯。每一个共产党员尤其是领导干部，都要自觉做到自重、自省、自警、自励，坚决抵制腐朽思想的侵蚀，严格遵守廉洁自律各项规定，清白做人，廉洁为官，树立共产党员的良好形象。四是要增强党员意识，自觉遵守党的纪律。这是维护党的团结统一、增强党性、端正党风的必要手段，党的各级组织和广大党员都要严格遵守和维护党的纪律，都要和党中央在思想上、政治上、行动上保持高度一致，不允许有令不行、有禁不止、各行其是。

（五）共产党员要立足本职，以实际行动实践党的全心全意为人民服务的宗旨

实践全心全意为人民服务的宗旨，保持共产党员的先进性，不仅要体现在我们党员干部的思想觉悟和精神境界上，更要体现在每一个党员干部带头立足本职工作，爱岗敬业、奋发拼搏，努力创造一流的工作业绩上。每一个共产党员都要自觉地把本职工作岗位作为履行全心全意为人民服务宗旨的主阵地，把人生舞台当作实践先进性的平台，积极进取，建功立业，无私奉献。

伟大源于平凡。我们的日常工作，并不都是可歌可泣的，然而又无不与可歌可泣相联系。一个人的能力有大小，但只要在自己的工作岗位上做出了成绩，都是在为人民服务。因此，我们要摆正个人与组织、个人职业与党的事业、尽党员之责与尽岗位职责的关系，努力把远大理想与本职工作结合起来，把践行先进性的要求贯穿到实实在在的本职工作中，干一行、爱一行、钻一行，为党和人民努力工作，高标准地完成党和人民交给的各项任务，在各自的岗位上创造出一流的业绩。

审计工作是党的工作的重要组成部分，也是维护最广大人民群众利益的前沿阵地，有着实践全心全意为人民服务宗旨的天然优势。目前，审计事业迎来了前所未有的大好发展形势，也肩负着任重道远的责任，面临着越来越严峻的挑战。特别是2005年，随着我国改革开放的不断深化，经济和社会的快速协调健康发展，国家对审计工作的要求更高了，人民对我们寄予的期望更大了，审计的公开透明对审计质量的要求更严了，廉政建设的重要性也更加突出了。因此，我们要保持清醒的头脑，增强忧患意识，始终着眼于维护、实现和发展人民群众的根本利益，坚持以“三个代表”重要思想为指导，立足本职，依法审计，认真履行审计监督职责，做人民利益的忠实维护者。

一是要围绕中心，服务大局，强化审计监督服务。要始终围绕经济建设这个中心和改革发展稳定的大局来确定自己的工作重点，把发展作为第一要务，把党和政府、人民群众关心的问题作为重中之重，始终关注如何保持经济的平稳较快发展；如何进一步推进改革开放、完善社会主义市场经济体制；如何推进建设和谐社会、保持社会稳定等问题，更好地为大局服务。同时，要善于从宏观的角度去分析思考和把握问题，善于从大局出发来考虑审计工作的发展，努力提高审计成果的层次和水平，真正发挥审计为国民经济健康发展保驾护航的作用。

二是要坚持原则，依法审计，自觉做人民利益的捍卫者。作为综合经济监督部门，审计机关肩负着维护财经秩序，推进依法行政，促进提高效益，强化党的执政根基的重要职责。我们一定要进一步增强做好审计工作的政治责任感，提高当好经济卫士的崇高使命感，充分发挥党员的先锋模范带头作用，努力在严谨细致、提高审计质量上下功夫，切实履行好审计监督职责。要以对国家和人民高度负责的精神，带着感情去审计，要坚持原则，敢于碰硬，不怕得罪人，坚决维护国家法律、法规的权威性、严肃性，对于损害国家和人民利益的行为，要嫉恶如仇，坚决查处，做人民利益的忠诚卫士。

三是要爱岗敬业，无私奉献，积极发挥共产党员的先锋模范作用。群众认识我们党，往往是从身边的共产党员开始的。“一个党员就是一面旗”，这面红旗是否鲜艳，取决于我们党员在工作、学习和社会生活中的行为表现。作为一个共产党员，要时刻牢记，我们既是一个普通劳动者，更是一个为实现社会主义和共产主义远大目标而奋斗的先锋战士。因此，在新的历史条件下，每一个党员和干部，都要继承和发扬优良传统，以身作则、率先垂范，争做勤奋学习的模范、维护大局的模范、开拓创新的模范、联系群众的模范、乐于奉献的模范和清正廉洁的模范。要从自身做起，从身边事情做起，善于与群众打成一片，把自己所在单位特别是自己周围的群众都带动起来，用党的思想和主张统一群众的认识，用自己的模范行为感召群众、凝聚群众、引导群众，当好团结带领群众前进的“火车头”。

（节选自2005年2月成都特派办保持共产党员先进性教育活动党课讲稿）

全面贯彻落实科学发展观
推进审计事业持续健康发展

科学发展观是中国特色社会主义理论体系的重要组成部分，是马克思主义中国化的最新理论成果。科学发展观的第一要义是发展，核心是以人为本，基本要求是全面协调可持续，根本方法是统筹兼顾。当前，全面贯彻落实科学发展观是我们全党乃至全社会的重大实践课题。那么，如何在审计工作中深入贯彻落实科学发展观，推动审计事业又好又快发展，进而推进民主法制建设、维护经济秩序、保障社会公平正义、促进廉政建设，又是审计机关面临的一个十分紧迫的任务和重要的课题。

一、发展审计事业，科学发展观是指针

科学发展观是我们党从新世纪新阶段的实际出发，努力把握社会发展的客观规律，汲取人类发展的有益成果，着眼于丰富发展内涵、创新发展观念、开拓发展思路、破解发展难题提出来的，是指导发展的世界观和方法论的集中体现，是当前及今后统领整个经济社会发展全局的重要指导方针，是发展中国特色社会主义必须坚持和贯彻的重大战略思想。作为国家重要的经济监督部门的审计机关必须深刻领会并深入贯彻落实科学发展观。我国审计机关从1983年

成立至今，审计事业走过了一段从无到有，从小到大，从弱到强的发展历程。经过20多年的不懈努力，审计工作取得了令人瞩目的成绩。特别是近些年来，审计的社会地位日益提高，审计的影响力不断提升，审计的社会关注度也越来越高。目前，审计事业已经进入了一个新的发展阶段，在这新一轮的发展过程中，必须要把贯彻好落实好党中央的重大方针政策和措施作为根本任务。当前，最重要的就是以科学发展观为指导，用科学发展观统领审计工作全局，把科学发展观的要求体现到审计工作的各个环节上。第一，谋划审计工作要以科学发展观为根本依据。要紧紧围绕发展这个第一要义，按照有利于推进科学发展、有利于促进人的全面发展、有利于落实全面协调可持续发展的要求来思考谋划审计工作，使工作思路更加科学合理。第二，推进审计工作要以科学发展观为根本指针。在开展审计工作当中，要把科学发展观的要求转化为可操作的工作措施和方法。第三，检验审计工作要以科学发展观为根本标准。审计工作的成效要用科学发展观这个价值尺度去衡量、去检验。对符合科学发展观的事情就要全力以赴地去做，对不符合的就要毫不迟疑地去改，确保审计工作成果和工作成效经得起历史的检验、实践的检验和人民的检验。

二、创新审计工作，科学发展观是方向

创新是推动审计事业发展的不竭动力，也是在审计工作中贯彻落实科学发展观的必然要求。党的十六大提出要“加强对权力的制约和监督”，十七大指出要“完善制约和监督机制，保证人民赋予的权力始终用来为人民谋利益”，特别是温家宝同志去年底在视察

审计署时对审计机关也提出了“推动科学发展、维护人民群众的根本利益”等新要求。但面对这些新形势、新任务、新要求，审计工作还存在诸多的不适应：一是传统的审计思维方式和审计观念与科学发展观的要求还有很大差距；二是审计人员的专业知识结构、能力素质与形势发展的要求还不适应；三是相对滞后的审计技术方法和监管手段与越来越繁重的审计工作任务还不适应。这些，已成为制约审计事业可持续发展的“瓶颈”因素，必须在科学发展观的引领下，通过解放思想、改革创新来破解。既要学习借鉴国外的先进经验，又要立足于我国的实际情况，认真总结过去的审计实践经验，不断探索有中国特色的审计之路。一要创新审计理念。要按照科学发展观的要求更新、调整审计理念，转变原有的思维定式和思维方法，摒弃单纯的财务审计、查错纠弊以及就事论事、就审计论审计等审计理念，树立全面、系统、科学的审计理念。要正确处理好宏观与微观的关系、监督与服务的关系、依法审计和实事求是的关系、全面审计与突出重点的关系，用科学的审计观来推动审计工作。二要创新审计管理。要建立健全科学的管理机制，规范审计行为。要建立科学的审计计划管理体制和成本控制机制，合理配置审计项目的人、财、物，提高审计资源的使用效益。特别是要建立和完善审计质量控制体系，建立健全审计复核、审计质量责任追究等制度，强化检查督办，不断提高审计成果质量。三要创新审计技术方法。要加快推进审计信息化建设进程，加强先进的审计技术方法的推广运用，在会计电算化比较成熟的财政、金融、投资等重点领域、重点行业积极开展计算机审计。要抓好AO和OA系统的推广和应用，为提高审计质量提供强大的技术支撑。并积极研究探索适合我国审计工作的先进方法和监管手段，提高审计工作质量和水平。四要创新审计理论。要加强审计理论研究，不断探索审计发展规律，紧密结合审计实践推动理论创新。要增强理论研究的实用性、指导性和前瞻性，通过理论创新及时解决在审计工作中遇到的难题。要充分调动审计人员的积极性，鼓励研究审计理论，发展审计理论。要充分利用科研机构、高等院校等科研力量，整合各方面资源，对一些重点课题进行攻关，形成高水平的理论研究成果。

三、突出审计重点，科学发展观是目标

科学发展观要求审计机关要把围绕中心、服务大局作为全部工作的出发点和落脚点，做到统筹兼顾、突出重点、提高效益。一要突出揭露重大违法违纪问题，加大对重点部门、重点领域、重点资金的审计，制约权力的运行，促进依法行政。二要突出“民本审计”，要把关系人民群众切身利益的突出问题作为审计工作关注的重点，加大对人民群众关心、社会各界关注的热点、焦点、难点问题的审计。当前，要重点关注并严肃查处救灾、扶贫、教育、医疗、社保、环保等专项资金管理使用中违法违纪问题，以维护人民群众的切身利益，确保党的惠民政策落到实处。三要加大效益审计力度，着重揭露重大的损失浪费，揭露和查处重大的资源生态破坏或毁损，促进领导干部树立科学发展观和正确的政绩观，促进财政资金使用效益的提高、资源节约和环境保护，推进节约型社会、生态文明社会建设，促进经济社会的全面、协调、可持续发展。四要加大审计调查力度，注重从微观入手、宏观着眼，从政策措施以及体制、机制、制度层面，抓住带普遍性、倾向性、宏观性、根本性问题，深刻分析其产生的原因，提出有分量、有指导性、影响全局

决策的审计意见和建议，在更高层次上发挥审计监督的作用。

四、建设审计队伍，科学发展观是根本

科学发展观最核心、最本质的内容是坚持以人为本，促进人的全面发展。人是审计的主体，人的素质是审计事业可持续发展的前提和基础。只有人的素质提高了，审计工作才能做好。“以人为本”体现在审计工作中，就是要把审计人员的积极性引导好、保护好、发挥好，不断加强审计队伍建设，提高审计人员的综合素质，建设一支思想政治可靠、审计业务精通、工作作风过硬、廉政纪律严明的审计队伍。这样，审计事业的发展才有可靠的基础和保障。

（一）以科学理论武装人。用党的创新理论武装头脑，是思想建设的根本任务。当前，应把科学发展观作为审计队伍思想建设的主线突出出来，作为学习中国特色社会主义理论体系的重点突出出来，全面、系统、准确地领会科学发展观的深刻内涵和精神实质，掌握蕴含其中的马克思主义立场、观点和方法，使科学发展观在广大审计人员的头脑中深深地扎下根来，自觉地用科学发展观去认识问题、分析问题和解决问题，从而为开创审计事业新局面提供强有力的思想保证。

（二）以优良作风培养人。作风建设是审计机关的一项长期而艰巨的任务。贯彻落实科学发展观，一要大兴求真务实之风。坚持一切从实际出发，一切按照科学规律办事。大力发扬脚踏实地、埋头苦干、严谨细致的工作作风，始终保持奋发有为、昂扬向上的精神状态，用心想事，用心谋事，用心干事，一步一个脚印地把审计事业推向前进。二要大兴清正廉洁之风。审计队伍廉政建设必须警

钟长鸣，常抓不懈。审计干部要时刻绷紧廉洁自律这根“弦”，筑牢党纪国法和思想道德两道防线，始终如临深渊、如履薄冰。自觉遵守审计职业道德，严格执行审计“八不准”纪律和各项廉政规定，在工作中要坚持原则、秉公用权；在生活上要严于律己，保持健康的生活情趣。三要大兴文明从审之风。自觉实践文明审计，严格按照《审计机关文明礼仪公约》的要求来规范审计工作。学会换位思考，善于“用审计别人的标准来要求自己，用理解自己的理念来理解别人”，用自己的文明言行塑造审计队伍的良好形象。

（三）以教育培训提升人。一要以创建学习型机关为抓手，优化审计干部的知识结构。要加大审计人员知识更新的力度，在强化审计专业知识学习的同时，针对审计队伍知识结构单一、习惯从微观上分析问题的现状，还要注重学习政治经济、法律法规、公共管理和现代科技等方面知识，开阔视野，拓宽知识面。二要以能力建设为重点，优化审计干部人才结构。能力建设要以把握大局、依法审计、开拓创新、综合分析、自我约束和计算机应用等能力建设为重点，针对不同职级、岗位和知识结构的审计人员，通过健全审计职业教育体系、实施分层次业务培训、加强实践锻炼等行之有效的措施，着力提高审计人员的综合素质，培养出一专多能的复合型人才，努力打造一批查核问题的能手、分析研究的高手、计算机应用的强手和精通管理的行家里手。

（四）以良好机制激励人。要积极探索适合自身发展的审计人员长效激励机制，通过运用各种激励机制和手段，满足人的需要来鼓舞士气，调动积极性。一要建立符合实际的目标管理机制。要紧紧围绕大局、紧密联系实际，科学地设定目标，建立健全配套的责任机制、运行机制、监督机制等，以保证绩效目标的实现。二要建立健全科学的干部考核机制。要根据不同类别、不同岗位、不同层次的干部所履行职责的不同，提出不同的考核要求，形成以业绩为导向的考核评价体系，并将考核结果作为干部提拔、晋级、交流、培训、奖惩和评先的依据。三要建立科学合理的用人机制。既要大胆选拔德才兼备、业绩突出、勇于开拓的年轻干部，为优秀人才脱颖而出开辟“快车道”，又要注意发挥各个年龄段干部的作用。还要充分发挥每个干部的特长和优势，扬长避短，做到人尽其才，才尽其用。四要注意发挥精神的激励作用。坚持精神奖励与物质奖励相结合、以精神奖励为主的原则，对在审计工作中有突出贡献和成绩的审计人员要进行表彰，以树立典型、弘扬正气，充分发挥先进典型的示范、带动作用，使审计机关形成人人争先创优、个个奋发向上的新局面。五要积极探索建立审计人员职业化管理体制。要借鉴国际上推行审计职业化制度的经验，科学地设置审计职务层级，建立审计人员准入和退出机制，以及职业保障、培训机制和激励机制等，从而提高审计人员的专业化水平，调动工作的积极性、主动性。

（五）以严暖结合凝聚人。审计工作坚持以人为本，必须严暖结合，突出人文关怀。一方面，对审计干部严格管理，严格要求，从严治理审计队伍。另一方面，从思想上、工作上、生活上关心爱护审计干部。重视解决职工最关心、最直接、最根本的切身利益问题，尽可能地帮助他们解决实际困难，为他们创造良好的工作和生活环境。通过组织讲关怀，职工讲奉献，充分调动一切积极因素，增强审计队伍的凝聚力和向心力，让审计人员的干劲和智慧在本职岗位上竞相迸发。要充分发挥党组织、工青妇群众组织的作用，经常开展有益于身心健康的文体活动，努力构建和谐审计机关。

科学发展观的提出，标志着传统发展观的终结，新的发展方式的开始，也是发展战略的第二次重大转移，这对审计事业转变发展理念、创新发展手段、拓展发展空间提供了重大机遇和重要保障。当前，审计事业正处于社会地位的提升期、各项工作的加速期、重要转折的关键期，我们必须把科学发展观不折不扣地贯彻到审计工作的各个环节，从而开创审计事业的新局面。

（节选自2008年在中央党校学习时的论文）

关于进一步深化经济责任审计的思考

领导干部经济责任审计，是各级党委、政府和社会各界普遍关注的一个热点问题，也是各级审计机关面临的一个重要课题。

一、关于经济责任审计的概述

（一）经济责任审计的内涵

要了解什么是经济责任审计，首先必须弄清“经济责任”的概念，两办《规定》第四条给出了明确的定义：经济责任，是指领导干部在任职期间因其所任职务，依法对本地区、本部门（系统）、本单位的财政收支、财务收支以及有关经济活动应当履行的职责、义务。关于经济责任的内涵，要把握三个要点：

一是“经济”。辞典里的解释是指社会物质生产、流通、交换等活动；经济责任审计里的“经济”，主要指与财政财务收支以及有关经济活动相关的事项。两种解释有所区别也有联系。

二是“责任”。领导干部的责任是多方面的，有政治责任、经济责任、社会责任乃至家庭责任，审计关注的是经济方面的责任，是领导干部基于本人所担任的特定职务，管理和运用公共财政资金、国家资源、国有资本、相关社会资金以及其他经济活动时应当承担的职责和义务。

三是“所任职务”，主要是指领导干部或主持工作的领导干部在特定单位所担任的特定职务，而不是领导干部担任的所有职务。比如要审计的是某公司的总经理，而这个总经理同时又担任某协会的会长，在这个审计项目中要审计的是该领导人员担任公司总经理职务应当履行的职责和义务，而不包括担任某协会会长应当履行的职责和义务。但是，所涉及的重大违法违纪问题除外。

明确了经济责任的内涵，再解释经济责任审计的概念就很容易理解了。经济责任审计，就是审计机关通过对领导干部所任职地区、部门、单位的财政财务收支及相关经济活动进行审计，来监督、评价和鉴定领导干部履行经济责任情况的行为。

（二）经济责任审计的特点

经济责任审计同其他常规审计不同，具有自身特点。

一是特殊性。经济责任审计是对“人”的监督，这是经济责任审计区别于其他审计的一个最显著特征，其目的在于通过审计监督，加强对干部管理监督，加强党风廉政建设和党的执政能力建设。通过实施经济责任审计，促进领导干部贯彻落实科学发展观，推动本地区、本部门、本单位经济社会科学发展。

二是综合性。经济责任审计既是审计监督的有机组成部分，又与干部监督管理、纪检监督等密切相关，集审计监督和干部管理、纪检监督等多项工作和目标于一身。从项目上讲，经济责任审计对审计事项进行审计或者评价、判断，不是一个孤立、单一的过程，而是一个联系的、多维的审计、评价和判断的过程，是对领导干部履行经济责任情况的综合考量。

三是政策性。经济责任审计政策性很强，从审计内容和审计评价上讲，经济责任审计涉及贯彻落实科学发展观、推动经济社会发展、执行经济政策、实施重大经济决策等情况的审计和评价，涉及范围广，政策性极强。从结果运用上讲，经济责任审计结果直接影响到领导干部选拔任用，直接影响党委、政府的决策和管理，会对经济和社会发展产生直接或者间接影响。

可见，经济责任审计是一种特殊的审计监督制度，它是适应中国的改革开放和经济发展而产生和发展起来的审计监督制度，有别于传统审计，历史上没有，国外也没有，它是制度创新的产物，是中国特色社会主义市场经济和社会发展的产物。

不妨我们也可以了解一下国外的情况，目前，在国外审计界，也刮起了“政府责任”的风潮，最主要的代表是美国。美国审计署现在已改名为“政府责任办公室”，拓宽了审计领域，对政府履行责任情况实施审计并出具审计报告，突破了传统财政财务收支的范畴。但其对审计的拓展和延伸，是在绩效审计的基础上增加了“职责履行”的成分，与我国的经济责任审计相比在审计范围、深度、有效性和效果上，还有很大的差距。英国、澳大利亚、加拿大等国家探索开展了政府绩效评估，对政府及其部门，以及特定的区域进行全面的绩效评估，但其效果不是很理想。白俄罗斯的监察长制度，与我国的经济责任审计有相似之处，也对领导者实施监督，但没有形成独特的专业技术体系，更接近于审计与监察一体的制度。

（三）经济责任审计发展历程

经济责任审计是伴随我国改革开放和社会主义市场经济的发展，为适应干部管理监督及反腐倡廉需要产生和发展起来的，大致经历了三个阶段。

第一阶段：从1985年到1998年，是经济责任审计的产生和初创时期。1985年，黑龙江省肇源县审计局和安徽省淮南市审计局针对国有企业改制中存在的问题，开始探索对厂长、经理离任前的企业经营成果进行审计。此后，山东、浙江等省的一些县市审计机关，针对少数党政领导干部中出现的弄虚作假、虚报政绩等现象，在开展国有企业领导人员离任审计的同时，开始尝试对党政领导干部进行经济责任审计。1997年9月，新华社《国内动态清样》刊载《菏泽三年中135名“一把手”未过“离任审计关”》的报道，时任中央政治局常委的胡锦涛同志阅后批示：“此事对加强监督，推进党风廉政建设很有好处，需研究有关范围及办法，先试行起来，然后总结、推广”。随后，中纪委到山东省菏泽地区考察总结，写出专题报告，并以中纪委、中组部、监察部、人事部和审计署五部委名义联合上报。1998年1月，胡锦涛同志在中纪委《关于落实胡锦涛、尉健行同志批示的工作情况报告》上批示：“赞成先扩大试点，然后总结经验，制定办法，逐步试行。”同年，中纪委在菏泽地区开展了领导干部经济责任审计试点工作，并提出在全国对党政领导干部和国有及国有控股企业领导人员开展经济责任审计。

第二阶段：从1999年到2005年，是经济责任审计的探索发展时期。1999年5月，中央办公厅、国务院办公厅印发《县级以下党政领导干部任期经济责任审计暂行规定》《国有及国有控股企业领导人员任期经济责任审计暂行规定》，两个暂行规定的颁布，标志着我国经济责任审计制度正式确立。此后，国有企业领导人员、县级以下党政领导干部经济责任审计在试点的基础上全面展开。2004年11月，党政领导干部经济责任审计范围扩大到地厅级。这一阶段，经济责任审计工作在全国各地快速发展，实现了地厅级以下党政领导干部经济责任审计的制度化，并开始对省部级党政领导干部经济责任审计进行试点，审计覆盖面迅速扩大，地方各级审计机关经济责任审计工作量占审计工作总量的比重明显提升，审计效果进一步显现，经济责任审计得到了各级党委、政府和各相关部门的普遍重视，社会各界普遍关注，并在加强干部监督管理和党风廉政建设工作中发挥了重要作用。

第三阶段：2006年至今，是经济责任审计的深化发展时期。2006年2月，经济责任审计正式写入《审计法》。2010年10月，中央办公厅、国务院办公厅印发了《党政主要领导干部和国有企业领导人员经济责任审计规定》，简称两办《规定》，经济责任审计逐步走上了法制化轨道。这一时期，全国经济责任审计工作进一步发展，国有企业领导人员、县级以下党政主要领导干部审计基本实现制度化，市（地、厅）级党政主要领导干部审计不断推进，省部级党政主要领导干部审计逐步推开。各级审计机关大力推行任中审计，探索实行党委和政府主要领导干部同步审计，经济责任审计在制度机制、技术方法、效果效能等方面都取得了长足进步，经济责任审计监督制度趋于完善，效果和作用进一步显现。

总体来看，经过20多年的工作实践，我国经济责任审计从无到有、从研究探索到逐步规范，走出了一条具有中国特色的审计路子，成为我国审计监督制度中一项受到高度重视和普遍关注、发挥了突出作用的审计制度。

（四）经济责任审计的地位和作用

二十多年来，经济责任审计工作的重要地位在整个审计大格局中不断强化和巩固，特别是近几年，在推动完善国家治理、促进经济社会科学发展中发挥了积极作用。

一是在推动完善国家治理中发挥积极作用，促进了领导干部守法守纪守规尽责。依法治国是国家治理的重要内容，依法行政是依法治国的核心要素。实行经济责任审计，对主要领导干部是否严格遵守国家的法律法规、是否严格执行国家方针政策进行监督评价，促进了领导干部依法行政、依法履行经济责任，推动了领导干部遵纪守法意识和自我约束能力的提高。

二是在干部管理和监督工作中发挥积极作用，促进了干部管理监督机制的健全完善。经济责任审计作为干部管理监督机制的重要组成部分，把组织监督、纪检监督和审计监督有机结合起来，成为新时期加强领导干部管理和监督的有效措施，审计结果已成为干部考核、评价和任免被审计领导干部的重要参考依据。近五年来，全国各级审计机关完成对15.3万名领导干部的经济责任审计，其中：省部级领导干部95人，企业领导人员3851人。根据审计结果，有696名领导干部因未能正确行使权力被降职、撤职。

三是在预防和惩治腐败中发挥积极作用，促进了党风廉政建设。经济责任审计是惩治和预防腐败体系中一项重要的制度设计，通过揭示隐患，有效发挥了预防功能，注重发现苗头性、倾向性问题，做到早发现、早提醒、早防范，切实防患于未然，在预防腐败中发挥了积极作用；通过深挖线索，严查违法违纪问题，及时向纪检监察机关和司法机关移交重大案件线索，在查办案件中发挥了积极作用。近五年来，经济责任审计共查出领导干部以权谋私、失职渎职、贪污受贿、侵吞国有资产等个人经济问题金额2.82亿元，移送纪检监察机关和司法机关1963人。

四是在维护国家财政经济秩序中发挥积极作用，促进了经济社会科学发展。经济责任审计坚持以促进被审计领导干部贯彻落实科学发展观为目标，以财政财务收支以及有关经济活动的真实、合法和效益为基础，通过对被审计领导干部履行经济责任情况进行全面审计和客观评价，促使被审计领导干部认真贯彻落实党和国家关于经济工作的方针政策和决策部署，防止决策失误和行为失范。近五年来，全国各级审计机关通过经济责任审计，向各级党委、政府提交各类报告40多万篇，为党委、政府宏观经济决策提供参考依据，对推动经济社会又好又快发展发挥了积极作用。

五是在解决体制机制制度问题中发挥作用，促进了各领域深化改革。经济责任审计在关注领导干部在履行经济责任中存在问题的同时，更加注重对问题产生的原因进行深入分析，从政策、体制、机制和制度等层面提出解决问题的建议，提出加强行政管理体制、财政管理体制、干部管理监督、完善惩防体系建设等方面改革的措施和办法，推动了相关领域的深化改革。

六是在锻炼审计队伍中发挥积极作用，促进了审计能力的提高。经济责任审计工作的快速发展，培养锻炼了审计队伍，从经济责任审计管理，到审计内容、审计方法、审计评价、责任划分等创新与实践，到审计结果如何运用，以及经济责任审计制度架构设计等等，相比传统审计，对审计人员都是新的挑战。通过经济责任审计，培养了审计人员勇于实践、勇于创新的精神，培养了审计人员从全局角度研究、分析问题的能力，多方位培养锻炼了审计干部。

二、经济责任审计的主要做法和经验

多年来，全国各级审计机关和有关部门勇于实践，探索创新，不断规范和深化经济责任审计工作，积累了很多好的做法和经验。主要归纳概括为六个方面：

一是必须紧紧依靠各级党委、政府的领导与支持。经济责任审计制度建立以来，党中央、国务院始终予以高度重视和支持，中央全会、中央纪委全会、国务院廉政工作会议多次对经济责任审计提出明确要求，作出明确部署；中央政治局常委会、中央党建工作领导小组都专题研究过经济责任审计；胡锦涛、温家宝等中央领导同志多次对经济责任审计作出重要指示，为经济责任审计工作发展指明了方向。地方各级党委、政府也高度重视，进行专题研究部署，积极推动经济责任审计工作健康稳步发展。

二是必须不断健全和完善经责审计组织协调机制。经济责任审计联席会作用得到切实发挥，每年都组织召开全体会议，研究部署经济责任审计工作，下发指导意见，总结经验，指导工作；署里主要领导亲自抓，其他班子成员分工负责；联席会办公室认真履职，发挥了协调、调研、检查、督办、指导的作用；署内各业务司既承担专项审计任务，又负有经济责任审计职责。目前，全国所有的省（区、市）、99%的地市和97%的区县设立了经济责任审计联席机构，成为行之有效的组织管理制度。

三是必须不断加强法制化、制度化和规范化建设。《审计法》的修订，两办《暂行规定》及审计署《暂行规定实施细则》和此后五部委印发的一些文件和规定，特别是新的两办《规定》的颁布实施，对规范经济责任审计工作，指导全国经济责任审计工作深入开展，发挥了至关重要的作用。各地在经济责任审计实践中，围绕审计计划管理、审计内容、审计评价、结果运用、联席会议工作规程等，逐步建立和完善法规制度。据统计，全国共出台经济责任审计法规制度达1.2万多个。

四是必须不断改进和完善组织实施方式。突出对重点部门和重点单位领导干部的审计，突出对重点事项和重点资金的审计。积极推行省部级领导干部经济责任审计制度化，启动高校领导干部审计，探索党政领导干部同步审计等。积极推动经济责任审计与各专项审计相结合，一次进点、协同审计、成果共用、分别报告，提升了工作效率。推动任中审计与离任审计相结合，对干部任期内实行全程监督。推动传统审计与计算机审计相结合，提高了工作效能。

五是必须不断建立和完善审计结果运用长效机制。在对领导干部履行经济责任情况进行客观公正、实事求是评价的基础上，积极推动建立健全审计结果运用制度，注重建立和完善长效机制，经济责任审计结果已经成为干部管理和监督部门考核、任免、奖惩被审计领导干部的重要依据。大部分地区将经济责任审计结果报告纳入干部人事档案归档，部分地区还将其纳入干部廉政档案，还有的建立了审计结果通报制度、审计结果公告制度、诫勉谈话制度，制定了问责机制或者责任追究办法，等等。

六是必须不断加强经责审计机构和干部队伍建设。各级党委、政府高度重视经济责任审计机构和干部队伍建设，全国大部分审计机关通过增加内设机构、增加编制或内部调整等方式，逐步设立了经济责任专职审计机构，配备了专职审计人员。截至去年底，除个别县市级审计机关外，各级审计机关均已设立经济责任专职审计机构，配备经济责任专职审计人员1.2万多名，占全部审计人员的比例为15%，超过60%的专职审计机构实现了机构升格或领导人员高配，中央经济责任审计工作联席会议办公室主任确定为副部长级职务。

以上这些做法和经验是各级审计机关、广大审计干部多年探索实践的结果，是经济责任审计得到快速发展的根本所在，大家应该在今后的审计工作当中很好地学习、参考和借鉴。

三、关于两办《规定》的解读

审计工作是法制性很强的工作，开展审计工作必须要有相关法律规范作为依据。目前，我国已初步构建起了经济责任审计法律规范体系，经济责任审计法律依据较为丰富，包括法律、行政法规、地方性法规、部门规章和制度规定等，其中最为重要的有两个：一是《审计法》。2006年修订的《审计法》第二十五条规定："审计机关按照国家有关规定，对国家机关和依法属于审计机关审计监督对象的其他单位的主要负责人，在任职期间对本地区、本部门或者本单位的财政收支、财务收支以及有关经济活动应负经济责任的履行情况，进行审计监督"，明确了经济责任审计的法律地位。二是两办《规定》。2010年10月，中办、国办印发《党政主要领导干部和国有企业领导人员经济责任审计规定》，是我国现行的关于经济责任审计工作最重要的法规制度，是全国各级审计机关开展经济责任审计必须遵循的法规依据和纲领性文件。两办《规定》的正式印发，是党中央和国务院重视、关心和支持经济责任审计工作的结果，是审计机关贯彻落实党的十七大和十七届四中全会精神的重要举措，是我国经济责任审计实践经验的科学总结，是全国各级审计机关和干部管理监督部门集体智慧的结晶。这份文件的出台主要解决了以下几个重要问题：

一是明确了经济责任审计的内涵。这一点在前面已经作了阐述。

二是明确了经济责任审计的对象。包括地方各级党政主要领导干部和审判检察机关主要领导干部，中央和地方党政部门、事业单位和人民团体主要领导干部，国有及国有控股企业领导人员。涵盖了乡镇至省部的各级主要领导干部。目前，人大、政协、纪委等部门的主要领导干部没有被列为经济责任审计对象，主要是因为这些部门本身对党政部门和党政领导干部实施监督，但是，对其不开展经济责任审计，并不等于这些部门的领导干部就不接受审计监督，在目前的审计实践中，是通过对有关部门开展预算执行和其他财政财务收支审计，对其进行审计监督。

三是明确了经济责任审计的权限问题。经济责任审计对象依照干部管理权限确定，而不是按照财政、财务隶属关系或者国有资产监督管理关系确定。属于哪一级党委组织部门管理的干部，由哪一级党委组织部门委托同级审计机关实施审计。比如，县委书记由省委组织部管理的，由省委组织部委托省审计厅实施审计；某省副省长或者省委常委，兼任某市委书记（市长），作为中管干部，应由中组部委托审计署审计。针对“审计机关的领导干部由谁审计”这一社会普遍关注的问题，明确了地方审计机关主要领导干部，按照上级审计下级的原则，由上一级审计机关实施审计。作为国家最高审计机关主要负责人，报请国务院总理批准后，按照总理指示，由有关部门实施审计。

四是明确了经济责任审计的组织领导方式。各地建立经济责任审计联席会议，负责经济责任审计组织协调工作。在审计实践中，一些地方还成立了层次更高的领导小组，加强对经济责任审计工作的组织领导。两办《规定》同时明确了联席会议的组成部门，主要包括纪检、组织、审计、监察、人力资源社会保障和国有资产监督管理等部门。目前，一些地方根据工作需要，增加了财政部门、编制部门、检察院等单位作为联席会议成员单位。联席会议设立办公室，负责日常工作，与同级审计机关内设的经济责任审计机构合署办公。联席会议办公室主任为同级审计机关的副职领导或者同职级领导。

五是明确经济责任审计的内容。经济责任审计必须坚持依法界定审计内容的原则。审计机关和纪检、组织、监察等部门在干部管理监督中承担着不同的职责。经济责任审计内容仅限于领导干部行使经济权力、落实经济责任的情况，领导干部履行选人用人、干部队伍建设、党风廉政建设等其他职责不属于经济责任审计的范畴。审计机关应当严格依照《审计法》及其实施条例和两办《规定》赋予审计机关的职权界定审计内容，在规定的职责、权限和范围之内，严格依法审计，既不能“缺位”“错位”，更不能“越位”。这是党中央和国务院领导多次要求、反复强调的。两办《规定》既规定了不同类别领导干部的个性化审计内容，侧重于财政收支、财务收支、资产管理、投资项目建设等方面，是经济责任审计的基础，又规定了各类领导干部共性的审计内容，要求关注领导干部贯彻落实科学发展观、重大经济决策、有关管理和决策等活动的效益情况，以及领导干部个人遵守有关廉洁从政（从业）规定情况等。将领导干部贯彻落实科学发展观，推动经济社会科学发展情况作为经济责任审计的重要内容，这是中央政治局常委会研究审议两办《规定》时要求增加的内容，既体现了科学发展观是我国经济社会等各项事业发展的重要指导思想，也彰显了领导干部履行经济责任的核心在于以科学发展观为指导，认真贯彻执行有关经济法律法规、党和国家有关经济工作的方针政策和决策部署，推动本地区、本部门、本单位经济社会和事业科学发展。

六是明确了审计评价和责任界定标准。要依据审计查证或认定的事实、法律法规、国家有关规定和政策、责任制考核目标、行业标准，以及其他有效的依据等，对被审计领导干部履行经济责任情况作出评价。要在依法界定的审计内容范围内、在法定职权范围内进行审计评价，不能“越位”“缺位”和“错位”，做到审计什么就评价什么，审计到审计什么程度就评价到什么程度。审计评价必须客观公正、实事求是，既要肯定取得的工作业绩，也要指出审计发现的主要问题。对领导干部履行经济责任过程中出现的问题，应按照直接责任、主管责任、领导责任区分其应承担的责任。

四、深化经济责任审计的建议

从总体上看，我国经济责任审计工作积极推进、不断深入，有效发挥了审计监督作用。但工作发展不够平衡，仍然存在一些困难和问题，需要进一步深化和提高。当前存在的主要问题：一是经济责任审计对象没有在项目实施层面实现全面覆盖。从法规层面上看，经济责任审计已经完全实现制度化。但从审计实践看，在审计项目实施层面，法定审计对象仍然没有完全覆盖，对市委书记的审计刚刚起步，对省委书记的审计尚未进行试点，部门和单位内部管理领导干部经济责任审计尚未全面展开。二是操作层面的审计规范化建设还不能满足审计需求。计划管理方面，计划性不强、临时追加项目较多的现象仍然存在。组织方式方面，一些地方仍然以离任审计为主，审计实效性不强。审计内容与评价标准方面，尚未在全国范围内建立起规范统一并得到普遍公认的经济责任审计评价体系。审计结果运用方面，问责机制或责任追究制度亟待落实等。三是审计能力与审计需求之间的矛盾依然突出。经济责任审计已经成为省级及以下审计机关的主要工作任务之一，据调查，经济责任审计工作量平均占到全部审计工作量的40%以上，但是专职审计人员占全部审计人员的比例仅为15%，审计任务重与审计力量不足的矛盾比较突出。四是审计资源尚未有效整合。从审计工作的角度来看，上下级之间、内部管理部门之间的统筹管理和协调还存在差距；从项目管理的角度来看，对不同项目的审计资源的整合还不到位，审计结果尚未进行有效整合；从审计结果利用的角度来看，经济责任审计与其他审计形成的信息资源尚未加以有效整合利用，与相关部门的协作水平还有待提高等等。五是审计结果运用等配套措施没有跟上。经济责任审计2006年正式写入《审计法》，2010年两办《规定》出台，经济责任审计法律规范体系逐步得以完善，但与之相配套的一些制度、机制尚不完善。尤其是审计结果运用制度，包括经济责任问责机制和责任追究制度等配套措施没有跟上，审计结果公告制度尚未全面推行。所有这些问题，都需要在今后的工作中进一步深化经济责任审计，来有效加以解决。

对今后一个时期的工作，去年7月全国审计工作座谈会提出了经济责任审计工作的总体思路要由“积极稳妥、量力而行、提高质量、防范风险”转变到“全面推进、突出重点、规范管理、提高质量、深化发展”上来，实现这一重大转变，必将推动我国经济责任审计工作进入一个新的发展时期，也为我们开展经济责任审计工作提出了更高的要求。我感到，深化经济责任审计有很多工作要做，目前看应着重在以下五个方面下功夫。

（一）加强组织领导，形成工作合力。经济责任审计对象特殊、政策性强、涉及面广，工作开展难度较大，需要各级党委、政府的有力领导和支持，需要有关部门的通力协作和配合，需要各级审计机关的全力投入和实施。按照两办《规定》，各级党委和政府要加强对经济责任审计工作的领导，建立经济责任审计工作联席会议制度。对于这项工作的落实，各地是有差异的，有的地方政府非常重视，由政府主要领导亲自抓这项工作，比如最近，上海市委、市政府正式下发通知，决定成立上海市经济责任审计工作领导小组。领导小组由市委副书记、市长韩正担任组长，市委常委、副市长屠光绍，市委常委、市委组织部部长李希担任副组长。领导小组下设经济责任审计工作联席会议，联席会议召集人由市委组织部部长担任，成员单位由市纪委、市委组织部、市国资委党委、市监察局、市审计局组成。联席会议办公室设在市审计局，并同意增加一名副局长领导职数担任联席会议办公室主任。上海的做法会在经济责任审计的组织领导层面解决很大的问题，一是韩正市长亲自任组长，表明了市委、市政府对经济责任审计工作的态度，也会提高上海市领导干部对经济责任审计工作的重视程度；二是有利于协调各部门，形成工作合力，大大提高审计效率和质量，推进经济责任深入发展。目前，全国各省、自治区和直辖市已全部成立联席会议或领导小组，但仍有少数市、县尚未落实联席会议制度，还有一些地方虽然建立了，但未能充分发挥作用，个别地方存在联席会议形式化的问题。要强化各级领导对经济责任审计工作的重视，一方面要靠我们审计力度的不断强化、审计质量的不断提升，另一方面要靠我们不断地加强宣传来实现，要在各级领导干部中大力宣传经济责任审计的重大意义、发展形势，使领导干部充分认识到应当依法接受审计，积极主动支持和配合审计。

（二）科学制定计划，有效整合资源。制定科学可行的审计计划，有效组织和整合审计资源，是提高审计质量、破解审计任务重与力量不足矛盾的必然要求。要把好审计计划这一关，严格控制审计数量，保证审计机关现有的审计力量，能够完成并且能够有质量地完成所承担的审计项目，也就是说在制定经济责任审计计划时要做到审计项目数量与审计力量相匹配。多年来，各地都在探索有效控制审计项目数量的方式和方法，比如，河南等一些地方实行了轮审制框架下的审计对象一次性委托的方式，即审计机关对审计对象推行5年轮审一遍的轮审制度，每一年审计的项目数量由审计机关自行确定。这样，有效均衡了5年任期内的年度审计项目数量，避免了平时审的少，换届时集中进行突击审计的做法。再比如，多数地方都实行了由审计机关确定年度可承担的审计项目数量，各相关部门共同确定具体审计对象的做法，有效避免了年度审计任务远远超出审计资源承受能力的情况。审计机关要充分利用联席会议和领导小组的平台，多向相关部门和党委、政府领导进行宣传，赢得他们对“控制项目数量，保证审计质量”这一目标和做法的理解和支持，增强审计计划的刚性和约束力，避免无限度地追加审计计划。

审计计划确定后，要想有效完成审计项目，必须整合审计资源。河北省审计厅在2011年9月至10月，结合张家口市原市长的经济责任审计，进行了“以经济责任审计为抓手综合实施相关审计项目”的试点，成效明显，值得推广。它们的主要做法归纳起来就是“六统一”：

一是统一思路。确定了统一调配全厅审计力量，以经济责任审计为抓手综合实施相关审计项目的工作思路。将与经济责任审计密切相关的、原来安排在其他地市的财政决算、养老保险基金、开发区、商业银行、国有土地收入及土地整理资金5个审计项目，调整到张家口市与原市长经济责任审计项目相结合，一并安排实施，6个审计项目整合成一个有机联系的整体，同时启动实施，一次进点审计，共享审计成果。

二是统一指挥。审计厅党组成立了审计试点工作领导小组，领导小组下设综合协调、纪检监察、计算机技术和后勤保障4个组。在领导小组下面，根据6个审计项目的工作需要，设立6个审计组。4个综合协调保障组和6个审计组，共动用了全厅4个综合处室、8个业务处室的70余名审计人员参审，占到全厅干部职工总数的50%左右。各审计组组长分别是第一责任人，直接对领导小组组长负责，参审处室的原分管厅领导不具体干预各审计组工作。

三是统一实施。制定综合审计试点工作方案，对审计的指导思想、主要内容、组织方式和时间安排等提出了明确要求。各审计组分别制定审计实施方案，其中5个专项审计组围绕经济责任审计项目需求，分别制定经济责任审计实施子方案。6个审计项目分别下达审计通知书，6个审计组同时进点，召开一次进点见面会，在张家口市同一行政区域内同步实施审计，延伸审计了112家单位。审计实施过程中，6个审计组既有分工又相互协作，有效发挥整体合力作用。

四是统一协调。领导小组为有效实施审计现场管理和工作协调，建立了审计组长负责制、检查督导、定期召开碰头会、信息动态及数据资料定期上传、跟踪审理等制度。综合协调组对各审计组发现的问题及时梳理汇总，对重大问题的审计记录、审计证据、审计底稿等有关资料进行跟踪审理，保证工作顺利进行。

五是统一报告。5个专项审计组现场审计结束后，分别出具专项审计报告和经济责任审计子报告。与市长履行经济责任有关的内容，纳入经济责任审计子报告。经济责任审计组负责汇总各专项审计组的经济责任审计子报告，综合分析、梳理归纳有关情况和问题，撰写市长经济责任审计报告。在专项审计中发现的、已纳入经济责任审计报告的问题，同时在专项审计报告中予以反映，保证专项审计报告的完整性。

六是统一处理。综合协调组对审计查出的违法违规问题进行汇总，梳理出76类278个重大违法违规问题，对其中的7类23个案件线索进行了重点审理，逐项核实审计证据，提出处理处罚意见。对其他违规问题，则统一把握处罚尺度。审计厅对经济责任审计和各专项审计分别下达审计决定，做到了审计决定不重复下达。

这是一个统筹安排审计计划，有效整合审计资源的好案例。他们围绕经济责任审计项目，合理安排和调整其他审计项目的时间、范围、内容和要求，使经济责任审计与其他审计项目有效结合，做到各项目之间审计时限一致、范围内容呼应，审计信息和成果共享共用。在审计实施过程中，探索跨专业互联互动、多数据综合分析的工作思路，改“单兵种”独立作战为“多兵种”联合作战，改小规模的“阵地战”为集中优势兵力打“歼灭战”，提高了把握宏观和全面分析评价能力，增强了查处问题和整改工作力度，提高了审计效率和质量。

（三）把握评价原则，准确界定责任。要按照权责对等的原则，深入分析各类领导干部所承担经济责任的差异，健全完善科学的审计评价体系。在这方面，要坚持“五个原则”：一是客观性原则。就是站在公正立场上，按照事物的本来面目说明问题，使审计评价的依据和结论建立在全部实施的基础上，做到句句有据可查。二是全面性原则。就是全面看待被审计人的功过是非，做到成绩说够，问题说透，要通过比较功劳的大小和问题的轻重，来评价其人。三是历史性原则。就是要注意从当时当地的历史条件、政策背景、客观工作环境等情况下，分析问题、评价责任，做到不脱离特定条件，不孤立地看待问题，确实以理服人。四是重要性原则。就是要善于区别对待各项责任，注重从工作性质、工作要求等各方面，确定责任的轻重，特别是要注重对重大责任的多方面分析、调查，做到突出重点、抓住要害。五是准确性原则。以事实为依据，全面分析审计查证的各种情况，避免以偏概全，尤其是不能用单个事实或几项指标去评价履行经济责任的整体情况，该量化的量化，该定性的要准确定性。同时，要注意掌握政策界限，划清前任责任和后任责任，划清集体责任和个人责任，划清直接责任和间接责任，划清上级责任和本级责任，划清失职渎职责任和改革失误责任，划清一般违纪行为和违法行为，还要分析主观原因与客观原因，对难以界定的可采取陈述性的写法，将事实表述清楚即可，切实提高经济责任审计评价的科学性和针对性。

（四）充分利用成果，扩大审计影响。如果经济责任审计结果不能有效运用，经济责任审计就等于白做，审计作用无法发挥，经济责任审计的影响力就会削弱。因此，我们要重视利用审计成果，不断扩大审计影响。从审计机关的角度来讲，一要不断提高审计工作的适应性，做到审计结果可用。要尽可能综合经济责任审计的结果，有针对性地提出专题报告、综合报告、重要情况信息等，为党委、政府和相关部门决策提供依据和参考。最近，中组部张纪南副部长就谈到了审计成果利用的问题，他提出经济责任审计结果如果可以进行横向比较将更有价值，通过对同一类型的不同领导干部的审计结果进行横向对比，对了解和考核领导干部工作实绩情况，就会更有作用。他还建议对经济责任审计结果进行综合分析，或对领导干部进行分类分析，分析某一批或者某一类领导干部有什么共性问题，找到一些普遍性、规律性的东西，便于掌握情况，采取措施，对加强干部管理很有作用。张纪南部长谈的建议非常好，要做到可比性，前提就要有统一的标准，涉及评价、责任界定、报告内容等方面，下一步的工作重点就要放在各项规范制度的建设上，拿出一套统一的标准。二要努力提高审计报告的实用性，做到审计结果好用。审计报告要让干部管理部门看得懂、用得上，提供的审计报告不能简单地堆砌一些枯燥的数据，尽量少用财务、审计专业术语，要尽可能地用直白、写实的手法来表述审计的结论和意见，给有关部门提供清晰、明确、简洁的信息和依据。三要切实提高审计分析的建设性，做到审计结果管用。努力提高审计分析能力和水平，着力从体制机制制度层面反映干部经济责任履行中存在的问题和漏洞，注重从管根本、管长远的角度出发想对策、提建议，提供高层次的审计结果，推动干部管理监督制度不断完善和创新。四要充分发挥联席会议协调性，做到审计结果真用。利用联席会议或者领导小组来督促和监督相关部门切实运用审计结果。可以以联席会议（领导小组）及其办公室的形式，对审计结果运用情况进行监督检查。要研究制定责任追究、诫勉谈话制度、督察督办制度、审计结果运用情况反馈等制度，通过制度来进一步约束相关部门有效运用审计结果。

（五）抓好队伍建设，提高审计能力。开展经济责任审计，对审计人员的政策理论水平、综合分析能力和知识结构都提出了很大挑战，提高经济责任审计队伍的综合素质，任务非常艰巨和紧迫。一是要优化结构。通过加强审计队伍专业化建设，加快审计骨干人才和领军人才培养，同时科学利用外部人才资源，探索建立外聘专家库和专家咨询制度。二是要加强培训。围绕两办《规定》的宣传和贯彻落实，以提高审计人员依法审计能力和审计工作水平为核心，丰富培训内容，改进培训方式，切实加强经济责任审计相关培训工作。三是要改进作风。以开展创先争优、建设学习型党组织和学习型审计机关为抓手，按照“实、高、新、严、细”的要求，教育审计干部牢固树立党员意识、公务员意识和审计人员意识，牢记廉政建设是审计工作的“生命线”。审计干部特别是各级审计机关的领导干部要时刻保持清醒头脑，防止以监督者自居、飘飘然；始终坚持依法审计、文明审计，以对国家、对事业、对领导干部个人高度负责的态度，切实履行好经济责任审计职责。

（节选自2012年8月在全国市县审计局长培训班上的讲稿）

反对奢靡之风

一、奢靡之风的本质、危害和根源

反对奢靡之风，首先应该弄清它的本质、危害和根源。

从字面上讲，“奢”有两层含义，一是奢侈，用钱没有节制，跟“俭”相对；二是过分、过度，比如奢望、奢求，等等。“靡”是浪费的意思，以前“靡”也写作糜烂的“糜”，这个字还有一个音，可读成米，这时候是“低级庸俗”的意思，比如靡靡之音，等等。奢靡，简单说就是奢侈浪费。奢靡不仅是指一种生活方式，也是一种思想意识。作为生活方式，是指在物质享受方面穷奢极欲，花费大量钱财和社会资源追求过分享受；作为思想意识，是指那种腐朽没落、萎靡颓废的人生态度。奢靡是一个阶级性、历史性很强的概念，不同的时代可以有不同的标准，不同的阶级也有不同的认识。当前所讲的奢靡，主要是指那些以公款消费为主要形式、以公务人员为主要行为主体的奢侈浪费的物质享受和消极颓废的思想意识。奢靡之风贪图的是享受，丢弃的是精神；讲究的是排场，脱离的是群众；满足的是虚荣心，失掉的是民心，其本质是追求对物欲的无限占有，尽享其乐，这对于一个肩负长期执政使命的政党来说，是极其危险的，必须高度警醒。

“四风”之间常常如影相随，是相互依存、相互影响的。形式主义迎合官僚主义，官僚主义盛行会滋生享乐主义，极度的享乐导致奢靡之风。而且有官僚主义作风的人，一般会搞形式主义，追求形式主义的人，一般都会贪图享受，贪图享受的人常常会滥用公款、铺张浪费、追求奢靡生活。“四风”有一个共同的特点，就是脱离群众、远离群众。“四风”当中，奢靡之风危害最大。

历朝历代，奢靡之风盛行都不是好兆头，正所谓“奢靡之始，危亡之渐”“历览前贤国与家，成由勤俭败由奢”。古往今来，凡是沉溺于声色犬马、灯红酒绿的，都会玩物丧志、自取灭亡。古人说：“忧劳兴国，逸豫亡身”“生于忧患，死于安乐”“傲不可长，欲不可纵，志不可满，乐不可极”“滋生骄逸之端，必践危亡之地”，都是对奢靡之害的生动写照。西晋被称为“最拜金”王朝，皇帝卖官鬻爵、奢侈成性，官员攀比炫富、崇尚空谈，社会腐败不堪，不仅导致了本王朝的灭亡，也将中国带入了长期的纷争战乱。法国国王路易十五拥有3000匹马、217部车、150个随身侍从，王室一年的花费几乎占政府收入的1/4，最终激起了法国人民的群起反抗和革命爆发。从古罗马帝国的兴衰，到各国政权的更替，再到中国历代王朝的兴亡，乃至高级领导干部因穷奢极欲身陷囹圄，都证明了马克思曾经的判断：“古代国家灭亡的标志不是生产过剩，而是达到骇人听闻和荒诞无稽的程度的消费过度和疯狂的消费。”奢靡之风，无论是对国家、对社会，还是对干部本人，都绝不是小事。从当前看：

（一）奢靡之风带来巨大浪费。尤其表现在公款吃喝上，浪费十分严重，一顿饭几万元的账单屡见不鲜，目前，全国一年公款吃喝的开销高达3000亿元。网上曝光一个地级市的国土局，公款吃喝账单动辄上万元；就连一个村委会挂牌，也要摆几十桌，有的村委会一年公款吃喝费用高达37.8万元，浪费十分严重。据资料显示，中国人在餐桌上浪费的粮食一年高达2000亿元，被倒掉的食物相当于2亿多人一年的口粮。有的官员戴贵重手表、穿名牌服装、消费高档烟酒、坐豪车住豪宅，奢靡程度无所不用其极。2009年以来，面对金融危机冲击，日本和北美奢侈品消费额剧降35%，中国市场却逆市上扬，强劲增长22%，跃居世界第二。

（二）奢靡之风极易滋生腐败。贪污受贿的人，没有几个不是从吃喝玩乐开始的。由俭入奢易，由奢返俭难。奢侈之门一旦打开，就很难再把它关上。现实生活中，一些干部退化变质，成为腐败分子和人民的罪人，往往是从贪图安逸、追求享受开始的。吃了好的，还想吃更好的；玩了好的，还想玩更好的；住了好的，还想住更好的。在位时要吃好玩好住好，退下来后也不能标准下降，靠正常的工资收入是维持不了这些高消费的，怎么办？只能靠贪污腐败。有一个贫困地区的地级市的主要领导，花天酒地，穷奢极欲，查处这个案子的时候，十几个办案人员在他家里清点赃物就用了7天，仅在家里就发现了500多件高档西服、500多双高档皮鞋、大量高档首饰古玩字画、几百个用来装钱的信封，家里到处随手就能摸出钱来。

（三）奢靡之风激化社会矛盾。目前，我国仍处于发展中阶段，还有一亿多农村扶贫对象、几千万城市贫困人口以及其他为数众多的困难群众，一些群众的上学难、求医难、就业难、买房难问题还很突出。“官员一顿饭、百姓一年粮”，奢靡之风使人情变冷、关系变庸、生活变腐、风气变坏，使不同群体之间产生消费鸿沟，进一步凸显贫富差距，严重影响社会的公平正义，加剧社会情绪不满和对立，极易引发或激化社会矛盾。某县巡警中队长开了3个煤矿，身价上亿，两女一子均在美国留学，2010年11月在家中遇害；某市政协常委在江苏镇江被害，其原因是非法吸收公众存款2亿多元，并用来放高利贷，捞取俸禄之外不该得的“外快”，贪心不足最终导致杀身之祸。

（四）奢靡之风败坏社会风气。奢靡之风蔓延下去，就会有极为恶劣的示范效应，会直接败坏政风、民风。有的官员喜欢豪赌，这些年来不乏官员贪污公款，一夜输掉几百万元的例子，有的上亿元公款在5年内被挥霍一空。还有的领导干部吃喝玩乐的同时，包养情妇，腐化堕落，据报道，被查处的贪官中95%都有“情妇”，腐败案件60%以上与“情妇”有关，官场十大腐败新变种，情妇腐败居首位，最多的包养情妇达140多个，甚至母女同时被包养。这些问题，败坏了社会风气，助长了丑恶现象滋长蔓延。

奢靡之风既大量消耗着国家的财富与资源，又腐蚀着人们的精神和思想，奢靡之风的发生发展，有深刻的社会历史根源，也有诸多的现实问题影响；治理奢靡之风问题，必须深挖根源、对症下药。当前，最突出的原因有以下几个方面：

一是价值观扭曲。社会主义荣辱观倡导“以辛勤劳动为荣，以好逸恶劳为耻；以艰苦奋斗为荣，以骄奢淫逸为耻。”很多人却反其道而行之，豪华成为“时尚”，节俭成为“落伍”，不穿名牌，就是“土气”；出手不大方，就是“小气”；不奢靡、不铺张，就没“面子”，低人一头。还有的是过去穷怕了，奢靡不了，现在生活条件不断改善，特别是有权了，骄奢淫逸、奢侈浪费现象开始滋长，以求心理平衡和心态满足。

二是管理上松懈。一方面是经费管理不严，变相花钱、变通处理问题没有得到遏制，公款接待的随意性较大，有些公款接待在“公”字名义下，成了某些官员大到工作交往、小到私人聚会的平台。部分单位公款接待费用报销管理不够规范，一些单位把其他费用以招待费名义报销，或者向下属及基层单位转移报销，部分招待费支出深藏玄机，难以控制和查证。另一方面是权力约束不够，长期以来，各级各地对干部的教育常常是“口头教育多，监督检查少；原则要求多，实绩考核少；走过场的多，动真格的少”，对干部的监督也常常陷入“上级监督太远，下级监督太难，组织监督太软，纪委监督太迟”的状况，从而削弱了干部教育和监督的作用，致使有的干部出现奢靡苗头，未被及时发现和纠正。

三是制度上缺失。一方面，有些制度已经不适应当前形势发展的需要。比如，一些行业的住宿费、接待费、津补贴等，都是十几年乃至二十几年前的标准，远远不能满足当前的需要，但是又不能不出差、不能不执法，怎么办？只能变通，这一变通漏洞就出来了，往往用正常的工作需要，掩盖很多奢侈浪费甚至中饱私囊问题。还有的领域缺乏制度约束，成为管理的真空。另一方面，有些制度执行不力，形同虚设。我们审计发现的很多问题都是不合规问题，就是有制度不严格执行，任由奢靡之风蔓延。

四是社会风气影响。市场经济的发展，造就了一批富豪阶层，也带来了拜金主义、享乐主义之风。富豪阶层中有人热衷于奢靡生活，争相攀比，为满足虚荣心理，无所不用其极。在这些社会不良风气的侵染下，一些干部忘记了清廉勤俭的操守，觉得自己付出并不少，贡献也不小，但回报有限，染上了“攀比心理”“从众心理”，开始考虑同级别干部或身边亲戚朋友谁条件最好，谁最会享乐，就想方设法向谁看齐，继而利用公款、公权走上奢靡之路，从

"为人民服务"蜕变为"为自我享乐服务""为人民币服务"。

二、当前奢靡之风的表现形式

从全国大环境看，我们党历来反对奢靡之风，新中国成立后多次开展整风运动，改革开放以来也多次开展教育实践活动，在反对奢靡之风上采取了很多措施，效果是好的。70年代的时候，干部跟百姓同吃同住同劳动，不搞一点特殊化，到村里骑自行车甚至是步行，公社有小车也不坐，为老百姓解决点实际问题，人家为了表达谢意送点鸡蛋，那都不收。到了80年代，一些干部开始讲享受，一些村、一些企业办了食堂，吃喝问题开始抬头。再到后来，一些干部开始坐好车，搞特权，走关系。对奢靡之风不关注它，感觉不到是大问题，仔细研究它，在一定程度上还是非常严重的，突出表现为以下几个方面：

一是大规模修建楼堂馆所。不论身处富裕地区还是贫困地区，一些地方修建豪华办公楼投入之大令人咋舌，有的建得像美国的白宫，有的还仿照天安门；有的部门不足百人，却建起10层高的办公大楼，搞豪华装修；还有些地区热衷于投入巨资修建地标性建筑，建高档文化体育娱乐设施，有的投资几个亿（比如大庆的龙宫），靠施工单位垫资建设，由于运行维护成本过高，使用率极低，建完即闲置，造成巨大浪费，也因大量拖欠工程款使施工单位陷入困境。

二是高标准公务接待。适当的公务消费本来属于正常的行政行为，但一些干部打着"接待上级领导需要"的旗号，不仅要吃饭喝酒，还要搞洗浴、桑拿、唱歌、打牌等"一条龙"活动。有的干部每天陪人吃饭要花三四个小时，有的地方有温泉，接待部门的干部一天要陪人洗澡七八次，一些领导干部白天黑夜都陪吃陪喝陪逛陪玩，常常是醉醺醺、昏沉沉、轻飘飘。

三是热衷于造节办节。一些地方节庆泛滥，煞费苦心打造城市“名片”，巧立名目与“文化”“经贸”沾上边，什么神话传说、历史人文、飞禽走兽、花鸟虫鱼、俊男俏女等都能列入节庆范围，而且开幕式要隆重，出席领导级别要高，各方媒体要大造声势，这些活动动辄花几百万元甚至上千万元，而且年年搞，耗费了大量人力、物力、财力。

四是无节制消费。一些干部不断放纵自己的欲望，在生活上讲究高档、追求奢华，穿名牌服装，吃山珍海味，住洋房别墅，开豪华名车。中国官员已成为全球最大的奢侈品消费群体，这种奢靡与普通百姓的上学难、求医难、就业难、买房难形成鲜明对比。据有关资料透露，北京市的豪华夜总会有500家之多，高尔夫球场有40余家，据业内人士透露，去他们那里消费的，70%—80%的人是公费买单的，他们多半是公关的对象。

从审计机关内部看，审计队伍作风总体是好的。这些年审计署对作风问题坚持常抓不懈，先后开展“作风建设年”“重读党章、重温誓词、重新宣誓”“三个合格”大讨论、保持党的纯洁性、“查找不足，整改提高”等一系列活动，奢靡之风表现确实不是很明显。但是审计人员毕竟不是生活在真空中和“世外桃源”，对诱惑和腐败没有天然的免疫力，审计人员手中有一定的权力，腐败的土壤和条件仍然客观存在，如果从主管全国审计工作的角度看，涉及面更广，一些问题更不能忽视。目前看，我觉得应防止和警惕以下三个方面的问题：

一是盲目攀比问题。反映在各个特派办，主要是争相建设、置换和改造办公楼，配置高档办公家具。当然，确实面积不够、过于老旧的，也应该建设和改造。但也有的办觉得其他办建了新楼，自己不建、不改，好像为官一任无所作为，存在攀比心理。一些办为职工解决住房脱离实际，盲目贪大，这也是一种浪费。一些办用车标准还是有些高，有的以置换、借用、接待为由，车越换越新，档次越来越高。攀比心理反映在干部队伍中，就是比收入、比待遇、比升迁，只向好的看齐，追求安逸、追求享乐，做得过分了就成了奢靡之风。

二是公款吃喝问题。这个问题在特派办要相对严重一些。署机关同志下去了，要招待；兄弟办的同志去了，要吃喝，走了还要送礼品、送土特产，有的还要陪着到景区转一转。有时署领导下去，办里还要通知地方党委、政府，把吃喝形式升格了、负担转嫁了。近几年，在署党组的严格要求下，吃喝问题有所收敛，但接待时正餐在食堂，夜宵出去吃；来了没有喝，走的时候带，这种情况也不是没有，一些干部也欣然接受。还有的到被审计单位、到地方审计机关，接受高档宴请，有的能喝爱喝，陪吃陪喝的无可奈何；有的见酒必喝，喝酒必醉，有损形象，有损尊严。

三是为审不廉问题。在这方面，应该说署党组抓的力度是非常大的，虽然审计干部手中的权力不小，但是廉政问题不多。尽管如此也不能忽视。当前，有的干部情趣低俗、玩心过重，个人生活作风问题也不是没有；有的审计干部利用工作之便，要求被审计单位办私事的仍然存在；审计信息处理过程中，通风报信问题也时有发生；更有甚者接受被审计单位贿赂，替人“消灾”，大事化小、小事化了，成为违法犯罪分子的“保护伞”，最终被绳之以法。这些虽是个别现象，但影响的不仅仅是个人的形象乃至职业生命，还影响了审计机关的形象，也使其他审计人员的付出化为乌有。

三、反对奢靡之风的几点建议

反对奢靡之风关系到密切党群干群关系，关系到党的先进性和纯洁性，关系到巩固党的执政地位。作为审计机关，在反对奢靡之风方面，我们承担着双重责任，既要在系统内防止奢靡之风滋长、蔓延；又要履行审计监督职能，在促进勤俭节约方面发挥作用。

一要加强教育，防微杜渐。1989年，小平同志在会见乌干达总统穆塞韦尼时指出，我们最近十年的发展是很好的。我们最大的失误是在教育方面，思想政治工作薄弱了……在经济得到可喜发展、人民生活水平得到改善的情况下，没有告诉人民，包括共产党员在内，应该保持艰苦奋斗的传统。这句话可以说一语中的。许多人犯错误，究其根源就是放松了思想改造，个人私欲膨胀，人生观出了问题。反对奢靡之风必须从人的思想根源上抓起。一是解决好理想信念问题。教育干部树立正确的世界观、人生观、价值观、权力观、地位观、利益观，树立高尚的思想境界、道德情操、积极向上的人生态度，培养健康的生活情趣，大力弘扬“责任、忠诚、清廉、依法、独立、奉献”的审计人员核心价值观，引导党员干部坚定理想信念，站稳政治立场，增强宗旨意识。二是坚持常敲警钟。在这方面署里做的比较好，特别是审计长在各种会议上，一直强调干部作风问题，始终教育干部消除攀比心理，反复揭批干部思想、作风方面存在的问题，及时提醒，警钟长鸣，实践看效果非常好。

对干部经常性的教育，署里应该坚持下去，各个单位的主要负责同志也应增强这方面意识，坚持经常抓、长期抓，常提醒、常敲打，教育引导党员干部坚守节约光荣、浪费可耻的思想观念，约束干部不良行为。三是扎实开展教育实践活动。学习实践活动重在取得实效，三个环节都很重要，但是查找问题是关键，问题查不深、查不透，就认识不到存在的不足，解决问题就没有针对性。在查找问题阶段，要注意防止上紧下松、前紧后松，多花些功夫认真开展批评和自我批评，把每个单位、每个干部存在的奢靡之风也包括其他三风问题查深、查透。

二要领导带头，以身作则。古人讲："上为之，下效之。"相对普通党员干部而言，在领导干部中更有条件、更容易形成奢靡之风，领导干部中的奢靡之风形成了，很快就会传导和影响到其他党员干部。同样，领导干部对自身要求严了，其他党员干部就会有所收敛。审计署系统奢靡之风之所以没有形成气候，署领导的示范作用是关键，起到了很强的引领示范作用。但是只有署领导做到还不够，司局级领导、处级干部都应该率先垂范，从自身做起，不搞排场、不破标准、不超标配置，事事简朴、处处节约，一级做给一级看，一级跟着一级学，就会聚合厉行节约的正能量，防止奢靡之风滋生蔓延。

三要完善制度，强化约束。系统配套的约束机制是反对奢靡之风的根本所在。一是进一步健全完善各项制度。要结合教育实践活动中查摆出的问题，加强制度的制定和修订工作，形成比较完整的，针对性和可操作性都比较强的狠刹奢靡之风的制度体系。目前，中央正在制定《党政机关厉行节约反对浪费条例》，修订《党政机关国内公务接待管理规定》，对经费管理、公务接待等方面的要求是很严、很细的，按照中央新的要求，对我署有关规定也应做出进一步修订完善。要进一步细化接待制度，明确特派办公务接待的具体要求；进一步严格经费管理制度，重点是细化预算，准确反映经费使用管理情况，加强绩效管理和评估，探索推行以绩效为导向的预算管理模式，提高经费使用效率。二是严格执行各项管理制度。署里的一些制度还是比较完善、比较严格的，但是重在执行，防止变通走样，坚持制度面前人人平等、制度约束没有例外，坚决维护制度的严肃性和权威性，杜绝有令不行、有禁不止的各种行为，使制度真正成为党员干部加强生活作风建设的硬约束。三是加强对干部的监督。强化对各级班子、党员领导干部的监督，坚持八小时内与八小时外相结合，从“工作圈”延伸到“生活圈”“社交圈”，特别是要狠刹个别领导干部经常到“灯红酒绿”的娱乐场所吃喝玩乐问题，及时批评和纠正不检点行为和苗头性、倾向性问题。

四要牢记使命，依法履职。奢靡之风必然涉及公共资金，涉及领导干部，与腐败也密切相联。加强对这些问题的监督，是审计机关的职责所在。要通过依法履职，在推动全社会厉行节约方面发挥积极作用。一是加强对公共资金使用情况的审计。要按照李克强总理考察审计署时的讲话要求，加强对公共资金特别是“三公经费”的审计监督，当好公共资金的守护者，促进廉洁政府、俭朴政府建设。二是加强领导干部的经济责任审计。在监督检查领导干部守法守规守纪尽责情况的同时，高度关注领导干部任职期间职务消费情况，重点看领导干部招待费、差旅费使用情况；高度关注领导干部所在地区和单位楼堂管所建设情况，重点看是否违规建设、超标准建设使用和变相置换办公楼等问题；高度关注节庆活动、会议管理情况，看是否符合实际，是否存在损失浪费、转嫁费用等问题。三是严肃查处违法违规案件。加强对行政审批、工程招投标、政府采购、土地转让、国有资产处置等重点领域和关键环节的审计监督，着重揭露以权谋私、失职渎职、贪污受贿、重大损失浪费等行为，促进领导干部廉洁自律。

（节选自2013年7月审计署党组“四风”问题专题研讨会上的发言）

坚持和发展中国特色社会主义

一、深刻认识中国特色社会主义的发展历程

建党90多年来，中国共产党领导中国人民，把马克思主义基本原理与中国实际和时代特征紧密结合起来，独立自主走自己的路，历经千辛万苦，付出各种代价，取得革命建设改革伟大胜利，开创和发展了中国特色社会主义，从根本上改变了中国人民和中华民族的前途命运。理解和把握中国特色社会主义的探索历程和发展实践，有助于我们加深理解中国特色社会主义，坚定走中国特色社会主义道路的决心和信心。

（一）中国特色社会主义道路的历史渊源。世界社会主义运动史告诉我们，中国特色社会主义不是凭空产生的，它继承了马克思主义经典作家关于科学社会主义的重要思想，贯穿了马克思列宁主义、毛泽东思想的立场、观点、方法，在理论上坚持了科学社会主义的基本原则，是对科学社会主义的继承、发展和创新。社会主义首先是作为一种消灭阶级剥削和压迫、实现社会公平与正义理想的社会思潮出现在历史舞台上的。它的发端从1516年英国的托马斯·莫尔《乌托邦》一书的问世算起，迄今已有近500年的历史。在这漫长的历史进程中，社会主义大体经历了四次具有划时代意义的

重大变迁：第一次是用300多年的时间完成了从空想社会主义到科学社会主义的转变；第二次是用60多年的时间实现了从科学社会主义理论的传播到社会主义制度的建立；第三次是用60多年的时间从一国建设社会主义的实践发展到多国建设社会主义的实践；第四次是20世纪80年代以后中国特色社会主义的兴起，标志着传统社会主义观念和模式向现代社会主义观念和模式的转变。160多年前，马克思、恩格斯对整个人类社会发展史特别是资本主义社会作了缜密的研究，使社会主义从空想变成了科学，为后人建设社会主义新社会指明了正确方向。列宁领导十月革命取得胜利，使社会主义从理论变为现实。社会主义在中国取得胜利，则经历了一个长期艰辛的探索过程。

回顾我国发展近代历史，从鸦片战争开始，中国就沦为半殖民地半封建国家，列强对中国的侵略步步进逼，封建统治日益腐败，祖国山河破碎、战乱不已，人民饥寒交迫、备受奴役。这种情况下，争取民族独立、人民解放，实现国家富强、人民富裕，成为中国人民必须完成的历史任务。

为了挽救民族危亡，中国人民进行了艰苦卓绝的不懈奋斗和可歌可泣的英勇斗争。其中有三次大的运动最有影响和代表性，一是1851年由洪秀全领导的太平天国农民起义运动；二是1898年由康有为、梁启超、谭嗣同等为代表的资产阶级维新派发起和领导的变法维新运动；三是1911年由孙中山为代表的资产阶级革命派发起和领导的辛亥革命运动。这些运动虽然都打击了帝国主义和封建主义，促进了人民的觉醒，加速了封建统治的瓦解，特别是辛亥革命结束了封建帝制，开启了中国进步的闸门。但是，并没有改变中国半殖民地半封建社会的性质，也没有结束中国人民的悲惨命运。历史表明，不触动封建根基的自强运动和改良主义，旧式的农民战争，资产阶级革命派领导的革命，照搬西方资本主义的其他种种方案，都不能完成中华民族救亡图存的民族使命和反帝反封建的历史任务。要解决中国发展进步问题，必须找到能够指导中国人民进行反帝反封建的先进理论，必须找到能够领导中国社会变革的先进社会力量。

1917年俄国十月革命的胜利开辟了人类历史的新纪元，给中国送来了马克思列宁主义。1919年爆发的五四运动，促进了马克思主义在中国的传播及其与中国工人运动的结合，在思想上和干部上为中国共产党的成立准备了良好的条件，由此成为中国新民主主义革命的开端。1921年，在马克思列宁主义同中国工人运动相结合的进程中，中国共产党应运而生。中国共产党从诞生之日起，就把马克思列宁主义写在自己的旗帜上，党的第一次全国代表大会就宣布，我们党的奋斗目标是在中国实现社会主义和共产主义；第二次代表大会提出，我们党现阶段的最低纲领就是要进行民主革命，然后再进行社会主义革命。在长期探索中，我们党提出关于坚持理论联系实际、实事求是的思想路线，关于以农村包围城市、武装夺取政权等一系列思想，实现了马克思主义与中国实际相结合的第一次历史性飞跃，创立了毛泽东思想。从此，中国人民有了坚强的领导核心，中国革命有了正确的前进方向，中国的命运有了光明的前景。在中国共产党的领导下，中国人民经过28年的浴血奋战，付出巨大牺牲和代价，终于推翻三座大山，取得了新民主主义革命的伟大胜利。

（二）中国特色社会主义的探索和实践。新中国成立后，国民党留给共产党的是一个一穷二白、千疮百孔的烂摊子，经过艰苦卓绝的经济恢复工作，迅速医治了战争创伤，稳定了政权，创造性地实现从新民主主义到社会主义的转变，全面确立社会主义基本制度，成功实现中国历史上最深刻、最伟大的社会变革。党不失时机地提出过渡时期总路线，经过社会主义改造建立起社会主义基本经济制度，党还领导人民建立起人民代表大会制度、中国共产党领导的多党合作和政治协商制度、民族区域自治制度，确立了马克思主义在意识形态领域的指导地位。社会主义制度的确立，符合中国国情和人民根本利益，为当代中国一切发展进步奠定了根本制度基础。

社会主义制度基本建立后，中国的发展向何处去，如何在中国建设社会主义是党面临的崭新课题。党曾经号召学习苏联经验，但很快察觉到苏联模式的局限，特别是50年代中期，苏联暴露出一些建设社会主义过程中的缺点和错误，使毛泽东更加深刻地感觉到，中国的社会主义必须走自己的路。1956年4月的中共中央扩大会议上，毛泽东作了《论十大关系》的报告，既总结我国经验，也总结苏联经验，着力研究我国社会主义建设过程中的突出问题；1957年2月，毛泽东作了《关于正确处理人民内部矛盾的问题》的报告，提出团结全国各族人民进行一场新的战争——向自然界开战，发展我们的经济，建设我们的新国家，到1966年我们党积累了许多新的经验，形成了建设社会主义的初步理论和实践成果。这一期间，尽管经历了曲折甚至是挫折，我们党团结人民经过不懈努力，取得了多方面的巨大成就。经济建设方面，独立的比较完整的工业体系和国民经济体系基本建立，经济总量从1949年的557亿元，增加到1978年的6846亿元，29年间增长了11倍多，年均增长9%。科技发展取得重大突破，取得“两弹一星”等一批重要成果，涌现出一大批科学家。特别是在如何建设社会主义上，逐步形成了一些十分重要的成果，主要是把党和国家的工作重点转到技术革命和社会主义建设上来；社会主义的基本矛盾仍然是生产力和生产关系、经济基础和上层建筑之间的矛盾，发展生产力是根本任务；要发展商品生产，遵循价值规律，做好综合平衡；要坚持以农业为基础和工业为主导，以农轻重为序安排国民经济，走一条中国工业化的道路；社会主义的发展目标是建设现代工业、现代农业、现代科学技术、现代国防；社会主义可分为“不发达”和“比较发达”两个阶段；要调动中央和地方两个积极性；要实行生产责任制，不能剥夺农民，不能超越阶段，反对平均主义；要扩大社会主义民主，坚持民主集中制，加强社会主义法治建设，反对领导机关和领导干部官僚化、特殊化；要正确区分和处理敌我矛盾和人民内部矛盾。除此之外，党还提出了建设社会主义经济、政治、文化以及国防和军队建设、外交工作等一系列重要指导方针和政策主张。通过这些探索和实践，取得的建设成就堪称辉煌，历经的艰辛坎坷刻骨铭心，积累的认识成果弥足珍贵，为新的历史时期开创中国特色社会主义提供了宝贵经验、理论准备、物质基础。正如习近平总书记指出的，毛泽东同志带领我们党在艰辛探索中形成的重要思想成果，是我们党的宝贵财富，也是中国特色社会主义理论体系的重要思想来源。但由于我们党对如何走适合中国国情的社会主义道路还缺少规律性认识，加上当时严峻复杂的国际环境的影响，我们党在探索社会主义道路的过程中出现了在经济建设上急躁冒进和把阶级斗争扩大化的错误，特别是出现“大跃进”“文化大革命”这样的严重错误，付出了沉重代价，留下了深刻的历史教训。

（三）中国特色社会主义的开创和发展。“文化大革命”结束后，中国走到了一个历史转折关头。中国共产党人深刻总结历史经验教训，提出要破除长期形成的僵化观念，坚持解放思想，实事求是，走出一条建设社会主义的新道路。强调毛泽东思想的精髓是实事求是，批判“两个凡是”，果断纠正“以阶级斗争为纲”的错误理论和实践，作出了把党和国家工作中心转移到经济建设上来、实行改革开放的历史性决策。这是中国共产党人在当时历史条件下一个了不起的伟大觉醒。

以邓小平同志为代表的中国共产党人，在总结新中国成立以来正反两方面经验、研究国际经验和世界形势的基础上，发出了“走自己的道路，建设有中国特色的社会主义”的时代强音，深刻揭示社会主义的本质是解放生产力，发展生产力，消灭剥削，消除两极分化，最终达到共同富裕；坚持以经济建设为中心，坚持四项基本原则，坚持改革开放，确立了党在社会主义初级阶段的基本路线；正确认识我国所处的发展阶段和根本任务，制定现代化建设“三步走”发展战略，分阶段、有步骤地推进各方面体制改革，勇敢地打开对外开放的大门，提出“一国两制”构想促进祖国和平统一，推动国防和军队现代化建设，打开外交工作新局面；强调加强党的领导必须改善党的领导，聚精会神抓党的建设，引领党和国家走在时代潮流的前面，使我国社会主义事业和党的建设充满新的生机和活力，领导我们党成功地走出了一条建设中国特色社会主义的新道路。在这个过程中，以邓小平同志为代表的中国共产党人，在科学评价毛泽东同志历史地位和毛泽东思想科学体系的基础上，第一次比较系统地初步回答了中国这样经济文化比较落后的国家如何建设社会主义、如何巩固和发展社会主义的一系列基本问题，提出了许多对党和人民事业发展具有开创意义的思想，创立了邓小平理论，为不断开创中国特色社会主义事业新局面提供了有力的理论指导。

20世纪80年代末90年代初，国际上东欧剧变、苏联解体，世界社会主义出现严重曲折，中国改革和发展进入了关键阶段；国内发生严重政治风波和经济风险，中国社会主义事业的发展面临空前巨大的困难和压力。在这一系列前所未有的挑战和考验面前，社会主义中国又一次面临着向何处去的历史抉择。在这一重大历史关头，以江泽民同志为核心的中央领导集体，采取一系列重大措施，使社会秩序迅速恢复正常，稳住了党心民心，同时做出改革开放一系列重大决定，提出了建设社会主义市场经济的经济体制改革目标，先后出台投资、财税、金融、外贸、社会保障体制改革等一系列改革措施，逐步建立起社会主义市场经济体制的基本框架，经济增长质量和社会发展水平显著提高，1995年提前5年实现了国民生产总值翻两番的目标，到2002年我国经济总量已居世界第6位，外贸进出口总额居世界第5位，人民生活总体上实现了由温饱到小康的历史性跨越。在对外关系上，坚持独立自主，顶住西方压力，打破国际上的封锁，到1992年同200多个国家和地区发展了贸易、科技、文化交流与合作。战胜了来自国内国际经济社会和自然等多方面挑战，成功应对了1997年亚洲金融危机冲击，战胜了1998年严重洪涝灾害，妥善处理了1999年美国轰炸我驻南联盟使馆事件和南海撞机事件等，经受住了各种风险和挑战的考验。

进入21世纪，新一届党中央领导集体牢牢把握新世纪新阶段国内外形势的新变化，紧紧抓住重要战略机遇期，以科学发展为主题，以转变经济发展方式为主线，全面推进中国特色社会主义经济、政治、文化、社会、生态文明建设，加强党的执政能力建设和先进性建设，在新的历史起点上开始了全面建设小康社会的新征程。从2003年到2012年，粮食产量实现半个世纪以来连续9年增产，2011年城镇化率首次突破50%。“中国奇迹”“中国道路”受到国际社会的高度关注，中国特色社会主义的国际影响越来越大。成功举办北京奥运会、上海世博会，夺取抗击汶川特大地震等严重自然灾害和灾后恢复重建重大胜利，妥善处置非典等一系列重大突发事件，有效应对国际金融危机带来的严重冲击，彰显了中国特色社会主义的巨大优越性和强大生命力。以胡锦涛同志为总书记的党中央，在坚持和发展中国特色社会主义的实践中，创立了科学发展观，使我们对中国特色社会主义规律的认识提高到新的水平，开拓了当代马克思主义发展新境界。

党的十八大以来，以习近平同志为总书记的党中央，站在时代发展的战略高度，立足国内国际发展全局，顺应广大党员干部群众的愿望，以高度的政治智慧、巨大的理论勇气和坚定的实践决心，提出完善和发展中国特色社会主义制度、推进国家治理体系和治理能力现代化的总目标，强调发展中国特色社会主义是一项长期的艰巨的历史任务，坚持和发展中国特色社会主义是一篇大文章，我们这一代共产党人的任务，就是把这篇大文章写下去。围绕改革发展稳定、内政外交国防、治党治国治军等方面，作出全面深化改革开放、推动经济社会持续健康发展、保障和改善民生、建设生态文明、开展教育实践活动、加强党的建设、加强国防和军队建设、贯彻“一国两制”等一系列重大决策部署，进一步升华了我们党对中国特色社会主义规律和马克思主义执政党建设规律的认识，必将推动中国特色社会主义事业沿着正确道路奋勇前进，续写中国特色社会主义事业新的辉煌篇章。

回顾这些历程，可以清晰地看到，党领导的革命、建设、改革是一脉相承、薪火相传、生生不息的壮丽事业。习近平总书记深刻指出，我们党领导人民进行社会主义建设，有改革开放前和改革开放后两个历史时期，这是两个相互联系又有重大区别的时期，但本质上都是我们党领导人民进行社会主义建设的实践探索。新中国取得的一切成就，都是在新民主主义革命胜利基础上接续奋斗的结果；改革开放前社会主义的实践探索，为改革开放后社会主义的实践探索提供了重要条件；改革开放后社会主义的实践探索，是对改革开放前社会主义实践探索的坚持、改革和发展。我们要坚持辩证唯物主义和历史唯物主义的基本观点，在充分肯定各自历史贡献，充分注意各自历史特点的基础上，牢牢把握两个历史时期的辩证统一，决不能相互否定。

回顾这些历程，可以切实地感到，建设社会主义从来就没有也不能有固定模式，中国特色社会主义之所以能够成功，关键在于灵活运用马克思主义原理，始终坚持科学社会主义基本原则，并结合中国实际情况，走自己的路，社会主义道路越走越宽广。在这一点上，我们同古巴、越南、朝鲜、老挝等社会主义国家，应该说殊途同归、异曲同工，既捍卫了社会主义，也发展了社会主义。比如古巴革命胜利至今，社会主义发展经历了从巩固革命政权到社会主义革命和建设，再到社会主义改革的历史过程，走出了苏联、东欧剧变的阴影，探索出了一条适合古巴特色的社会主义道路；越南在世界性社会主义改革浪潮的推动下，不断创新和完善发展思路，走改革内部经济体制和外联东盟、开放欧美日的革新、开放、发展的定向社会主义道路，基本完成了从传统计划经济向市场经济的转变，在亚洲成为仅次于中国、经济增长速度第二的国家。

回顾这些历程，可以得出一个重要结论，我们党历史地选择马克思主义，我们国家历史地选择了社会主义道路，选择具有历史必然性，是正确的。习近平总书记指出，一个国家实行什么样的主义，关键要看这个主义能否解决这个国家面临的历史性课题。历史和现实都告诉我们，没有共产党就没有新中国，只有社会主义才能救中国，只有中国特色社会主义才能发展中国，只有坚持和发展中国特色社会主义才能实现中华民族伟大复兴。我们要深刻理解走中国特色社会主义道路的重要性、必然性、长期性和复杂性，更加坚定理想信念，倍加珍惜、始终坚持和不断发展中国特色社会主义。

二、准确把握中国特色社会主义的科学内涵

（一）什么是中国特色社会主义。中国特色社会主义不是一个抽象的概念，而是在历史和逻辑的发展中形成和发展起来的一个总的称谓，包含着从实践到理论、又从理论回到实践中检验的一系列伟大创造，内涵丰富深刻。党的十八大报告指出，“中国特色社会主义道路，中国特色社会主义理论体系，中国特色社会主义制度，是党和人民九十多年奋斗、创造、积累的根本成就，必须倍加珍惜、始终坚持、不断发展。”这段重要论述是对中国特色社会主义科学内涵的新概括，从道路、理论体系、制度三个方面集中回答了什么是中国特色社会主义的问题。党的十八大报告对道路、理论体系、制度三者的相互关系及其内涵又作了精辟而清晰的阐述，指出：“中国特色社会主义道路是实现途径，中国特色社会主义理论体系是行动指南，中国特色社会主义制度是根本保障，三者统一于中国特色社会主义伟大实践，这是党领导人民在建设社会主义长期实践中形成的最鲜明特色。”这是一个新的重要理论概括，这样的

概括彰显了中国特色社会主义的科学内涵。

第一，中国特色社会主义道路，就是在中国共产党领导下，立足基本国情，以经济建设为中心，坚持四项基本原则，坚持改革开放，解放和发展社会生产力，建设社会主义市场经济、社会主义民主政治、社会主义先进文化、社会主义和谐社会、社会主义生态文明，促进人的全面发展，逐步实现全体人民共同富裕，建设富强民主文明和谐的社会主义现代化国家。习近平总书记指出，改革开放以来，我们总结历史经验，不断艰辛探索，终于找到了实现中华民族伟大复兴的正确道路，取得了举世瞩目的成果。这条道路就是中国特色社会主义。无论搞革命、搞建设、搞改革，道路问题都是最根本的问题。30多年来，我们能够创造出人类历史上前无古人的发展成就，走出了正确道路是根本原因。现在，最关键的是坚定不移走这条道路，与时俱进拓展这条道路，推动中国特色社会主义道路越走越宽广。这条道路包括坚持党的领导这一重要前提，坚持从社会主义初级阶段实际出发这一现实条件，坚持“一个中心、两个基本点”这一基本路线，坚持解放和发展社会生产力这一根本任务，坚持“五位一体”这一总体布局，坚持“促进人的全面发展，逐步实现共同富裕”这一社会主义本质要求，坚持“富强、民主、文明、和谐”这一社会主义现代化目标，具有丰富的科学内涵和强大的生命力。只要我们坚定不移地沿着这条正确道路奋勇前进，就一定能够实现我国社会主义现代化，创造人民群众的幸福美好生活。

第二，中国特色社会主义理论体系，是马克思主义中国化最新成果，是坚持和发展中国特色社会主义的行动指南，包括邓小平理论、“三个代表”重要思想、科学发展观，同马克思列宁主义、毛泽东思想是坚持、发展和继承、创新的关系。习近平总书记指出，马克思列宁主义、毛泽东思想一定不能丢，丢了就丧失根本。同时，我们一定要以我国改革开放和现代化建设的实际问题、以我们正在做的事情为中心，着眼于马克思主义理论的运用，着眼于对实际问题的理论思考，着眼于新的实践和新的发展。中国特色社会主义理论体系，是经过艰辛探索创立的，既有坚实的实践基础，又有深厚的理论渊源，深刻回答了“什么是社会主义、怎样建设社会主义，建设什么样的党、怎样建设党，实现什么样的发展、怎样发展”三大基本问题，创造性地提出了一系列紧密联系、相互贯通的新思想新观点新论断，体现了鲜明的实践特色、理论特色、民族特色、时代特色。在当代中国，坚持中国特色社会主义理论体系，就是真正坚持马克思主义。

第三，中国特色社会主义制度，包括人民代表大会制度的根本政治制度，中国共产党领导的多党合作和政治协商制度、民族区域自治制度以及基层群众自治制度等基本政治制度，中国特色社会主义法律体系，公有制为主体、多种所有制经济共同发展的基本经济制度，以及建立在这些制度基础上的经济体制、政治体制、文化体制、社会体制等各项具体制度。中国特色社会主义制度，既强调充分发扬民主，集中各方面的意见建议，充分调动各方面的积极性、主动性、创造性，又确保必要的集中统一，保证党和国家的决策部署得到迅速有效的贯彻执行，有利于中央政令统一、集中力量办大事，推动各项事业健康发展，有利于把各种经济政治社会资源迅速调动起来，有效应对各种重大事件，完成各项重大任务。当然我们还要清醒地看到，中国特色社会主义制度是特色鲜明、富有效率的，但还不是尽善尽美、成熟定型的，需要不断完善。正如习近平总书记所说，我们要坚持以实践基础上的理论创新推动制度创新，坚持和完善现有制度，从实际出发，及时制定一些新的制度，构建系统完备、科学规范、运行有效的制度体系，使各方面制度更加成熟更加定型，为夺取中国特色社会主义新胜利提供更加有效的制度保障。

（二）中国特色社会主义的目标任务。党的十八大从坚持和发展中国特色社会主义伟大事业的战略高度，以理论创新的全新视野，概括了中国特色社会主义的总依据、总布局、总任务，使我们党对中国特色社会主义的认识又提升到一个新的高度。

中国特色社会主义的总依据——社会主义初级阶段。正确认识和科学判断我国社会所处的历史阶段，是坚持和发展中国特色社会主义的首要问题，是中国特色社会主义道路的科学依据和理论体系的逻辑起点。我们党在建设中国特色社会主义建设的伟大实践过程中，深刻总结社会主义建设的历史经验，包括以世界上其他国家建设社会主义的经验教训为基础，对国情和社会主义进行再认识，做出了当代中国正处于并将长期处于社会主义初级阶段的科学论断。在改革开放以来历次党代会的报告中都作过系统的阐述，形成了社会主义初级阶段理论，进一步丰富和发展了马克思主义关于社会发展阶段的理论。社会主义初级阶段是当代中国的最大国情，正确认识我国国情的实际，是解决当代中国一切问题的总开关。当代中国的国情从更宏观的层面上讲最基本的就是两条：一是我国已经是社会主义，必须毫不动摇地坚持社会主义；二是当前我国社会主义还处在初级阶段，我们考虑一切问题，制定路线方针政策，都要从这个实际出发。社会主义初级阶段理论是对中国国情的清醒认识，为中国特色社会主义的战略制定提供了前提、依据和出发点，构成中国特色社会主义理论体系的基石，成为坚持和发展中国特色社会主义的总依据。

中国特色社会主义的总布局——五位一体。党的十八大关于中国特色社会主义事业五位一体的总体布局，规划了中国特色社会主义的总体战略部署，确定了坚持和发展中国特色社会主义的发展方向、基本政策和奋斗目标，对经济建设、政治建设、文化建设、社会建设和生态建设进行了系统而深刻的阐述，表明了中国特色社会主义建设事业的总体布局由四位一体发展成五位一体，丰富和发展了中国特色社会主义的实践和理论，是党对中国特色社会主义的认识不断深化的结果。从物质文明和精神文明“两个文明”建设到经济建设、政治建设、文化建设、社会建设、生态建设五位一体的发展，彰显了党对中国特色社会主义总体布局的认识也经历了一个由初步探索、逐步深化和趋于完善的过程。中国特色社会主义事业五位一体的总体布局是一个相互联系、相互协调、相互促进、相辅相成的有机整体。在五位一体的总体布局中，经济建设是根本，政治建设是保障，文化建设是灵魂，社会建设是条件，生态文明建设是基础。强调五位一体的根本目的是从整体上促进中国特色社会主义事业的全面发展和进步，防止和解决发展中的不平衡、不协调和不可持续问题。特别是将生态文明建设纳入其中，成为一种指导思想，形成一个总体布局，才会改变我们的发展方式。

中国特色社会主义的总任务——实现社会主义现代化和中华民族伟大复兴的中国梦。实现中华民族伟大复兴，再创中华民族的新辉煌，是中华各民族自近代以来共同的信念和矢志不渝的奋斗目标。中华民族在中国共产党的领导下，经过90多年的艰苦奋斗，把贫穷落后的旧中国变成日益走向繁荣富强的新中国，中华民族伟大复兴展现出光明前景。正如习近平总书记指出，我们比历史上任何时期都更接近中华民族伟大复兴的目标，比历史上任何时期都更有信心、有能力实现这个目标。实现中华民族伟大复兴，就必须实现社会主义现代化。实现社会主义现代化是世界历史进程和发展潮流，同时对中华民族伟大复兴提出了更高的时代要求。新中国诞生以来党对中国实现什么样的现代化，如何实现现代化进行了长期的探索和实践，形成了中国特色社会主义现代化发展道路，为实现中华民族伟大复兴的中国梦奠定了基础。

党的十八大提出了全面建成小康社会的新目标，进一步强调了"两个一百年"的阶段性奋斗目标，这些目标，都聚焦于实现社会主义现代化和中华民族伟大复兴这个总任务。我们必须站在这个总任务的战略高度来审视不同阶段的具体目标和任务，牢牢记住并正确把握这个总任务，这样就不会迷失方向，就不会左右摇摆，就不会贻误工作，始终保持清醒的头脑，坚定正确的政治方向。

（三）中国特色社会主义的基本要求。党的十八大在科学总结党对中国特色社会主义实践创新和理论创新的基础上，针对我国经济社会发展中存在的突出问题，针对改革攻坚和加快转变经济发展方式面临的难点问题，针对干部群众普遍关心的热点问题，针对新形势下党面临的"四大考验""四大危险"，创造性地提出了在新的历史条件下夺取中国特色社会主义新胜利必须牢牢把握的八项基本要求，进一步回答了坚持和发展中国特色社会主义的一系列重大问题。这八项基本要求是：必须坚持人民主体地位；必须坚持解放和发展生产力；必须坚持推进改革开放；必须坚持维护社会公平正义；必须坚持共同富裕道路；必须坚持社会和谐；必须坚持和平发展；必须坚持党的领导。以上这八项基本要求涵盖了坚持和发展中国特色社会主义的根本目的、根本任务、必由之路、内在要求、根本原则、本质属性、必然选择、领导核心等各个方面。这些基本要求有着深刻的实践依据及其理论价值。习近平总书记强调，这些基本要求是根据党的基本理论、基本路线、基本纲领、基本经验，深刻总结60多年来我国社会主义建设，特别是中国特色社会主义建设实践提出的，是最本质的东西，是体现共产党执政规律、社会主义建设规律、人类社会发展规律的东西，表明我们党对中国特色社会主义规律认识达到了新水平。

三、怎样坚持和发展中国特色社会主义

关于如何坚持和发展中国特色社会主义，总体来说就是要坚持上面提到的“八个必须”，这些基本要求站在历史和时代高度，把科学社会主义的基本原则与我国社会主义初级阶段的基本国情、人民群众的新期待和当代中国特色社会主义的伟大实践紧密结合，科学回答了新形势下如何坚持和发展中国特色社会主义的一系列重大问题。这里，主要就理想信念问题、发展问题、文化软实力问题、生态环境问题、公平正义问题和社会稳定问题谈几点体会。

（一）要坚定中国特色社会主义的共同理想。理想信念是人们对未来的向往和追求，是人的政治信仰和世界观在奋斗目标上的具体体现。坚持中国特色社会主义，首先必须坚定中国特色社会主义理想信念。习近平总书记多次强调，革命理想高于天。指出，中国特色社会主义是我们理想的旗帜，对马克思主义的信仰，对社会主义和共产主义的信念，是共产党人的政治灵魂。理想信念就是共产党人精神上的“钙”，没有理想信念，理想信念不坚定，精神上就会“缺钙”，就会得“软骨病”，坚定理想信念始终是共产党人经

受住任何考验的精神支柱。当前，一些党员干部甚至一些领导干部，理想信念发生动摇，价值观扭曲，对马克思主义信仰不坚定，对中国特色社会主义缺乏信心，不同程度出现信仰模糊、信念动摇、信心不足、信任下降等现象，产生了信仰多元化、非理性化、功利化等倾向，这是十分危险的。更有一些人，不信马列信鬼神，不信中方信西方，“官场风水学”盛行，“风水建筑”“求签问卦”大行其道。据媒体报道，有的地方将“骆马湖”改名为“马上湖”，就是因为“骆马”与“落马”同音，犯了忌讳；还有一个贫困县，搞山脊连接工程，花巨资建“风水桥”，桥上栽树种草，不为通行为吉利，还有的听信风水大师的指点，不惜把四十米宽的街道堵死，高价买回报废的战斗机，在县委大门口修建雕塑，等等，实在是愚昧至极。近几年来发生的一些大案要案，比如薄熙来、成克杰、刘志军、李真等等，在以权谋私、贪腐堕落的背后，其深层次根源就是理想信念泯灭，最终走向了反面。作为党员干部，我们要坚定共产主义远大理想，坚定中国特色社会主义信念，加强科学理论武装，深入学习和掌握马克思列宁主义、毛泽东思想、邓小平理论、“三个代表”重要思想和科学发展观，深入学习和掌握习近平总书记系列重要讲话精神，切实学会运用马克思主义立场、观点、方法观察和分析问题；要加强党性修养，按照党性原则进行自我教育、自我锻炼、自我完善，牢固树立马克思主义世界观、人生观和价值观，志存高远，信念坚定；要勤奋敬业，做到平时工作看得出来，关键时刻站得出来，危难时刻豁得出来，不断为夺取中国特色社会主义伟大事业新的胜利作出更多更大贡献。

（二）要始终把发展作为第一要务。党的十八大报告指出：以经济建设为中心是兴国之要，发展仍是解决我国所有问题的关键。这是全面客观分析我国发展现状得出的科学结论。改革开放35年来，我国始终坚持以经济建设为中心，大力发展社会主义市场经济，国内生产总值从1978年的6846亿元跃升到2013年的568845亿元，经济总量居世界位次从1978年的第10位跃升到现在的第2位，人民生活从温饱不足发展到总体小康、迈入中等收入国家行列，城乡面貌发生翻天覆地变化，综合国力显著增强，国际地位大幅提升，国际竞争力影响力明显提高。我国虽然已经取得了举世瞩目的发展成就，但从现实情况看，我国刚刚跨入世界中等收入国家门槛，经济发展水平仍然较低，2012年人均国民总收入5680美元，仅处于上中等收入国家水平，只有高收入国家平均水平的1/8，还有1.2亿多人口需要国家扶持才能脱贫，发展不平衡、不协调、不可持续的问题仍然很严重。可以说，我国仍处于并将长期处于社会主义初级阶段的基本国情没有变，人民日益增长的物质文化需要同落后的社会生产力之间的矛盾这一社会主要矛盾没有变，我们是世界上最大的发展中国家的国际地位没有变，经济建设仍然是全党的中心工作，发展仍然是解决所有问题的关键。正如习近平总书记所说，全面建成小康社会，实现社会主义现代化，实现中华民族伟大复兴，最根本最紧迫的任务还是进一步解放和发展生产力。在新的征程上，我们必须牢牢把握发展是硬道理的战略思想，始终牢记发展是第一要务，坚持以科学发展为主题，以加快转变经济发展方式为主线，以全面深化改革开放为动力，聚精会神搞建设、一心一意谋发展，全面推进经济建设、政治建设、文化建设、社会建设、生态文明建设，实现以人为本、全面协调可持续的科学发展，不断为全面建成小康社会、实现中华民族伟大复兴打下更为坚实的基础。

（三）要着力提高文化软实力。中国特色社会主义事业的发展，不仅体现在经济、科技、军事等传统的“硬实力”上，而且体现在文化 “软实力”上，谁拥有雄厚的文化软实力，谁就拥有强大的综合国力，谁就更有可能成为世界强国。习近平总书记指出，提高国家文化软实力，关系“两个一百年”奋斗目标和中华民族伟大复兴中国梦的实现。纵观世界历史，从古代的波斯帝国、古罗马帝国、奥斯曼帝国的崛起，到近现代的英国、美国的崛起，文化都从中发挥了重要作用。美国从独立到今天只有200多年，却是当今世界一流的强国，这当中尽管原因是多方面的，但其强大的文化软实力，也是其崛起的一个重要原因。美国的米老鼠、好莱坞大片、微软操作系统无处不在，它们通过美国文化使人们特别是年轻一代在不知不觉中接受其价值观念、道德信仰，从而自觉地接受它的产品。中国在世界文明发展史上的重要地位，主要也是靠文化。我国是四大文明古国之一，拥有仁义礼智信的道德理念、琴棋书画的艺术才能等众多的优秀文化成果。但是，这些资源没有得到较好利用，人们渐渐记不起《道德经》，传统文化节日也受到“洋节”的冲击；文化产业十分弱小，在西方发达国家，文化产业在GDP中的比重普遍高于10%，美国则高达25%以上，而我国不到3%；文化逆差现象严重，中国图书对欧美的进出口贸易逆差达100：1以上，中国出口到国外上映的电影可谓凤毛麟角，而国外利用中国文化元素拍成的电影在中国市场上却赚到盆满钵满。教育水平仍然较低，特别是教育公平、应试教育、素质教育、教育商业化等方面还存在很多问题，国民素质有待进一步提高，邓小平同志在1989年会见乌干达总统穆塞韦尼时曾深刻地指出，“我们最近十年的发展是很好的，我们最大的失误是在教育方面，思想政治工作薄弱，教育发展不够。”在国际上的声音还很微弱，个别西方的媒体针对中国的迅速发展发表大量不实的报道，“中国威胁论”“妖魔化中国”的声音甚嚣尘上，极力夸大和渲染中国内部矛盾，给世人以误导，严重破坏了中国的国际形象。新的形势下，我们要大力弘扬民族精神，努力践行社会主义核心价值观，着力打造民族品牌，科学发展教育事业，努力传播当代中国价值观，积极展示中华文化独特魅力，加强国际传播能力建设，提高国际话语权，推动国家文化“软实力”建设实现又快又好发展。

（四）要切实解决好生态环境问题。环境问题越来越引起人们的极大关注。习近平总书记指出，建设生态文明是关系人民福祉、关系民族未来的大计，保护生态环境就是保护生产力，改善生态环境就是发展生产力，既要绿水青山也要金山银山，宁要绿水青山不要金山银山，绿水青山就是金山银山。我国在短短几十年里，走过了发达国家几百年才完成的工业化过程，现在还在加快推进；与此同时，发达国家一两百年间逐步出现的环境问题在我国集中显现，而且环境总体恶化的压力还在加大。去年，雾霾天气由刚开始出现的京津冀地区向全国大范围蔓延，1/4国土面积和近6亿人受到影响；去年我国采用新标准监测空气质量，监测的74个城市中仅拉萨、舟山、海口3个城市达标。最近发布的《国际人才蓝皮书》披露，中国正在经历一场由于自然环境恶化而引发的人口迁徙潮，环境问题加剧精英和富裕阶层移民；与此同时，由于环境问题，来华发展、旅游的人员大幅减少，长此下去，带来的不仅是社会问题、经济问题，甚至是政治问题。还有资料显示，由于产业结构不合理，我国能源消耗巨大，2012年消耗了全世界20%的能源，单位GDP能耗是世界平均水平的2.5倍、美国的3.3倍、日本的7倍，吃子孙饭、代际问题凸显。还有严重的水污染威胁着群众饮用水安全，令人担忧的土壤污染问题密集爆发，层出不穷的公共环境事件一次次给粗放发展模式敲响警钟，环境问题已成为威胁人体健康、公共安全和社会稳定的重要因素之一。党的十八大顺应广大人民群众的期望，把生态文明建设纳入中国特色社会主义事业五位一体总体布局，提出建设美丽中国，实现中华民族永续发展。十八届三中全会提出，建立生态环境损害责任终身追究制，实行最严格的源头保护制度、损害赔偿制度，完善环境治理和生态修复制度，用制度保护生态环境，探索编制自然资源资产负债表，对领导干部实行自然资源资产离任审计。我们要认真贯彻党的十八大和十八届三中全会精神，把生态文明建设的理念、原则、目标等，融入和贯穿到我国的经济、政治、文化、社会建设之中，正确处理好经济发展同生态环境保护的关系，更加自觉地推动绿色发展、循环发展、低碳发展，决不以牺牲环境为代价换取一时的经济增长，努力建设美丽中国。

（五）要推动社会公平正义。公平正义是中国共产党的一贯主张，是中国特色社会主义的内在要求，是增强社会凝聚力、向心力和感召力的重要旗帜。习近平总书记强调，我们推进改革的根本目的，是要让国家变得更加富强、让社会变得更加公平正义、让人民生活得更加美好。还指出，政法战线要肩扛公证天平、手持正义之剑，以实际行动维护社会公平正义，让人民群众切实感受到公平正义就在身边。改革开放35年，是我国经济实力和综合国力大幅提升的时期，也是改善民生力度最大、人民得实惠最多的时期。但是，由于改革不到位，政策制度不完备，也由于人们权利意识明显增强，对公平正义的诉求日益强烈，公平正义问题已经成为当前中国社会诸多矛盾的交结点，成为广大群众关注度很高的问题。比如，不同行业、不同地域收入差距过大问题，一些地方土地征用和房屋拆迁中暴力执法引起干群关系紧张问题，公共资源、公共资金分配问题，执法不严、司法不公问题，招生、就业、考录政策差异问题，等等。特别是去年，轰动全国的李某某等5人强奸案，法院判决李某某有期徒刑10年，其他4人也分获缓刑或有期徒刑4年、12年的刑罚，获得社会的广泛认可。而云南大关县编办主任强奸4岁幼女，只判了5年，还不承担民事责任，这样的判决就有违法律的公平，简直对不起人类起码的良知。这些不公平的现象，许多是发展中的问题，是能够通过不断发展，通过制度安排、法律规范、政策支持加以解决的。为此，我们必须在全体人民共同奋斗、经济社会发展的基础上，推动对保障社会公平正义具有重大作用的制度建设，逐步促进建立以权利公平、机会公平、规则公平为主要内容的社会公平保障体系，让每个人都享有梦想成真的可能。必须坚持完善按劳分配为主体、多种分配方式并存的分配制度，解决好收入差距过大问题。必须积极推进公共服务均等化，反对特权，反对腐败，努力营造公平的社会环境，保证人民平等参与、平等发展权利。

（六）要维护和谐稳定大局。保持社会稳定，是顺利实现经济社会发展目标的必要前提，也是确保人民安居乐业的基本条件。习近平总书记指出，没有和谐稳定的社会政治环境，一切改革发展都无从谈起，再好的规划和方案都难以实现，已经取得的成果也会失去。这些年，我们党把维护稳定作为压倒一切的政治任务，总体保持了稳定的社会环境。但是仍存在很多不稳定、不确定的因素，新旧矛盾相互交织，长期性和阶段性矛盾相互影响，稳定面临巨大挑战。目前，人民生活条件改善了，但贫富差距拉大了，特别是全国仍有超过1亿贫困人口；生产力发展了，但每年仍有2500万城镇劳动力等待就业；社会进步了，但还有超过1200万户城镇低收入群众居住在各类棚户区，上学难、看病难、养老难问题还没有根本解决；各种暴力恐怖事件时有发生，宗教极端势力也不容忽视。同时，我国周边环境复杂多变，领土、海域争端有升温态势，区域外大国的介入使局势更为复杂，增添了安全稳定隐患。维护和谐稳定大局，首要的是维护政治稳定，坚持走中国特色社会主义民主政治发展道路，决不能照搬西方政治制度模式，决不能搞多党轮流执政、“三权鼎立”和两院制，绝不能瞎折腾、放弃我国社会主义政治制度的根本。近年来，突尼斯、埃及、利比亚等西亚、北非国家专制政权倒台，西方民主化进程随即启动。但“大乱”过后，并没有实现“大治”；旧问题没解决，新问题接踵而至，教训是深刻的。要切实维护人民群众根本利益，多谋民生之利，多解民生之忧，消除贫困、改善民生，让全体人民共享改革发展成果，在学有所教、劳有所得、病有所医、老有所养、住有所居上持续取得新进展。要加强和创新社会管理，正确处理维权与维稳的关系，正确处理改革发展稳定关系，最大限度增加和谐因素，增强社会创造活力，确保人民安居乐业、社会安定有序。要坚持走和平发展道路，我们不想要战争，也不能怕战争，和平从来都不是一厢情愿的事情，没有制衡就没有持久的和平，正像习近平总书记指出的，任何外国不要指望我们会拿自己的核心利益做交易，不要指望我们会吞下损害我国主权、安全、发展利益的苦果。我们要发展强大的国防，用实力换和平、换稳定。

四、审计在中国特色社会主义建设中大有可为

中国特色社会主义事业是全民族的事业，需要每个中华儿女的

积极参与，需要社会各方面的共同努力，审计机关也责无旁贷。当今中国，国家治理的最终表现形式是推动中国特色社会主义事业发展，审计通过推动完善国家治理，为中国特色社会主义建设服务，体现在经济、政治、文化、社会、生态文明等各个方面，在推动中国特色社会主义事业发展中，审计机关大有可为。

（一）要服务经济建设，切实发挥“免疫系统”功能。审计工作服务中国特色社会主义建设，首先是服务经济建设。多年来，审计工作紧扣主题主线，加强对宏观经济政策执行情况、重大政府投资项目和重特大突发公共事件的跟踪审计，加大对经济运行中突出矛盾和潜在风险的揭示和反映力度，发挥了国家利益捍卫者、公共资金守护者的作用，得到了各界充分肯定。我们要一贯以之地贯彻落实署党组的安排部署，进一步加大对重大经济政策和宏观调控措施贯彻落实情况的审计力度，密切关注各项政策措施的执行情况，及时发现和纠正有令不行、有禁不止行为；进一步加大绩效审计力度，加强对政府预算的审计监督，加强行政运行成本的审计，加强对“三公”经费、会议费和楼堂馆所清理情况的专项审计，促进降低行政成本，建设节约型政府；进一步加大对经济社会运行中的突出矛盾和潜在风险的揭示力度，关注财政风险特别是债务风险，关注金融风险，关注国有资本投资运营中的风险，维护国家经济安全。

（二）要服务政治建设，加强对权力运行的监督和制约。多年来，我们在各项审计中，坚持从审计财政财务收支的真实合法性入手，以权力行使和责任落实为重点，着力监督和检查党政部门、企事业单位及工作人员守法守规守纪尽责情况，促进权力依法规范运行。同时，不断加强经济责任审计工作，2008年以来，全国共审计21万人次，查出领导干部个人经济问题金额5亿多元，移送纪检监察和司法机关2500多人。今后一个时期，我们要进一步加大经济责任审计力度，扩大经济责任审计的覆盖面，加强对重点部门、重点单位和关键岗位主要领导干部的经济责任审计，把经济责任审计与预算执行、专项资金等审计相结合，把任中与离任审计相结合，逐步建立和推行领导干部任期内轮审制度；要提升经济责任审计的深度和质量，着重监督检查领导干部履职尽责情况，关注领导干部贯彻执行国家重要经济方针政策和决策部署情况，关注其决策权、执行权、监督权的运用情况，关注与领导干部履行经济责任有关的管理、决策等活动的经济效益、社会效益和环境效益情况，依法规范审计评价。要加大对重大违法违纪问题的查处力度，发挥好反腐败的尖兵和利剑作用。要加大对审计信息的依法公开力度，促进审计整改和责任落实，推动政府行政公开和透明，推动民众在国家治理中的知情权和参与权的落实。

（三）要服务文化建设，促进文化事业发展繁荣。多年来，我们加强重大科技专项、文化教育专项资金、中小学校安工程、农村中小学布局调整等专项审计，促进了文化事业的发展。在这方面，我们应该进一步加大力度，加强对中央关于文化发展改革政策措施贯彻执行情况的审计监督，关注文化建设效益，促进文化事业科学发展；关注重点文化惠民工程的组织实施，推动文化资源向基层和农村倾斜；加强对文化设施、文化产业建设资金和资产管理使用情况的审计监督，严肃揭露和查处违法违规问题，确保资金和资产安全；注重揭示体制障碍、制度缺陷和管理漏洞，促进深化文化体制改革。

（四）要服务社会建设，维护人民群众的根本利益。多年来，我们坚持把维护人民群众利益作为审计工作的出发点和落脚点，加强对灾后重建、扶贫资金、保障房建设等重点民生资金和民生项目的审计监督，维护了社会和谐稳定。我们要进一步突出重点，加大对基本公共服务和民生资金的审计力度，在推动学有所教、劳有所得、病有所医、老有所养、住有所居上发挥更大作用；要放宽视野，探索开展就业、教育、社会保障、医疗卫生等各项社会事业资金和项目审计，确保相关资金规范、高效、安全、廉洁使用。要促进提高，及时发现社会管理中存在的不完善、不科学、不合理的问题，提出改进和完善建议。

（五）要服务生态文明建设，促进资源节约和环境安全。这几年，我们加大了对环境保护和资源能源利用情况的审计，开展了土地和矿产等资源管理、节能减排和环境保护政策落实、水污染防治等专项审计和调查，涉及淡水、土地、矿产、森林、海洋等多种重要资源和废弃物处置、生态环境保护、节能减排等多个领域，审计的作用是显而易见的。今后，我们要继续加强对土地供应和利用情况的审计监督，加强对水、矿产等资源以及重点流域、区域、行业环境保护情况的专项审计和调查，加强对节能减排政策执行情况的审计和调查。特别是经济责任审计要关注节能减排政策措施的贯彻执行、阶段性目标完成情况，积极探索领导干部自然资源资产离任审计，把中央交给我们的艰巨任务谋划好、实施好。

（节选自2014年2月全国审计机关学习习近平总书记系列重要讲话精神培训班辅导报告）

辑二

分析·研究

建立适应社会主义市场经济体制要求的城镇住房新体制

1997年12月20日至28日，我率大庆市房改考察团，先后考察了广州、顺德、中山、深圳、上海、张家港六城市的房改工作，实地参观了五个住宅物业管理小区和两个企业，还利用晚上休息时间展开讨论，消化考察成果。一路上所见所闻，使我们深受启发，深受鼓舞。

一、六城市房改的基本情况

从考察情况看，六城市都把城镇住房制度改革作为经济体制改革重要组成部分，作为推动本地区经济发展、社会稳定的一件大事来抓，促进了住房商品化、社会化的进程，满足了城镇居民不断增长的住房需求。

总的看，南方六城市房改工作主要经历了三个阶段，第一阶段：1987年国务院发布城镇住房制度改革通知后，各城市相继出台了房改方案，开始提租售房；第二阶段：1992年国务院第二次房改会议之后，各市积极行动，普遍加大了改革力度，采取以租促售、租售并举的办法，把新、旧住房以较低的成本价全部售给职工，并开始着手研究住房货币化的分配问题；第三阶段：从1994年起，由深圳市率先开始实行住房由实物分配转为货币分配的办法。到目前，除上海、广州两市已出台方案，将于1998年正式启动外，其他城市已相继推行了这种办法。六城市在住房改革运作上动手早、气魄大、速度快、成效显著，而且各具特色。

深圳市住房分配货币化的主要办法是给职工发放住房补贴。补贴的额度为职工工资总额的25%，逐月发给。建立双轨三类多价制供房模式。双轨即政府建房为一条轨道；专业房地产公司建房为一条轨道。三类即政府建准成本房提供给党政事业单位职工；建微利房提供给企业单位职工；专业房地产开发公司建市场商品房向社会提供住房。多价制即根据不同种类的住房，以及提供对象采用不同价格政策，准成本价3800元/平方米，微利房价2469元/平方米，商品房价5000元—10000元/平方米。

顺德市的办法是由市财政按当年在编市属机关公务员以及学校教职员工的人数，每年每人计提1500元作为住房基金。对市属机关和财政全额预算管理的事业单位的在编人员，实行按其职级标准随工资发放住房津贴，发至在本市工作满15年止。住房津贴标准为固定工勤人员300元/月，股级以下干部350元/月，科级干部400元/月，处级干部450元/月，津贴标准每年递增10%。对市属财政差额预算管理单位的职工，其住房津贴基金采取单位和财政各负担50%的办法来解决。对首次购房的职工可一次性发给30%的住房货币，对领取津贴后购买住房确有困难的，仍可根据其职级所享受的住房面积，向银行申请七成的供楼按揭。同时，由市政府划出专用土地，建设周转房（也叫廉租房），出租给已领住房津贴、但购房仍有困难的无房户，周转房的年租金按商品楼市值的5%—10%收取。

中山市基本采用了顺德市的做法，只是在供房上对一些特困职工采取每年政府统一建造一部分保障性住房，即优惠房解决特困职工的住房需求。

张家港港务局采取住房补贴理入工资的办法，将住房工资单独列出，额度为职工工资总额的26%，人均补贴每月200元左右。职工首次购房，单职工可享受29平方米的微利价房，住房由港务局房地产公司按住房商品化的要求微利经营。

张家港市建立住房新体制主要做法，一是全面建立和不断完善住房公积金制度。1997年度职工个人和单位住房公积金缴交比率分别由5%提高到6%。二是逐步提高公有住房租金，到2000年达到成本租金水平。租金提高后，在职职工按1996年度月平均工资的1.6%、离退休职工按月离退休费的2.6%发放住房补贴，原补贴同时取消。三是实行住房分配货币化，新建住房（含腾空房）直接按建房成本价向职工出售。在新体制实施初期，职工按实际建房成本价购房确有困难的，有条件的单位可给予适当资助，但单位资助的比例（夫妇双方单位之和）不得超过购房款的30%，以后逐渐减少，直到取消。推行职工购建房抵押贷款办法。四是改变住房建设体制，建立起稳定的社会保障性住房供应体系，制定已售公房上市交易的规定和配套政策，搞好住房售后服务，规范物业管理。

六个城市住房分配货币化都有力地推动了本地区经济发展和社会进步。

一是建立了独立的住房基金系统，加快了住房建设，改善了职工的居住条件。深圳市利用出售旧房建立起来的1.35亿元的住房基金，在房改的两年时间里，不仅完善了鹿丹林、红荔村两个住宅小区的建设，还新建了拥有1631套住房、建筑面积12.6万平方米的莲花2村住宅小区，相继缓解了行政事业单位和部分企业职工的缺房矛盾。今年5月以港厦住宅区开工为标志，住房基金全面进入二次周转。1990年至1993年政府只解决698人住房，而采取房改政策后，到1996年底，已解决无房人数达1274人。

二是减轻了国家和企业的负担，取得了明显的经济效益。1990年房改以前，顺德市每年投入住房建设的财政资金达400多万元，而房改后，国家基本上不承担住房建设资金。张家港港务局将住房补贴理入工资后，企业每年只承担240万元，不再承担每年约830万元的住房建设投入，职工住房的建、租、售和日常维修管理，全部由房产经营公司承担，逐步实现专业化、物业化管理，企业领导可以一心一意地抓生产、搞经营。

三是调整了消费结构，改变了消费观念。中山市做了一个测算：房改前住房消费支出占家庭收入比重为1%，房改后提高到20%左右。住房消费已成为人们生活中的一个重要内容，人们从过去一味追求大房、好房而转向追求经济合理实用的住房。现在“住房是个人消费，住房是商品”的观念已普遍为中山人所接受。

四是活跃了房地产市场，带动了相关产业。上海市房改后，职工只要付清了全部成本房价，就拥有住房的占有、使用、处理和收益权。而且可以进入市场。目前已初步形成了卖旧买新、卖小买大、卖东买西的活跃的二次房地产交易市场。二次房地产市场的形成和活跃，既符合“有利生产、方便生活”的原则，又给财政增加了税收。同时职工买房后，住房的装修明显增多，提高了居住水平，直接带动建材、装饰等行业的发展。据百户“抽样”调查，今年5月份用于建筑材料装修消费，人均达56元，比去年同期增长13.6%。

五是平衡了职工利益，抑制了不正之风。住房分配货币化，使职工住大房多掏钱，住小房少掏钱，体现了住房分配的公平性。职工之间在住房上的利益基本得到平衡，用经济手段配合以各种制度，使住房分配中的不正之风得到了有效的抑制。

二、六城市房改的主要经验

广州、中山、顺德、深圳、上海、张家港等市房改工作积累许多非常宝贵的经验，概括起来主要有以下几个方面。

一是在认识上思想解放，起点高，路子宽。六城市在房改运作中之所以力度大、抓得实、效果好，主要得益于思想解放，它们普遍认为，实行住房分配货币化早改早主动，晚改晚主动，不改就被动。深圳市在1987年底就确立了向职工卖房的指导思想，并积极探讨住房商品化问题。当时深圳已经解决了两个认识上的问题，一是补贴—提租—卖房—建房是增加国家负担，还是减轻国家负担？二是卖房是造成国有资产流失，还是制止国有资产流失？结论是只要卖房，就减轻国家负担；只有卖房才能制止国有资产流失。这两个认识直到1993年才在全国基本统一，从1987年至1993年底，这个认识整整差了六年时间，若从运行实践来看，这个差距还不止六年。顺德市政府早在1993年就按照住房商品化、社会化、规范化的要求，积极探索职工住房分配问题，结合本地实际，对机关行政事业单位职工按其职级标准随工资发放住房津贴，果断地把职工住房直接推向市场。张家港市、中山市吸取顺德市经验，在建立住房分配新体制取消福利分房的过程中，还特别制定了向职工倾斜的平稳过渡政策，即高收入家庭直接进市场购买商品住房，中低收入家庭购买由政府统一筹建的经济适用房，在组织上保证了平价房、安居房的供应量。

二是在决策上目标明确，定位准，决心大。房改是经济体制改革的重要组成部分，六城市都明确提出了房改的指导思想和总体目标，基本上确定到2000年初步建立适应社会主义市场经济的住房新体制。1993年全国大中型企业都面临着社会主义市场经济的确立和企业经营机制转换的严重挑战，房改何去何从，张家港港务局决策层一致形成了抓住机遇，迎接挑战，有条件要改，没有条件创造条件也要改的共识，决定在住房机制上引入市场机制，实行住房分配货币化，加速实现住房商品化、社会化进程。深圳在运作房改的初始，邀请了全国30多位专家、学者，研究深圳房改的总体思路，准确确定了住房改革在市场经济中的位置，并提出了房改的六条标准，即是否把职工消费引导到住房上来，是否减轻了国家（财政和企业）负担，是否加快了资金周转，是否有利于真正形成并活跃房地产市场（这里是指直接对个人消费），是否产权职工家庭都能承受，银行能否承受。从而确立了房改的基本原理、基本原则、基本方向，住房的基本原理是：住房由实物分配逐步转变为货币分配；房改的基本原则是：由财政和企业两者负担转变为财政、企业、个人三者共同负担，并最终转变为个人负担，其本质是个人负担；房改的基本方向是由福利型逐步转变为商品型，也就是逐步实现住房商品化，从而找到了理论和实践的结合点，增强了决策层加大房改的信心和决心。

三是在运作上设计准确，工作细，步子稳。房改涉及千家万户的利益，是一项政策性、技术性、群众性很强的工作。六城市在运作设计上都做到了全方位考虑，既抓住机遇加大力度，又积极稳妥、因势利导；既考虑国家、单位的承受能力，又重点考虑职工个人的承受能力。深圳市政府把房改作为一项研究课题，认真组织，经过调查、测算（分析）、论证和决策四个工作程序。整个调查发动了5000多人，完成了14万多个数据，由电脑处理并打字成册，同时，测算了5000个数据，在测算的基础上进行论证，在论证基础上进行决策，从而使决策在运作上既准确无漏，又科学合理。另外，该市还出台了《经济适用房实施办法》等八项细则，从而保证了房改的稳步推进。张家港市在推进住房商品化进程中出台了《张家港市职工购建住房政策性贷款暂行办法》等九项配套细则，上海市出台了《公有住房出售的实施意见》等10项细则。这些城市由于在房改实际运作中设计准确、工作细致、方法灵活，较为理想地实现了住房分配由实物转为货币的平稳过渡。

四是在领导上高度重视，力度大，推进快。各城市都成立了以市长或主管市长为主任的房改工作委员会，下设房改办公室，主要领导亲自带领房改部门的同志赴外地考察，开展调查研究，制定实施方案，动员部署，督促检查房改方案的贯彻落实，研究解决贯彻过程中出现的问题。张家港市市委书记被职工称为“房改专家”。她说：“张家港市住房分配货币化改革之所以运作半年，就在今年7月1日全面推开而且效果较好，主要经验就是领导重视。”广州市制定《住房货币分配试行方案》时，四次提交政府常务会议进行讨论，才得以基本通过。上海市已经8次召开市政府常务会议专门研究《扩大职工所购公房上市出售试点实施意见》，至今还没有通过。

三、大庆房改的差距和设想

大庆的房改起步很早，从1982年推行房改以来到1996年底，已出售公有住房1117.6万平方米，占公房总量的62%以上。目前，全市已有30%的职工购买了全部产权。全市累计售房资金21.07亿元，市中心户头上目前备有资金近1亿元。租金达到3元/平方米，继续保持国家提出的租金标准占双职工家庭收入15%的水平，住房公积金覆盖率已占职工总人数的92%，累计公积金3.3亿元，成绩也是很大的。但同六城市相比主要的差距是房改的力度还不够大，步伐相对较慢，失去了多次机遇，特别是在1994年以前，没有按成本价售房政策要求，将住房全部售给职工。没有像南方部分城市那样按照国家房改的总体思路超前运作，实现住房由实物分配转为货币分配。一些房改政策相对滞后，比如住房抵押贷款政策和已购公有住房上市出售等办法还没出台，房改资金管理不到位等，影响了住房建设，职工在经济利益上也受到一定的损失。

学习南方先进城市的经验，对如何深化大庆市房改工作提出以下几点建议：

一是统一思想，进一步明确房改工作的总体思路和目标。大庆推行住房分配货币化的条件已经成熟，而且国家在这方面已有明确要求，南方城市也有成功经验，群众住房消费观念已初步形成，鉴于大庆的房改现状与今后发展趋势与张家港市比较相似，建议借鉴张家港市的住房分配货币化模式，进一步推进大庆的房改工作。总体思路是以住房分配体制改革为突破口，以建立住房公积金制度为中心，加快住房分配的货币化进程，配套推进住宅投资和建设体制改革，大力发展普通民用住宅建设，发展住房金融，培育住宅市场。在住房分配货币化方面进行大胆的实践，逐步实现住房由实物转为货币分配，补贴由暗补转为明补，到2000年初步建立大庆市适应社会主义市场经济体制要求的城镇住房新体制的目标。

二是开展调查，制订工作方案及相关配套政策。建议由市房改办牵头，搞一次摸底调查，科学测算论证，制订《大庆市住房货币分配试行方案》。协调有关部门尽快制订出台《大庆市建立住房新体制实施方案细则》《职工购建住房政策性贷款暂行办法》《大庆市已购公房上市出售试行办法》《大庆市经济适用住房建设管理暂行办法》《大庆市经济适用住房销售试行办法》等配套政策。从而加快住房建设步伐，实现住房资金投入产出的良性循环，促进房地产业和相关产业的发展。

三是搞好试点，加快建立住房新体制步伐。按照“整体设计、一步到位，分步实施，规范运作”的原则，采取局部试点、逐步推开的办法，1998年先从市直机关和财政全额补贴的事业单位开始试点，石油管理局、石化总厂、林源炼油厂等单位可根据实际情况，自行选择试点单位，各县区及市属企业可参照执行。在取得试点经验后，在1999年全面推开，到2000年基本建立城镇住房货币化的新体制。

四是统筹兼顾，做好与原有房改政策的衔接工作。全面建立和完善住房公积金制度，提高公积金缴交比例，由原来的5%—8%提高到8%—10%。加大力度调整公有住房租金，租金标准要继续保持占双职工家庭工资收入15%的目标。加快公有住房出售进度，到1998年二季度末实现由部分产权过渡到全部产权。

五是强化领导，建立房改工作领导体系。建议将原房改委员会的人员作相应调整。主任由市长担任，副主任由主管副市长担任，成员由有关部门负责同志组成，办公室设在房改办。房改工作委员会负责对全市房改工作做出的重大决策、拟出台的工作方案和政策规定、工作推进中出现的重大问题等，进行讨论研究并报市委市政府批准后，组织推进落实。市政府近期召开一次房委会会议，对实施住房货币化的有关问题进一步统一思想，形成共识，待时机成熟后，开始着手筹备召开全市房改工作动员大会。

（节选自1998年1月赴南方六城市房改情况考察报告）

住宅建设：新的消费热点和新的经济增长点

一、党中央国务院对住宅建设成为新的经济增长点给予高度重视，大庆市率先实施了推进工作

中央领导同志对发展住宅建设促进经济增长问题，作了许多重要指示，江泽民同志在中央经济工作会议上指出，积极培育和扶持新的经济增长点，是调整和优化结构的重要方面和必然选择。这里所讲的经济增长点，是指适应我国社会经济发展的客观要求和城乡居民消费结构变化的新趋势，加快那些市场需求量大、产业关联度高、科技含量多、经济效益好、带动作用强的产业和产品。朱镕基同志认为，在我国经济形势、经济运行特点的基础上，住宅建设有条件、有可能成为新的消费热点和新的经济增长点。李鹏同志指出，加快普通居民住宅建设，可以带动许多产业发展，住宅建设是形成新的经济增长点的重要方面。

大庆市根据党中央国务院和省委省政府有关把住宅建设培育成为新的经济增长点指示精神，大庆市委市政府把住宅建设作为市委、市政府工作重点列入议事自程。市委、市政府对住宅建设工作的总体思路是："以改革开放、招商引资促进经济发展为宗旨，以美化、亮化、净化、绿化居民区环境为中心，以提高居民居住水平

为重点，以物业管理的方式为大庆市市民投资者创造良好的物业环境。”正因为如此，大庆市率先出台了货币化分房的房改政策，建立了公积金制度，开展了住房抵押贷款业务，推动了住宅产业现代化，实施了旧住房成片改造开发、建立示范小区，实行物业管理，努力把住宅建设培育成为大庆新的消费热点和新的经济增长点，从而带动了大庆国民经济的持续稳定协调发展。

二、大庆为住宅建设成为新的经济增长点创造了一系列必备条件

众所周知，大庆是以石油、石油化工为主的能源型的城市，现在正向高科技现代化城市迈进。市区石油、石油化工职工人数占全市职工人数的70%，大庆市职工收入和人均收入排在黑龙江省前列。这些条件，在一定程度上为各项政策的制定与实施奠定了基础。但是真正形成新的消费热点和经济增长点，政府有关部门的政策和支持起到了大力推进作用。

改革开放以来，大庆住宅建设稳步增长。大庆市原来的住宅都是干打垒、平房，1979年以后开始兴建居民楼。二十年来，大庆围绕发展住宅建设，改善人民居住条件，培育房地产市场采取一系列措施，取得了一定成绩，其中土地有偿使用制度和住房改革制度的建立为大庆住宅建设的发展提供了新的契机。

据统计，从1986年到1998年间，住宅建设投资从1986年的2亿元增长到1998年的12.5亿元，其中1992—1998年的增长量为17024万元，平均增长速度为28.43%，为高增长。

截至1997年，全市建成住宅小区129个，全市房屋总建筑面积

3643.31万平方米。住宅建筑面积1875.8万平方米。市区人均居住面积9.5平方米。

大庆市安居工程自1995年建设以来，竣工面积117万平方米，共有15908户职工迁入新居，为解决低收入居民住房问题提供了条件。从整体上来看，大庆市房地产市场是平稳发展的，没有出现南方或沿海地区大批商品房空置的现象。

建立社会住房保障体系，刺激住房消费。大庆住房制度改革的核心是实行货币化分房制度。住房制度改革的速度和力度走在全国先进行列。1998年第一季度，大庆市公布了货币化分配住房方案，实现了大庆市城镇住房进入商品化的社会轨道。标志着真正实现了住宅生产、消费的良性循环，同时也为住宅建设成为新的消费热点和新的经济增长点奠定了基础。大庆市在住房制度改革方面主要做了以下几方面的工作。一是全面建立了住房公积金制度。全年200多个单位全部建立了住房公积金制度。截止到1998年3月，全市累积归集公积金4.8亿元，其中：市资金管理中心7003万元；石油管理局33982万元；石化总厂5824万元；林源管理中心2120万元。公积金覆盖率达到了职工总数的93%。二是租金改革一步到位。全市楼房租金每平方米3元。达到了按五项因素计租的成本租金水平，提前5年实现了国家提出的2000年住房租金标准原则上应达到占双职工家庭平均工资15%的目标要求。三是出售公有住房步子稳，进展快。

发展住房金融，实施个人购房抵押贷款。大庆住房资金管理中心，各专业银行均已开展了住房抵押贷款业务，已驻大庆的中国银行、工商银行、建设银行和农业银行的分支机构，制订了加强对个人购房支持力度的新利率，贷款利率一般稍低于银行利率。这样，缓解了个人购房的经济承受能力，这对于把住宅培育为消费热点和经济增长点，起到了积极的推动作用。

三、住宅建设已经成为大庆新的消费热点和新的经济增长点

由于大庆市委、市政府采取调控政策，提高房租并实行货币化分房，将住房制度改革与劳动工资制度改革相结合，调整公有住房租金，并逐步缩小租金与售价的价格差别，鼓励和刺激城镇居民购房消费。使人均住房消费从1997年占总人均消费的3%提升到现在的15%。

大庆市根据自己的特点，并结合南方各城市的先进经验，经过反复测算验证制定了房改的一些办法，并经市委市政府多次讨论，1998年2月13日出台了《大庆市建立城镇住房新体制实施方案》及其四项配套细则。这些方案的出台，极大地调动了职工买房的积极性，形成了住宅消费热。

需指出的是，大庆职工积极购买住宅，形成新的消费热点和新的经济增长点，与大庆城市经济状况是分不开的。大庆职工在为国家作出巨大贡献的同时，职工工资稳定增长，城镇居民储蓄存款达202亿元。且有劳动保险统筹、医疗保障制度等。这为住房公积金的建立和实行货币化分房，奠定了一定的经济基础。

从住房消费年龄结构上来看，消费者多是年轻人。这些人大都是会战工人的子女和大专院校分来的学生。父母勤奋工作一辈子，都要给子女买新房、装修、置家具，而自己则住在老楼区。这一现象在人口结构上体现在旧楼区老人多，新楼区青年人多的情况。正是这种现象的无限循环和人民生活水平、经济水平的不断提高，对住宅的需求无止境。据资料表明，大庆城市居民人均使用面积14平

方米，新加坡、中国台湾人均28平方米，欧美等发达国家人均使用面积35—40平方米，我们有成倍的差距，同时也可以看到对住宅需求的潜力。

住宅建设带动了相关产业的发展。住宅建设的生产和消费与建筑、建材、冶金、纺织、化工、机械、仪表、森工等50多个物质生产部门紧密相关，并直接影响到家用电器、家具、装饰产品以及金融业、旅游、园林、运输业的发展。住宅建设的发展与整体经济发展具有连带性，对吸纳劳动提高社会总产值具有带动性。按城镇商品房价格构成的各种费用比例计算，土地费用占20%左右，建安工程费占40%左右，市政公用费占20%—30%，各种税费占10%—20%。那么仅住宅上缴税费可达几亿元。

大庆住宅建设投资量在全市基建、矿建投资中，占有一定的比重，事实上，大庆市每年建设投入资金上百亿元。从建筑材料上来看，许多都是从外地采购。比如龙江、五常、扎兰屯等地的砂石，安达等地的砖，哈尔滨、牡丹江等地的水泥，齐齐哈尔、阿城、鞍山等地的钢材。广州、河北、山东等地的陶瓷。从施工人员上看，江苏地区的施工人员占大庆施工的80%以上。可以说，大庆住宅建设，不仅成为大庆新的经济增长点，也成为区域乃至全国部分地区的经济增长点。

四、把住宅建设培育成为大庆持续经济增长点的措施

实行住房货币分配制度，建立新的住房供应体制。大庆市率先在全国实施了货币化分房制度，建立了城镇住房新体制。其基本内容是：“以住房分配制度改革为突破口，以建立住房公积金制度为

中心，加快住房分配的货币化进程，配套推进住宅投资和建设体制改革，培育住宅市场，建立政策性和商业性并存的信贷体系，建立规范化的房地产交易市场和发展社会化房屋维修和管理市场，逐步实现住房资金投入产出的良性循环，促进房地产业和相关产业的发展。”今后，逐步建立住宅商品化为主要发展方向，大量社会住房主要通过市场来提供，政府则以税收、土地、金融等优惠政策来鼓励建设居民住房。对不同收入家庭住房供应实行不同的价格政策。对高收入家庭，则实行完全的市场价格政策；对中等收入家庭，通过一定的价格控制措施，由市场提供微利住宅；对低收入家庭，则采取具有社会保障性质的经济适用房供应体系；并制定高中低收入标准界线，形成一个住宅建设与销售租赁的市场，形成居民住宅需求长久的消费热点。

继续推行公积金制度。按年度调整住房公积金缴存基数和缴存比例。住房公积金缴交比例为上年度职工工资总额的5%，职工个人缴存的住房公积金由职工本人支付。效益好有条件的单位公积金缴交比例可提高到8%—15%。住房公积金按照“个人存储、单位资助”的原则缴存。

发展住房金融，建立职工购建住房政策性贷款制度。支持中低收入住房困难职工家庭购建自住住房，目前，大庆市各银行都开展住宅抵押贷款业务，使个人购买商品住宅由一次性集中支付变为长期分期支付。这样，可以使许多无力一次性购房而有分期支付能力的居民购房，增加了购房比例。

实现住宅产业现代化，改变住宅建设的增长方式。将住宅产业培育新的经济增长点及将住宅发展为新的消费热点，其中实现住宅产业现代化，改变住宅建设的增长方式至关重要。

大庆在住宅建筑领域应用新技术、新材料，高层住宅采用了新工艺。尽管住宅做到了当年施工、当年竣工、当年进住，但是从住宅产业现代化来讲，还有很大差距。大庆市住宅示范小区的建设全面采用新产品和新技术，使住宅功能的完善和住宅品位得到提高。住宅小区实现了数据、语音、图像等多媒体信息传输，并直通信息高速公路。大庆在智能信息系统、电子安全防盗系统、节能节材方面、墙体管道材料方面、管线集中综合布置方面科技含量有相应提高，并在龙南等地区，实现了高纯度饮用水的供应。

对旧平房区整体拆迁改造。大庆从20世纪60年代到70年代，建了大批平房区。虽然在近二十年的改建中，拆掉了许多，但是现在老区和铁路地区保留了一部分，目前正在规划改建中。今年龙凤区拆除了61栋平房，11285平方米的平房，与石油化工总厂共建32栋，125000平方米的小区。让胡路区正与有关规划、铁路部门协调将拆迁开发让胡路火车站前平房区。

发展住宅装饰装修市场。据大庆市建材局初步调查，大庆装饰装修市场每年资金投入量约10亿元。可以看出，住宅装饰已成为住宅消费的一个重要部分，也是住宅成为消费热点的一个重要内容。针对住宅装潢情况，大庆市出台了《房屋装饰装修管理办法》，对装饰装修市场的管理和保证住宅的建筑结构不被破坏，起到了一定作用。按照建设部的有关精神，将售房与装饰结合起来。即售房时由住户提出装饰要求，并按国家规范的装饰费用付款，由开发公司装饰完毕验收后交房。售房价应包括普通的装饰在内，如居民不愿增加装饰，也可以交了房费就交房。所以，是否增加装饰内容全部由居民自己选择。在此种方法基础上，还可以更进一步，就是从设计做起，设计大开间的单元住房。居民买房后，按自己居住的要求进行隔断和装饰。这样不仅可以提高住房的增加值，而且可以更好地满足居民的要求，让住宅装饰装修成为住宅消费热点的一个重要组成部分。

全面实行物业管理，提高居民住宅消费水平。大庆市有129个居住小区，物业管理覆盖率达70%，物业管理进入国内先进行列。目前大庆在申办物业管理企业资质等级的同时，还将在五区、四县选择适当的条件成立物业公司，实行专业化管理。目前，大庆市有国家级文明小区15个，省级文明小区18个，可以说，好的物业环境，是引导居民购房消费的最好条件。可以预见，当物业管理逐步走上商品化、社会化、法制化的轨道后，物业管理费也会逐步提高到商品化水平。不仅住房会“永葆青春”，而且既能引导居民消费，又能稳定地提高住宅产业的增加值。这也是形成新的经济增长点的不可缺少的组成部分。

从大庆住宅建设和消费情况看到，发展住宅建设，坚持住房商品化的方向，既是改善人民居住条件的重要举措，又可以缓解通货膨胀，增加市场商品的有效供给，带动相关产业的发展，为大庆及省内区域，为江苏苏北地区，提供更多的就业机会，刺激消费，完全有可能成为新的消费热点和经济增长点。因此，必须把住宅建设提到事关整个国民经济发展的高度来看待，树立全面、整体的发展思路，而不能简单地走增加规模的老路。住宅建设能否真正形成新的经济增长点，能否真正带动其他产业发展，关键是住房消费热点的形成，一定要把政策重点放在引导住房消费上，通过增加住房消费去带动住房建设。

可以预言，随着大庆市改革开放的不断深入，城市化水平将进一步提高，住宅也将更进一步发展。大庆市委市政府把住宅建设作为大庆新的经济增长点纳入工作议事日程，由房产部门牵头，协调计划、规划、税务、土地、银行等部门成立推进领导小组，对住宅建设实行集中、统一、高效的管理体制，做好住宅消费导向，并制定相应的改革措施，使住宅建设不仅成为现在，而且成为21世纪的消费热点和经济增长点。

（原载于《中国房地产》杂志1999年第3期）

推进城市管理实现规范化科学化法制化

一、近几年城市管理的基本情况

几年来，大庆市的城市管理工作紧紧围绕创建国家卫生城、国家环保模范城、国家园林城市，最终实现建设高科技现代化城市这一系统目标，按照“高起点规划、高标准设计、高质量建设、高效能管理”的原则，标本兼治，整体推进，不断加大城市管理工作力度，取得了明显成效。

（一）以城市环境综合整治为突破，城市环境面貌明显改善。大庆市是一个因油而兴的资源型矿区城市，长期以来，一直把矿区建设和城市建设混在一起，布局分散、点多面广、战线太长，造成了有城市规模没有城市形象，有城市框架没有发挥城市功能的局面，给城市管理造成了先天性困难。特别是1979年建市到1990年初这十几年间，城市建设虽然发展很快，但由于单纯追求建设速度，对城市规划和管理考虑不够，各种问题积累越来越多，城市管理难度越来越大。这个时期违法违章建筑严重，垃圾堆、臭壕沟、烂泥塘等卫生死角较多，马路市场、乱贴广告等现象十分普遍，已经成为困扰城市环境建设和发展的突出问题。从1998年开始，市委、市政府把治理脏乱差作为搞好城市管理的突破口，开展了大规模、全局性的城市环境综合整治工作，市委、市政府主要领导亲自挂帅，五大班子一齐动作，各区块分区负责，连续开展了清违建、治垃圾、整市容等一系列专项治理大战役，城市环境综合整治工作取得了历史性的突破，脏乱差状况明显改变。1998年以来，全市清除建筑垃圾、生活垃圾64.5万吨，治理卫生死角4424处；清除各类违法违章建筑和临时建筑112万平方米，清理临时电话亭2540处；取缔旗幌6330个，清理不规范牌匾15018个；清除大型户外广告363块、小广告44万份；整治洗车站点531处、停车场52处；封闭垃圾道20334个，新建垃圾中转站20个、垃圾房76个，有60个居住区、50条主要街路、30个集贸市场实行生活垃圾袋装化。经过为期两年的艰苦奋斗，东西主城区和各主要城镇面貌发生了明显变化，大片违法违章建筑拆除了，随处可见的垃圾减少了，城市环境质量有了明显提高。可以说，城市环境综合整治结束了大庆市一个时期重建设、轻管理的历史，进入了城市建设管理的新阶段。

（二）以建设改造为前提，侧重解决城市管理老大难问题。由于历史原因，大庆市的老城区、旧城区、平房区较多，道路交通、给排水、环卫、污水和垃圾处理等基础设施配套也很差，这些老大难问题不是靠打突击战、搞综合整治和经常性管理能够解决的，必须从建设改造入手，从根本上解决问题。在建设改造过程中，我们运用市场经济观点，采取多元融资、综合开发等手段，走出了一条不花钱，少花钱也能搞好城市建设改造的新路子。1998年以来，共融通资金25.2亿元，改造老城区76处、平房区30处，改造面积达158万平方米，拆迁重建面积达229万平方米，是大庆有史以来旧城改造最多的一个时期。萨尔图区会战大街是大庆最繁华的商业区，平房较多，道路狭窄，脏乱差现象比较严重，特别是紧临大庆火车站，直接影响大庆形象。通过采取综合开发的办法，引资3.5亿元，新建商服面积16.7万平方米，拓宽道路1.2公里，修建了6万平方米的站前绿地广场，树立了现代化城市形象。七医院拆迁改造、广源步行街开发、龙凤凤阳平房区改造等旧城区改造项目都取得了明显成效，管理水平也相应提高了档次。同时，市委、市政府抓住中央扩大内需，加快基础设施建设，拉动经济增长的良好机遇，把政府的主要职能调整到抓好城市环境建设，优化经济环境上来，并把城镇建设牵动战略作为全市经济和社会发展四大战略之一，摆在突出位置，全市形成了基础设施建设的高潮。两年来，城市基础设施建设投入49.6亿元，开发建设了大庆农产品中心批发市场、建筑装饰材料商城、东风商贸城超级市场、大庆商城程宇中心广场、东城区生活垃圾无害化处理厂等26个大型建设项目。大企业在城市基础设施建设方面发挥了重要作用，中省直大企业共投资20.92亿元，其中仅石油管理局就投入17.5亿元。今年投资5.84亿元扩建的世纪大道一期工程，是市政府、石油管理局共同建设的标志性工程。这些老城区、平房区的改造和大批城市基础设施项目的建成，为大庆市今后的城市管理奠定了重要的基础。

（三）以理顺城市管理体制为重点，城市管理逐步走上规范化轨道。过去抓城市管理，总是把着眼点放在工作力度上，认为只有力度大、措施严，就能管好城市。这当然是重要方面。但是，城市管理体制不顺，分散指挥，互不联系，结果耗费了大量人力、物力、财力，城市管理工作效率仍然很低。如果不着手理顺管理体制，城市管理很难从根本上解决问题。去年以来，市委、市政府抓住这一关键环节，先后由市主要领导带队赴省内外考察城市管理工作，拓宽思路，开阔视野，在广泛借鉴先进经验的基础上，组建了大庆市城市管理办公室（加挂大庆市城市建设监察局牌子），进入政府序列，把分散于建设、规划、公用等多个部门中的城建监察队伍归口于市城市管理办公室，实行一支队伍综合执法。其职责就是把相关主管部门有机结合成整体，既能完整地行使各自的职、责、权，又能统一协调行动，发挥强有力的联合效能，依法管理城市，充分发挥城市的整体功能。各区（萨尔图区除外）分别成立了城市管理办公室。其职责就是负责行政区城内的城市管理综合协调工作。为了加大城市管理监督力度，今年5月份成立了大庆市2440社会服务指挥中心，各区（除萨尔图区外）成立了分指挥中心，目前共接收21567个问题，约91%的问题都得到了妥善解决。城市管理工作由专业部门行业管理为主，条块分割转变为一个部门综合牵头，多个部门配合，以块为主，条块结合，初步建立了“两级政府、三级管理、四级责任”的城市管理体制。同时，开阔思路，大胆实践，努力用市场经济的观点指导城市管理，对街路清扫保洁权、户外广告设置进行了公开拍卖，对绿地养护管理进行了公开招标，城市管理的运行机制与市场经济逐渐接轨。

（四）以城市净化、绿化、亮化、美化为标准，生态环境质量不断改善。提高城市净化、绿化、亮化、美化工程建设是现代化城市建设和发展的着眼点，生态城市是现代化城市发展的方向，市委、市政府以此为切入点，加大投入，加快建设，全面加强了城市“四化”建设，特别是在城市绿化方面，坚持高起点、高档次。今年以来，大力开展了城市绿化美化年活动，实施了绿色通道、居住区绿化、公共绿地、广场绿地四大工程，在资金投入、花色品种、规划设计及工程质量等方面实现了历史性突破，城市绿化水平明显提高。全市完成城市义务植树工作量205.68万株，新建城市绿地

345.77万平方米，人均公共绿地达到6平方米，建成区绿化覆盖率达30.1%；绿化道路35条104公里，居住区配套绿化94.57万平方米；全市摆放盆花234.42万盆，街路摆放花钵727个；完成重点绿化工程建设66项；育苗5800亩。建成3条彩灯亮化街、5个亮化广场、50个大型公共建筑亮化景点，真正使大庆地面变绿、夜间变亮、环境变美，城市特色更加突出。

（五）以树立大庆城市形象为目标，城市规划设计水平有了新提高。城市规划是城市建设的龙头，是一项综合性、战略性、先导性的基础工作。规划的失败是最大的浪费。近两年来，我们本着“富规划、穷建设；紧规划、好建设”的原则，先后投资2000万元，聘请国内外知名专家、学者，委托清华、同济等名牌大学和设计单位，先后完成了全市城市建设总体规划、两大分区规划和八个专项规划的修编工作。规划确定了大庆市城市总体景观风格，即：组团式城市风格，旅游城市风格和生态化城市风格。在此基础上，又进一步确立了大庆市的城市建筑风格，即：以现代派风格为主，多种风格协调并存，突出寒地特点，反映石油文化，倡导高新技术，体现以人为本。城市风格和城市建筑风格的确立，使大庆市的城市管理由过去的抓卫生、抓秩序转移到抓设计、抓建筑管理的新阶段，这项工作对大庆市的城市建设将产生深远的影响。

大庆市的城市管理工作，虽然起步较晚，矛盾和问题还有很多，许多方面还不尽如人意，但毋庸置疑，确实有很多经验值得认真总结。一是始终坚定不移地服从于市委、市政府中心工作，一开始，就克服了就管理抓管理的偏见，按照“不建企业建环境，不管企业搞服务”的思想，以大开放、大招商、大发展创造环境为目标，推进工作。二是始终坚持“标本兼治”的原则。治标靠改造，治本靠改革，以人为本，长效管理。三是始终坚持城市规划、建设、管理一盘棋思想。历史遗留问题重在治理，当前建设重在管理，未来发展重在规划。四是始终坚持“以人为本”的观点。教育市民，提高素质；发动市民，参与管理；引导市民，自觉维护城市形象。这些经验，都要在今后的工作中很好地继承和发扬。

二、当前工作中存在的主要问题

（一）认识上有待进一步提高。随着大庆市经济的快速增长和城市建设事业的发展，社会各个层次对强化城市管理的认识日趋一致。然而，在实际工作中还有不少误区。个别部门、少数同志觉得一严管严罚就会影响经济发展环境，在对环境整治上，有心慈手软、整治不利的问题。

（二）基础设施有待进一步完善。大庆市虽然投入很大精力抓基础设施建设，但是城市的给排水、垃圾、污水处理等一些必要基础设施严重滞后。市区只有东、西城区有完善的排水体系，而其他区域没有排水，垃圾处理厂不能满足需要，污水处理率只达到21.27%，同国家要求相差甚远。同时，大庆市是资源型城市，区与区之间距离较大，厂矿比较分散，裸露地面多，需要大面积绿化，提高绿化覆盖率。居住区绿化欠账较多，特别是1990年之前建设的居住区，绿化水平低，152个居住区仅有50个绿化覆盖率达到30%以上，其他均未达标。

（三）体制上有待进一步理顺。大庆市是计划经济积淀较深的城市，深受计划经济体制的影响，城市管理体制滞后于整个城市发展的需要。一是城市管理关系需要进一步理顺。市政府虽然成立了大庆市城市管理办公室，对全市城市管理工作进行综合管理。但在建设系统中，还存在城市管理工作部门职能交叉、城市管理治标与治本没有密切结合等问题。二是公用事业管理工作比较薄弱。为加强公用事业管理工作，1997年组建成立了大庆市公用局，承担着城市园林绿化、市政设施、供水、供热、燃气、公交等行业管理工作，但对城市供水、供热、燃气、公交等主要行业却没有设置专门的机构，只能借调人员成立临时机构进行管理，人员力量薄弱。城市供水、公交分别由政府几个部门进行管理，人为地进行分割，造成体制上不顺。

（四）城市环境脏乱差问题还比较突出。城市环境的整体质量还不够高，脏乱差问题仍然比较突出，全市目前还有近100万平方米的违法违章建筑；有20多个平房区存在；还有大面积的裸露地面需要硬化、绿化；垃圾堆、臭壕沟、烂泥塘等卫生死角较多；乱贴乱画、马路市场、占道经营等问题还没有得到很好的解决。

三、加强城市管理工作的几点建议

今后几年城市管理工作总的指导思想是：以党的十五大精神和邓小平理论为指导，用市场经济观点指导城市管理，依据“政事分开、社会事业社会办、人民城市人民管”的原则，以创建国家卫生城市、环保模范城市、园林城市为目标，坚持“以人为本”的思想，突出抓好环境综合整治、深化管理体制和公用事业行业改革、实行依法治城、提高市民环境意识四个重点，使城市管理工作步入规范化、科学化、法制化的轨道。

（一）进一步理顺管理体制，按照市场经济的要求推进城市管理工作

一是深化城市管理体制的改革。要进一步完善“两级政府、三级管理、四级责任”的城市管理体制。理顺市一级、健全区一级、强化街一级。加大公用事业管理力度，充实公用事业管理力量，理顺城市供水、供热、燃气、公交行业管理关系，明确职能，分清权责，形成合力，提高公用事业的工作效率和服务水平。城市管理实行重心下移，更好地发挥各区城市管理的中枢作用。同时，加强街道、居民委建设，把城市管理责任落实到千家万户，不断强化城市管理基础。

二是搞好城市管理运行机制的转变。按照市政府对各项改革的总体要求，探索环卫、园林、市政等行业运行机制改革的新思路，实现政企、政事分开。引入竞争机制，建立科学的考核评估体系，逐步建立统一管理、多家经营、有序竞争的运行机制。将全市卫生清扫保洁、市政设施维修、园林绿地的养护等作为一种新型的物业进行管理。对条件成熟的事业单位可改组为企业性质的专业公司，或实行企业化管理，直接推向市场。对新组建的专业公司，实行自主经营、自负盈亏、自我完善、自我发展。通过市政公用事业单位改革，逐步建立和形成社会化服务、企业化管理、市场化运行、产业化发展的新型公用事业运行机制。

三是实行基础设施建设的有偿使用。基础设施，特别是供水、燃气等公用事业，长期以来价格与价值严重背离。要根据国家产业政策有关规定，在充分考虑市民、企业承受能力和社会稳定前提下，有计划地、适时地对供水、燃气等市政公用事业的价格进行调整，把公用事业推向市场，激活公用事业资产，实现公用设施市场

化、商品化，使基础设施建设走上良性循环、滚动发展的轨道。

（二）加快基础设施建设步伐，为提高城市管理水平奠定物质基础

现代化的城市管理，必须有雄厚的物质基础作保证。建设城市基础设施关键在于资金，为了解决资金问题，必须按市场经济规律办事。一是要招商引资。着眼城市长远发展，做好项目的储备。今后一个时期城市基础设施建设重点应放在以治理污染为目的的城市污水处理、垃圾处理项目；以城市快速通道为重点的城市道路交通建设项目；以供水排水设施建设、管网改造为基础的供排水建设项目；以城市绿化为内容的生态环境建设项目。东城区污水处理厂、市区排水工程、世纪大道二期工程、铁人广场等重点工程，要抓紧时间，尽快运作。要根据干当前、想长远的原则，着手对储备项目的论证、可研、立项等工作。二是要置换融资。尽快建立土地供应的市场调控机制，促进供地方式、用地机制的根本性变革，建立以招标或拍卖为主要形式的规范化、市场化的土地供应机制。运用市场手段配置土地资源，形成竞争机制，减少土地资产流失，增强政府调控基础设施建设的能力。三是要社会筹资。坚持“人民城市人民建”的方针，动员社会资金用于城市建设。按照“谁投资、谁受益”的原则，在统一规划的前提下，由政府统一组织对主要道路、桥梁两侧广告的使用权及部分市政公用设施的冠名权实行拍卖，拍卖所得用于城市建设。同时，政府要加强与大企业的协调，调动企业参与城市建设和管理的积极性，发挥大企业人力、物力、财力的优势，努力加快城市基础设施建设。

（三）突出搞好园林绿化工作，推动城市生态环境上档次、上水平

城市绿化是城市环境建设的主体，是改善城市生态环境的重要措施，也是高科技现代化城市的主要标志。市委、市政府历年来非常重视城市绿化建设，将城市绿化工作摆在了突出位置，明确提出了创建国家园林城市是大庆建设和发展的一个主要目标。我们必须坚决按照市委、市政府的既定方针，抓好贯彻落实，本着大投入、大建设、大发展的原则，广泛动员社会各界力量全面开展城市绿化建设，切实提高城市生态环境质量。要重点抓好城市主要街道两侧绿化建设，建设城市绿色走廊；抓好城市近郊绿地建设，建设城市环境绿化工程；抓好居住区、庭院、公共场所和街路的绿化达标升级工作，特别是对1990年之前建设的居住区要下大力气，采取措施，力争尽早达标。园林绿化建设需要大量资金，单靠政府投资远远不够，我们可按“人民城市人民建”、“谁投资、谁受益”的原则，以市场为导向，政府对投资园林绿地建设的经营者可给予征地、财税、维护、使用等方面的优惠，充分调动投资者的积极性，使园林绿化建设形成多方投入、整体推进的格局。

（四）围绕抓好城市环境综合整治这个重点，确保城市管理年活动健康发展

近年来，大庆市的城市管理工作取得了很大成绩，通过综合整治、搞会战，城市脏乱差状况有了明显改善。为了进一步使城市管理上档次、上水平，初步拟定明年开展城市管理年活动。

第一，坚持“以人为本”的思想，提高市民素质。城市管理的主体是人民群众，只有广大市民大力支持、积极参与、主动配合，才能真正地把城市管理好。今后，要从加强市民的主人翁意识教育、职业道德教育和“十不准”的宣传教育入手，不断增强市民的文明意识、卫生意识、法规意识和责任意识。通过开展创建文明城市、文明行业、文明小区、文明家庭等活动，引导市民参与城市管理，充分调动其积极性和创造性，形成“人民城市人民管”的良好社会氛围。

第二，以治理脏乱差为重点，抓好专项治理。一是要对城市建成区范围内存在的垃圾进行清理；二是要对1999年以来新产生的违法违章建筑在今年年底前集中组织拆除，对影响油田产能建设和明年市重点工程建设的违法违章建筑在2000年3月底前组织拆除，对其余违法违章建筑要在三年内全部拆除；三是要对现存的裸露地面该绿化的进行绿化，不能绿化的进行硬化，通过消除裸露地面工作，使主要街路两侧地面的绿化率、硬化率达到100%；四是要对现存的占道经营摊点组织力量清除。

第三，进行旧城区改造。通过土地政策的调控，把房地产开发热点和重点导向改造旧城区、平房区、低洼地，控制新城区开发强度，加快老城区改造，力争三年内将大庆现存的老平房区全部改造。

第四，完善城市管理法规体系，努力加强执法队伍建设。加强城市管理立法工作，力争用三年时间基本形成适合大庆市情况的比较完备的城市管理法规体系，在立法的基础上，努力加强执法队伍建设。从今年年底到2000年3月份，对全市城建监察队伍进行一次集中整顿，将不合格的城建监察队员坚决清调出城管队伍，全面提高队伍整体素质，努力建设一支思想好、作风硬、纪律严、业务精的执法队伍。同时，对各类不文明行为进行严管严罚，突出依法治市，建立城市管理长效管理机制。

（五）加强城市规划设计管理工作，逐步规范和形成城市建筑风格

城市建设风格是一项新课题。今后，需要加大投入，建议适当时

机聘请国内外知名专家、学者来大庆实地考察，对大庆市的城市建筑风格进一步论证。为了保证大庆市城市建筑风格的协调统一，建议今后一个时期，重点抓好三项工作。一是强化对建筑风格的组织领导。建议成立大庆市建筑风格技术审查领导小组，隶属于市规划建设管理委员会，由市五大班子、各中省直单位领导和市政府有关部门的领导以及注册建筑师、规划师、艺术家和各界代表组成，同时也要聘请一些国内外知名的规划设计专家参与进来，主要负责研究解决大庆市一个时期城市建筑风格方面存在的问题，把握建筑风格发展的整体脉络和走向，对建筑风格的实施进行监督指导，并组织对标志性建筑的风格进行审查。二是实行建筑风格逐级审查制度。按照建筑所处地区、建筑体量和使用功能，将建设项目划分为三类：一类建筑为位于主城区的重点区域主干道两侧和重要景观地区范围内，或其他区域内的具有标志性的特大型建筑；二类建筑为位于主城区的非重点区域和市区的二级城镇地区范围内，或其他区域内的具有代表性的大型建筑，由城市建筑风格技术审查领导小组审定；三类建筑为位于三、四级城镇和外围地区的中小型建筑，由市规划主管部门审定。三是建议适时制定出台一部关于城市建筑风格方面的法规，以便对建筑风格的管理、控制有章可循，有法可依。

（节选自1999年11月关于城市管理的调研报告）

积极推进大庆生态园林城市建设

一、关于建设生态园林城市的必要性及紧迫性

生态环境建设是一个与人类共生、与经济发展共存的课题，人类生存和发展的历史，也是一部保护与破坏生态环境之间相互矛盾斗争的历史。我国从周代开始，人们在利用自然的同时，已开始有意识地保护自然界的生物资源，西周时期颁布的《伐崇令》规定：“毋坏屋、毋填井、毋伐树木、毋动六畜，有不如令者，死无赦。”世纪之交的今天，生态环境仍然是人类面临的共同课题。市委、市政府在经济快速发展时期，在油田持续稳产阶段，提出建设生态园林城市这个战略课题，是十分及时和正确的。

第一，从全球城市发展方向看，建设高水平的生态园林环境已经成为一种必然趋势。一座城市的生态园林绿化水平是社会文化水平和城市综合管理水平的体现，人类对生态环境质量的需求日益强烈，城市生态化、园林化已经成为当今世界发展的重要趋势。许多世界发达国家在这方面已经走在了世界前面。遍数当今世界名城，哪一个不是追求人与自然和谐发展、园林景观独具特色的城市。据资料介绍，目前世界上有一半以上的城市开始重视生态环境建设问题。与我国隔海相望的日本，“二战”以前人均占有绿地几乎居世

界之末，经过几十年的努力，目前全国森林覆盖率近70%，被誉为“处处树木、花卉和草坪的国家”。我国从1992年在全国范围内开展园林城市创建活动，目前已有深圳、南京、合肥、佛山、大连、北京、上海等20个城市被评为国家园林城市。

大庆作为我国著名的石油城市，在未来发展中，应该跟上世界城市发展脉搏，在大力发展经济、扩大城市规模、加速城市建设的过程中，切实改善人居环境，加快生态园林的建设步伐。这样才不至于脱离历史前进的潮流，长期保持相应的重要战略位置。

第二，从建设高科技现代化城市的目标看，建设生态园林城市是大庆进行二次创业的现实选择。按照江泽民同志“未雨绸缪，考虑长远发展”的要求，市委提出了建设高科技现代化城市的目标。现代化不仅仅是经济上的指标，也包括人们居住生存环境质量的指标。生态园林建设是高科技现代化城市的必要因素和基础条件，是现代化城市的重要标志。在高科技现代化城市的指标体系中，生态环境因素应摆在重要位置。一个生态环境相对恶劣的城市是无论如何也不能同高科技现代化等同并论的。也就是说，生态环境的优化，是建设高科技现代化城市必不可少的先决条件。也只有人居环境质量真正改善了，大庆才会更有吸引力，才能引来更多的资金、人才、项目和技术，才能得到更快的发展。二者之间既有因果关系，又是基础与目标的共同体。

第三，从城市可持续发展的角度看，建设生态园林城市是保持大庆长久繁荣的迫切要求。近些年来，通过创建国家卫生城市、环保模范城市、文明城市、园林城市等系列化创建活动中，大庆市城市生态园林建设取得了一定成效。但是，在几十年的油田产能开发建设，生态环境恶化的程度远远高于生态环境改善的速度，导致大庆市一面是雄厚的经济实力，一面是恶劣的生存条件；一面是巨大的社会贡献，一面是严重的生态破坏；一面是较高的生活质量，一面是较差的生活环境。在油田建设后期，潜在的矛盾会集中爆发。除了面临石油资源枯竭，油减城衰的威胁外，最为突出的还有两大危机。一个是水资源危机。从水量上看，到2000年全市每年工农业生产、生活用水量为26亿吨，但是可利用的水量为22亿吨，缺口较大，同时水资源时空分配不均，有明显的干枯交替变化的特点，夏秋多雨、冬春枯水。水资源地域分配不平衡，西南边界有松、嫩两江通过，西北部有乌、双两河以盲尾河的形式消失于境内，而腹地无天然河流，地表水资源匮乏，可利用水资源受制约的因素多。地下水资源经过连续几十年的大量开采，形成了东西两个地下漏斗，据专家预测目前地下水开采已到了临界点。从水质上看，大庆地区的引排水系统存在着严重的有机污染，化学耗氧量居高不下，嫩江及乌、双水系均存在COD超标现象，综合污染指数在0.38—0.69之间，主城区内的泡沼均为Ⅴ类水体。生活饮用水水质不高。再一个是生态危机。大庆由于地势低洼，气候干旱，土壤贫瘠，盐碱、沙地、沼泽面积大、分布广，自然条件差，加之人为破坏，造成森林植被匮乏，生态环境脆弱，各类自然灾害频繁发生。农区风沙侵蚀农田，草原退化、沙化、碱化严重。据1959—1981年调查，土壤沙化平均每年以0.5公里的速度扩展。目前，市区有58500公顷的草原严重沙化、碱化、退化，有209500公顷的农田遭受风沙危害，油田工业区内有近5万公顷的地表植被受到不同程度的破坏。土地盐碱化还给植被的恢复和园林绿化工作带来了很大难度，造成种草难生、种树难活，雨少干旱、雨多返碱的不利局面。近三年全市共投入绿化经费4.1亿元，但是高投入没有换来高效益，绿化几项指标与国家园林城市的要求比相距甚远。

第四，从社会主义精神文明建设看，建设生态园林城市是大庆实现新跨越的重要基础。生态园林城市建设不仅是物质文明建设的载体，也是精神文明建设的载体，它可以充分展现城市的精神面貌，成为精神文明程度的重要标志。提供一个舒适、卫生、优美的生活空间，也能改变市民的精神风貌，激发人们追求美好生活、创造美好未来的愿望，功能健全、绿树成荫、美丽如画的城市，不仅为广大群众增强热爱大庆、建设大庆的凝聚力，弘扬大庆精神、铁人精神，而且对社会生活的其他方面也将产生积极的影响，使城市不仅具有外观美，更具有内在美，充满积极向上的勃勃生机。通过生态园林城市的建设实践，大庆人民不仅可以获得丰硕的物质成果，还可以创造巨大的精神财富，那就是在21世纪发扬光大了的大庆精神。这种精神是创建国家园林城市获得成功的法宝，也是实现大庆跨世纪腾飞、再造辉煌的巨大动力。

总之，改善大庆生态环境，创建优美园林城市的任务已经客观地摆在了我们这代人面前。这是一场持久的大战役，早晚都要打，早打主动，晚动手就被动。如果现在不去考虑和工作，待环境恶劣到不可逆转之时，后人即使有回天之术，也将无法再塑大庆今天的辉煌。

二、关于建设生态园林城市的基本内涵及推进步骤

对于未来城市的理想模式，国际上有很多种提法，其中以生态城最受关注。经过1990年、1992年、1996年分别在美国、澳大利亚和塞内加尔召开的三届国际生态城学术讨论会，发展中国家和发达

国家共同在不同层次上探讨了“生态城”这一概念，并形成了一定的共识。未来城市的理想模式，概括起来包括三层内涵：其一是生态城市，它以大自然环境为出发点，按照生态学原理，调节自然环境与人类社会环境的关系，实现社会、经济及环境的协调发展，物质、能量、信息高效利用，以达到生态的良性循环。其二是园林城市，它重视对自然生态环境的处理，结合自然环境，完善城市空间结构；美化自然环境，实现城市园林化；保护自然环境，建设城市的生态体系；突出自然环境，塑造城市的景观特色。其三是人居城市，城市以人为主体，不仅重视自然生态，而且关注人类生态，城市的一切开发建设均应“以人为本”，为人提供一个优美、适宜的生存和发展环境。建设生态园林城市是一个全新的课题，它包含的内容十分丰富，涉及空气环境、水环境、生物物种、林业、种植业和草原等诸多方面。据了解，目前国内提出创建生态园林城市并见诸于媒体的只有江西宜春市。国家大力提倡改善生态环境，但还没有明确的考核标准。从大庆实际情况看，主要应从大的环境建设入手，综合考虑水、林、草、湿地、城市园林等影响生态环境的突出因素，着眼于园林城市这个基础目标。在园林城市指标的基础上，参照国内一些城市生态园林建设标准，初步将其定义为：以有利于人民的健康生活为出发点，以经济规律和自然规律为指导，以生态环境的有效保护、城市特色的有机创造为原则，以人类的可持续发展为目标的现代化城市。其四大特色是：美丽——融自然环境与城市园林于一体；繁荣——物质和精神双丰裕；高效——低消耗、高产出；和谐——可持续发展。基本内涵是：大自然环境生态化，道路系统绿化网络化，水系水质优良化，人居环境花园化，生产、生活要素完善化，最终实现各种生态要素优化配置，生物多样性均衡保护，人与自然和谐共存，水面、森林、草原、湿地、人为构建物协调统一，物质文明、精神文明、生态环境相互促进的具有大庆特色的最优人居城市。我国于1992年颁布了国家园林城市建设标准，其主要指标是：绿化覆盖率达35%以上，绿地率达30%以上，人均公共绿地达6.5平方米以上，相关指标是：生活垃圾无害化处理率达60%以上，污水处理率达35%以上，城市大气环境质量达到二级标准，地表水环境质量标准达到三类以上，燃气普及率达80%以上。万人拥有公共交通车辆达10辆以上，城市主次干道灯光亮灯率达97%以上，人均拥有道路面积9平方米以上，用水普及率达98%以上，水质综合合格率达100%。在园林城市各指标的基础上，生态化城市还应包括以下指标：工业固体废物综合利用率达到80%以上，TSP年日均值控制在0.10毫克/立方米，二氧化硫年日均值控制在0.03毫克/立方米，城市三废综合利用率达90%，森林覆盖率达18%以上，水系地表水质治理率达90%以上，污水处理率达100%，生活垃圾无害化处理率达100%，各服务体系完善率达90%以上，城市基础设施完善。

初步对照国家园林城市的51项考核标准，大庆市目前已有18项基本达标，有16项已接近标准，近期内即可达标，还有17项有一定难度，需要长期努力，其中最突出的就是绿化覆盖率差距大，城乡绿量不够，据初步统计，大庆市森林覆盖率目前仅为8.5%，差距近10个百分点。创建工作任务繁重，形势也十分紧迫，有利因素和不利因素都存在。在具体推进步骤上，要全面启动，逐步实施，分区域突破。由于生态环境的改善是一个大的整体，是一个长期积累的过程，目前仅侧重就创建国家园林城市提出实施步骤安排设想。

第一步，到2005年主城区内规划建成区达到国家园林城市标准。主城区内规划建成区面积156平方公里，具体目标是：在现有3289公顷绿地面积的基础上，五年内再新建绿地2703公顷，使绿地总面积达到5992公顷，绿地率达38%。2003年达省级园林城市标准，2005年达国家园林城市标准。

第二步，到2010年城市主城区达到国家园林城市标准。主城区面积为534.68平方公里，具体目标是：在2005年城市主城区建成区达到国家园林城市的基础上，新建绿地10500公顷，使绿地达16500公顷，绿地率达30%，争取2005年达到省级园林城市标准，2010年达到国家园林城市标准。

第三步，到2015年市区达到国家园林城市标准。市区范围面积为5107平方公里，具体目标是：在2010年主城区达到国家园林城市的基础上，新增绿地13.6万公顷，绿地总面积达15.3万公顷，绿地率达30%。2010年达省级园林城市标准，2015年达到国家园林城市标准。

第四步，到2020年全市达到国家园林城市标准。全市行政区划面积为21218.7平方公里，具体指标均达到或超过国家园林城市标准。

三、关于建设生态园林城市的基本方略

通过调查，我们认为，大庆建设生态园林城市的基本思路应该是：从大庆的实际出发，立足于生态环境的建设，着力于整个城市品位和功能的提高，扬长避短，趋利避害，突出重点，综合整治，以人为本，造福百姓，走水面、森林、草原、湿地四位一体生态建设战略的路子，逐步把大庆建设成湖泊城市、森林城市、草原城

市、花园城市，追求城市总体美、环境美、形象美和内在美相统一，促进两个文明建设的协调发展。确定这一思路主要基于以下三点：第一，泡泽多、草原广、空间大、森林少、景观差是大庆市在生态园林建设上面临的基本现实，创建工作的限制因素和可开发的潜力俱在于此。第二，从生态园林城市的考核标准看，这几个方面也是达标的最主要构件。第三，水面、森林、草原、湿地是相互关联、相互作用的有机整体，在大庆市大生态系统中均占有一席之地，缺一不可，综合考虑以上各因素，才是大庆市建设生态园林城市的正确选择，也是最能体现大庆市建设生态园林城市的特色之路，确定这条路子，就明确了整个创建工作的方向。

按照这一思路，在达到国家环保模范城市和优秀旅游城市标准，城市基础设施日益完善的基础上，大庆市建设生态园林城市要把主攻重点放在实施“五大工程”上。

（一）实施水面治理工程。这是大庆生态园林城市建设之根。水不治，生态园林城市建设则无成。治水的途径主要有五条：一是引水。向松辽委申请增水指标，在2006年尼尔基水库建成后每年增加3亿—5亿吨的环境及生态所用水量。同时，加大引嫩水利工程建设力度，扩大引水能力，增加蓄水量。实现地表、地下联合调度，优化配置，确保水资源可持续利用。二是活水。对市区现存的156个泡泽进行治理。从东城区做起，逐步串通主要泡泽，力争2010年主城区所有泡泽和市域内主要泡泽水质达到3类以上标准。三是净水。对城市废水和地下水进行治理，提高水环境质量。城市污水采取集中处理与分散处理相结合的方式加以治理，工业污染源严格实行达标排放，并创造条件实现污水利用，达到提高水质、扩大水源、提高效益的目的。加快居民生活饮用水净化处理工程的实施，今年东城区试点工程建设将投入使用。在东西两个城区实现净化处理的基础上，逐步向其他城区和县域扩展。四是蓄水。增加桥涵，将因道路、管线等建设而形成的闭流地表水源和泡泽沟通，确保蓄水量。红旗水库、莲花泡等要逐步提高贮水量。两个漏斗地区要通过软覆盖、多蓄水的方式延缓面积扩大速度，并在油田采油后期逐步实现正增长。五是节水。应用和推广节水灌溉、节水生产和生活技术，强化全社会节约用水意识，降低水耗。

（二）实施森林建设工程。森林有“城市之肺”之称，森林覆盖率达不到一定标准，城市大环境就无从改善。实施这一工程主要是快速扩张林地面积，经过十几年的努力，争取使全市森林覆盖率达到30%以上。在市区外，重点是完善三北防护林建设体系，开展以主干公路林带为骨架、连接卫星城的环城绿地，油田工业区绿化，八三输油管线防护林建设，排水干渠护渠林建设，水库、湖泊水源涵养林建设，松花江、嫩江沿江防护林建设，市区西部防护林建设，农田、草原防护林建设，村屯达标林建设。在城区内，开展以道路绿化、居住区绿化、公共绿地、大树进城等为重点的园林绿化建设。建设好在建的森林植物园。通过实施森林工程，形成城外防风林、城郊经济林、城区观赏林的森林生态布局。林地面积来源主要是通过调整土地利用规划来解决。在保证预留林地全部植树的基础上，主城区内主干道两侧红线控制在50—100米，主城区的农田力争全部退耕还林，东西主城区间搞500米宽多林种绿化林带。不足部分变低产农田为林地。确保三年内消除主城区内的裸露地面。

（三）实施草原治理工程。要立即停止四县草原和荒地开发，建立四县草原防护体系，防止草原沙漠化。要将1984年以来开发的耕地逐步退田还草。市域内的采油区被破坏的植被，力争用五到十年时间运用生物技术使之得以全面恢复。对因油田生产等原因损坏的草原，要全面恢复，填平大坑、臭泡和烂泥塘还绿。推广节能建筑材料，逐步减少市域内的红砖厂。松花江、嫩江的蓄洪区、泄洪区、河套地要实现退田还草。同时，通过水体排碱、植物去碱、人工隔碱的方法，降低土壤含碱量，提高植被成活率。通过三到五年，控制住沙化蔓延现象。草原面积保持在目前水平，通过努力，恢复昔日大庆“风吹草低见牛羊”的景象。

（四）实施湿地保护工程。湿地是大庆市特有的自然景观，也是大庆市生态环境建设的天然优势。对湿地保护要逐步走上法治化道路。今后，保护区内不能再修建公路、水渠和其他大型人为工程，对现有的公路、干渠等大型建设工程要采取补救措施。对近几年向湿地进军开荒的水稻开发项目，应有计划进行控制，能退耕还草或还湿地的要逐步退还。进入湿地的乌裕尔河和双阳河的中上游不能再建水库和其他截水干渠。同时，应制定长远规划，恢复乌裕尔河的森林、草原植被，涵养水源，防止水土流失和河流退化。当务之急是利用中部引嫩干渠向湿地补水，解决湿地渴水问题。要坚决控制乌裕尔河上游的工业排污，上游城镇要建设污水处理系统，对达不到排放标准的不允许向乌裕尔河排放。乌裕尔河实行科学调控径流量，特别是在枯期前2个月要加大来水量，以减少污染量。除扎龙国家级自然保护区加强保护外，对市域内符合建立自然保护区条件的湿地，应尽快着手调查，并建立保护区，以加强对湿地的有效保护。

（五）实施净气工程。就是以提高空气质量为目标，以创建国家环保模范城市为载体，突出抓好工业固体废弃物的治理、汽车尾气的治理，燃煤、燃油锅炉房的治理、化工气体污染的治理。巩固和扩大创建国家环保模范城市成果，控制空气中粉尘、毒化物质含量，使大庆天蓝、气净，创造良好的空气环境。

四、关于建设生态园林城市的推进对策

（一）增加科技的含量。科学技术作为第一生产力，在生态园林城市建设中应发挥决定性的作用。生态园林城市建设离不开科技的支撑，科技的含量决定着建设的质量，只有科技投入达标，生态园林城市建设才能少走或不走弯路，最终实现目标。在这方面必须解决好三个问题。第一，要吸纳一批高层次人才。无论生态园林机构组成人员，还是行政管理部门，必须把人才的素质放在第一位。来源渠道有四个：一是市域内现有科研人员吸纳一批；二是面向全国招聘一批高精尖人才，在待遇和工作条件上给予特殊优惠，使其为我所用；三是正规院校分配一批；四是送名校名院培养一批。组成人员结构要合理，整体水平要高，生态学、环境学、园林学等领域的科技人员都要有。第二，要确定专题进行攻关。组成课题专家组，可以聘请国内知名专家学者担任课题牵头人，重点就经济、美观、耐碱苗木培育，土壤改良，泡泽治理，病虫害防治，科学管护等问题进行研究，形成适应大庆生态园林建设的科研成果，并推广应用，使科研成果尽快转化为生态效益和经济效益。第三，建设高标准的苗木基地。依托林业、园林部门现有的苗木基地，进行合理组合，逐步建成辐射强、规模大、效益好、科技含量高的高水平苗木基地，使之形成产业。

（二）建立高效运转的工作机制。生态园林城市建设是一项社会系统工程、全民的事业，不仅涉及城市规划、建设、管理的各个

部门，而且是全市各个单位、每个市民的共同责任。因此，切实建立高效运转的工作机制，充分调动方方面面的积极性是建设生态园林城市的重要保证。第一，要建立起分工明确、各负其责、密切配合的责任机制。在建设生态园林城市工作上必须从实际出发，搞好相互协调，要把生态园林城市建设工作任务分解落实到市政府和几家中直企业，形成建设工作责任文本，按照“谁投资、谁所有”“谁所有、谁建设”“谁受益、谁负责”的总原则，把创建工作各项任务分解落实，并把近期任务落到责任单位和责任人。需要共同配合的任务，要确定牵头单位和牵头人，组成专题工作组抓推进。第二，要形成一套既管当前、又管长远、有权威性的法规制度体系。要加快立法，全市制定一套统一的生态园林建设工作规范性文件，包括“绿色图章”、园林绿化和治污排污保证金、罚款赔偿等项制度规定，创建工作奖惩制度，土地使用相应政策等项内容。这些规范性文件一经确定，就必须严格执行，任何人、任何部门、任何时候都要有权威性和持久性，不因领导更迭、时间变化而轻易改变和放弃。第三，要制定相应的政策。要形成全市统一的生态园林建设工作政策规定。核心是鼓励和支持向生态园林方面多投入资金和人力、物力，比如，对参与发展环保产业，发展生态农业，林业建设，草原和水利建设，发展水产业的，要分别制定相应的优惠政策，大力发展，吸引市内外资金更多地投向生态园林事业。第四，要强化检查监督。建议组建像环保部门那样的园林绿化执法检查机构，行使市域内园林绿化的审批、检查、奖罚权力，可以由市里与几大中直企业共同出人来组建。也可以组建运转灵活的协调机构，经常互通情况，联合执法，共同监督，以保持工作的协调性，强化执法监督的力度。第五，要广泛动员，全民参与，社会连动，调动全社会的积极性，形成全民建设的氛围。通过宣传动员，提高广大市民的生态环境、园林绿化意识和文明素质，增强改善环境的紧迫感与责任感，努力创造全民参与建设生态园林城市的氛围。大力开展全民义务植树，建立成人林、新婚林、双拥林、缅怀林、八一林等各种植树基地。抓好正反典型，树立保护生态环境、建设美好家园的先进典型，曝光破坏环境的反面典型，通过舆论、法律、经济等综合手段引导正确的生态环境观。

（三）多渠道筹集建设资金。建设生态园林城市，解决资金是最大的难题。据有关方面初步估算，大庆市达到生态园林城市的目标，需上百亿元的资金投入。因而能否实现创建目标，资金至关重要。一是向上级争取一部分。生态园林建设属于基础设施和基础产业，是目前和今后国家政策大力支持和鼓励的方面。大庆市要放下架子向上跑，力争每年争取几个亿的贴息贷款或国债基金。努力争取国家从石油资源税收中留出一部分环境治理费用。这样十年下来就可以争取到几十亿元的投资。二是政府投入一部分。今后政府在财政资金使用上应逐年列支一部分，专门用于生态园林城市建设。为减少财政压力，可以适当压缩全市财政支出盘子，提倡过紧日子，把余下的资金全投入到这方面。从城建工作角度说总的想法就是宁可少盖几栋楼，也要挤出治理生态环境、大搞园林绿化的钱来。按照目前市财政在改善生态环境、加强园林建设上每年投入几千万元资金，加上单列及节约出的资金，市财政每年投入可保证近亿元资金，十年即可累计达到十多亿元。政府的投入采取以奖代投的方式。三是大企业拿出一部分。在生态园林城市建设上，必须调动大企业的积极性。几大企业加在一起在投入水平上应超过市财政的投入水平，每年可达二到三个亿，十年就可投入20亿—30亿元。

四是通过招商引资融集一部分。就是按照市场经济的要求，把那些可以带来长期或眼前利益的项目包装起来，面向市内外、国内外进行招商，走垃圾处理厂等融资成功的路子，政府只出政策、建环境，而不用投资管理，达到有钱要搞建设，无钱也要搞建设的目的。这方面的潜力很大，搞好了完全可以解决几亿元到十几亿元的资金。五是社会捐助一部分。发动党政机关、企事业单位、个体经营业户，就某项重点工程建设捐款。如果每名职工捐款200元，再加上一些企事业单位及个体经营业户的捐款，一次捐款即可以解决上亿元的资金。通过以上渠道，十年内以上各项即可解决资金近百亿元。建设生态园林城市的资金就有了比较可靠的保障。

（四）高起点规划，高标准设计，高质量建设，高效能管理。充分发挥规划的“龙头”作用，把做规划放在优先考虑、先行起步的位置。从大的方面讲，要做好两大规划和六个工作方案。两大规划是治水规划和国土整治规划，六个方案是治水、绿化、草原建设、湿地保护、净气和农业产业结构调整工作方案。这些规划和方案要立即着手准备。制定规划和方案要注意以下几个方面：一是系统性。各规划既要自成体系，又要相互关照，保证相互之间有所衔接，不出现碰车和制约现象。二是可操作性。务实性要强，执行起来方便、具体。三是前瞻性。要充分预见几年、几十年的发展趋势和要求，每项规划做出来都能指导多年的工作实践，几十年不做大调整。在做规划的过程中，要搞好项目的确定和开发工作。全市要建立生态园林城市建设总项目库，还要按照五大工程要求分别建立五个子项目库，储存一大批待开发建设的项目。在城市园林绿化设计方面，要遵循生态原则，充分利用大庆特定的自然生态资源和条件，使人工系统与自然系统协调和谐，创造一个科学、合理、整体连贯、功能健全、有序完美的自然开敞绿地生态系统。要处理好原与本、点与面、上与下、前与后的关系，突出一个“绿”，给人一个“美”，做到“城在绿中，林在城中，人在景中”。一是以大环境绿化为主，花、草、树木结合，营造大的绿化空间。二是时间上春、夏、秋、冬相结合，力争四季常青。三是空间上点、线、面、体结合，加强生态绿地和生态林的建设。四是作为北方寒带城市的大庆要切实重视建筑和环境用色的丰富多彩，切忌苍白单调，要把握好作为“蓝道”河川流域和作为“绿道”开敞绿地空间在整个城市色彩设计中的关键性作用。

要坚持高质量建设，切实提高点、线、面、体的生态绿化水平。首先要搞好道路绿化。道路绿化是城市的绿化骨架，也是连接城市内外环境的纽带，是一个城市绿化水平和文明标志的重要体现。道路绿化要根据不同类型，采取不同的风格，使一街一景独具特色。二要搞好公共绿地的绿化。公共绿地是城市园林绿化的精华，也是一个城市精神风貌的缩影。为此，要根据大庆的实际情况，打破传统的造园手法，尽量采用开敞通透的方式，以乡土树种和草坪为主，突出自然景色，大造生态园林，形成大庆的园林特色。三要做好小庭院绿化这篇大文章。单位庭院、居住区是城市绿化的基础细胞，庭院绿化水平反映了一个城市的整体绿化水平和环境质量，反映一个单位文明程度、文化品位和精神面貌，庭院绿化是提高城市绿化覆盖率的关键。因此，要根据“普遍绿化、重点提高”的原则，把单位绿地纳入城市绿地规划系统，在“小”字上做文章，在“美”字上下功夫，狠抓单位庭院、居住区绿化，以促进城市绿化整体格局的改善。四要通过大手笔、大面积进行大环境的绿化，营造环抱全市的绿色屏障，防风固沙、涵养水源、调节湿度、净化环境，从根本上提高全市的环境质量，优化整体生态环境。

管理工作必须跟上。要妥善处理好建设与管理的关系，各项工作从规划开始，到建设过程，以及建成以后，要实施全程化的严格管理，把管理放在与建设同等重要的位置上，防止出现一面建设，一面破坏的现象，巩固建设成果。重点是抓好管理制度、管理人员、管理手段、管理效果四到位，加强对重点工程和设施、城乡环境综合整治、自然环境与人文景观的管理，特别是要提高市民素质，搞好长效管理，全方位、全过程提高对生态园林城市的管理水平。

（节选自2000年7月关于建设生态园林城市的调研报告）

发展文化产业　培育新的经济增长点

按照实事求是的原则，立足于大庆市的实际情况和高科技现代化城市对文化产业发展的总体要求，我对全市文化产业的发展现状、发展目标及保障措施等进行了较为深入的调查和研究。

一、大庆市文化产业行业总揽及综合概述

文化产业是指从事文化产品生产和提供文化服务的经营性行业。文化产业是与文化事业相对应的概念，二者有时也具有交叉性。目前，我国把公共产品部分称为文化事业，把商品部分称为文化产业。近年来，大庆市的文化产业取得了长足的发展，形成了包括文化娱乐业、文艺演出业、网络文化业、广播电视业、新闻出版业、文化体育业、文化旅游业、教育培训业等在内的文化产业群，并已成为大庆市最具活力、最有发展前途的替代产业和新的经济增长点。下面，仅将目前在大庆市文化产业发展中具有主导地位的11个主要行业的基本情况总揽式地概述如下：

（一）文化娱乐业平稳发展，已形成规模。文化娱乐业是以大众自我参与、自我娱乐、自我休闲为主要特征的商业文化活动，是文化产业中的主体产业。它主要包括歌厅、舞厅、卡拉OK厅、电子游戏厅、综合娱乐场所等。2002年，全市共有各类文化娱乐经营单

位398家，从业人员6482人，资产总额3.1亿元，营业额1.2亿元，实现利税1316万元。

由于政策限制，大庆市电子游戏经营单位仅有72家，而且有逐渐萎缩和退出市场的趋势；其他娱乐项目发展平稳，商机较大，并且在逐步向适合大众消费的文明健康的量贩式KTV及低消费的练歌房、大众舞厅发展，形成了以东风新村、龙南、让胡路为中心的规模经营群体。

（二）文艺演出业艰难跋涉，正寻求突破。众多的以舞台或现场表演为主要方式的艺术门类，都属于文艺演出业。它是最早、最传统并且最具专业性和市场化特点的艺术行业，也是最具有再开发和产品衍生力的原创型文化产业。大庆市的文艺演出业主要由三部分构成：一是市、县两级专业文艺表演团体；二是经营性、临时性文艺演出活动；三是演出中介机构和经营性演出场所。2002年，大庆市共有各类文艺表演团体5家、营业性演出场所58家、文化中介公司28家，从业人员1160人，资产总额8亿元，营业额1500万元。其中，市、县5家国有专业文艺表演团体从业人员244人，资产总额1400万元，公益性和经营性演出614场，营业性演出收入75万元，盈利11万元。

（三）网络文化业发展迅速，牵动能力强。文化与电子信息技术以及互联网的共栖和融合形成了网络文化业。据统计，大庆市现有网络运营商5家，网络内容提供商1000余家，互联网上网服务营业场所（网吧）575家。大庆市信息产业与网络文化产业相互交叉融合，为避免重复统计，仅将文化部门直管的互联网上网服务营业场所列入此次调研之中。2002年，全市网吧共安置就业2300人，资产总额1.6亿元，营业额1.3亿元，实现利税1098万元。

（四）文博会展业事业成分高，产业成分低。大庆市的文博会展业主要包括文物博览、文物商业、交易会展及其相关的服务业。2002年，全市共有文博会展单位55家，其中文物商店（柜台）50个，博物馆、纪念馆5个；从业人员242人，其中博物馆、纪念馆132人，文物商店110人；资产总额5975万元，其中大庆市博物馆850万元、铁人纪念馆3000万元、油田科技博物馆1300万元、杜蒙博物馆25万元、肇源博物馆800万元；营业额（门票收入）共计36万元，其中，铁人纪念馆营业额15万元，油田科技博物馆营业额21万元。

（五）图书音像业竞争激烈，市场化程度高。大庆市没有图书、音像出版单位和批发单位。这里所说的图书音像业仅指图书、电子出版物、音像制品零售（出租）业。2002年，大庆市共有图书音像经营企业（业户）426家，从业人员1402人，资产总额2.05亿元，营业额1.2亿元，实现利税709万元。其中，图书经营单位308家，从业人员1232人，资产总额2.01亿元，营业额1.12亿元，实现利税549万元；电子出版物经营单位68家，从业人员70人，资产总额350万元，营业额252万元，实现利税160万元：音像制品经营单位50家（与图书、电子出版物交叉的企业未计入其中），从业人员100人，资产总额60万元，营业额90万元。

（六）新闻出版业不断发展壮大，垄断程度高。这里所说的新闻出版业，仅指大庆市的报刊业和印刷业。2002年，全市共有正式报刊19种，每期发行量35万份，从业人员1500人，资产总额约1亿元，营业额7000万元，实现利税480万元；印刷企业274家，资产总额2.1亿元，从业人员2800人，总产值1.8亿元，销售收入1.4亿元，上缴利税510万元。新闻出版业资产总额合计3.1亿元，从业人员4300人，营业收入2.1亿元，实现利税990万元。

（七）文化体育业初具规模，发展空间大。体育业是广义的文化产业门类之一。大庆市的文化体育业主要包括体育健身娱乐、体育竞技表演、体育彩票销售和体育用品销售等相关产业内容。2002年，大庆市共有体育经营场所389家、体育用品商店55家，从业人员4100人，资产总额1.5亿元，营业额1.4亿元，其中服务、商贸收入9000万元，体育彩票发行受益金返款5580万元。

（八）广播电视业科技含量高，产业规模大。广播电视业是基础好、实力强、技术含量高的广义的文化产业门类之一。目前，大庆市有广电产业4家，从业人员733人，资产总额2.68亿元，营业收入6661万元；广播频道2个，电视频道4个；全市无线广播覆盖率达到100%，无线电视覆盖率达到92%，网络用户20万户。形成了以广告经营为主，有限电视网络数字业务为辅的经营格局。2002年，市广电集团从业人员530人，资产总额2.4亿元，网络用户9万户，营业收入4706万元（其中广告收入3139万元，网络收入1200万元，其他相关收入367万元），实现税收348万元；大庆油田文化集团有线电视中心从业人员112人，资产总额4765万元，营业收入1630万元（其中广告收入420万元，网络收入1210万元），网络用户9万户；石化总厂有线电视台从业人员40人，资产总额1000万元，网络用户2万户，营业收入205万元（其中广告收入5万元，网络收入200万元）；大庆教育电视台从业人员51人，资产总额1802万元，营业收入120万元。

（九）文化旅游业资源丰富，发展潜力大。旅游业在本质上是文化产业，是一种自助或半自助形式的文化消费活动，所以国内外均将其列入到文化产业之中。2002年，大庆市共有各类星级宾馆21家，旅游景区（点）60处，旅行社39家，旅游商品、纪念品生产企业4家，旅游服务定点单位32家，全年接待国内外游客302万人，营业收入6.9亿元。

（十）教育培训业基础好，市场前景广阔。教育培训业也是广义的文化产业门类之一。它是以非义务教育为主体，以成人职业培训、青少年艺术素质培训为基本内容，实行市场化或半市场化运营的文化培训服务业。目前，大庆市共有教育产业单位1346家，其中大学8所、普通高中32所、职业高中7所、民办教育机构359个、校办企业940个。2002年，营业收入总额（主要为学费收入）3.9亿元，其中大学学费收入3亿元、高中学费收入8100万元、校办产业收入889万元。教育产业的快速发展也带动了房地产、金融、通信、交通、娱乐等其他相关产业的发展。

（十一）医疗卫生业山重水复，机遇与挑战同在。按照全面实施“大文化”战略的要求，突破了国际、国内原有文化产业的框架，将医疗卫生业也纳入了大庆市的文化产业之中。目前，全市共有各类医疗卫生机构323个，其中公共医院151个，卫生院71个，疗养院1个，专科防疫所（站）9个，卫生防疫机构10个，妇幼保健机构9个，药品检验机构1个，其他卫生机构121个。每万人拥有医生23人，每万人拥有病床37张。拥有万元以上医疗设备9790台件。2002年，全市151所公立医疗机构共有职工14671人，其中卫生技术人员10833人，全年诊疗人数4887032人次，收入12.8亿元。此外，大庆市的艺术品经营业、广告业、群文业、图书馆业、电影发行业、版权业等文化产业门类也都在渐进式发展，但由于规模和所占比重较小，所以只列入统计之中，未列入报告之中。

二、大庆市文化产业现状透视及深度剖析

2002年，大庆市共有文化产业单位4111家，从业人员46110人

（不含教育培训业），资产总额22.63亿元（不含教育培训业、文化旅游业、医疗卫生业），营业额31.62亿元。

（一）从产业结构看，虽然门类齐全，但不尽合理。大庆市文化产业门类比较齐全，涉及人们文化生活的各个领域，其中11大主导产业占据了绝对优势。从文化产业总揽中可以看到，具有垄断性的广电业、新闻出版业、旅游业、教育业、医疗卫生业尤为发达，占据主体地位的娱乐业、图书音像业、网络文化业正在稳步发展。但从总体情况看，产业结构不合理的问题仍很严重。例如，大庆市的医疗卫生业，机构众多，科目重复；“个头大的多”，顶尖级的少；设备档次高，利用率低。机构设置“多而重、大而平、高而闲、乱而难”。由于产业结构过于单一，也降低了抵御风险的能力。例如，大庆市广电业的收入绝大部分来自广告经营，由于市场变化、政策调整等原因，必然会使广告经营随之波动。今年5月，由于“非典”等不利因素的影响就使市广电集团的广告收入比去年同期锐减52%。单一的广告经营结构让广电产业发展陷入了极端的被动之中。此外，还有一些情况也不容忽视：教育业虽然在大庆市文化产业中所占比重较大，但由国家投资的大学教育、高中教育的学费收入占了绝对份额，经营性质较强的教育服务业、培训业所占比重较小；群文业、文博业、图书馆业虽然也含有部分产业元素，但只是“以文补文”、“以文助文”，属公益性非营利事业单位，在文化产业结构中处于“边缘”地位；具有创意性、创新性、带有自主知识产权性质的文化产业项目甚少，产品的衍生力不强、附加值不高，在文化产业结构中没有处于应有位置。

（二）从所有制结构看，国有经济与非国有经济各有千秋。大庆市文化产业从总量看，国有企业数量极少，但资产总额、营业额、上缴利税均占绝对优势；非国有企业尤其是个体企业在数量上占绝对优势，但资产总额、营业额、上缴利税均不到文化产业总体比重的40%。例如，资产多、实力强的广电业、报刊业、文博业100%为国有单位，教育培训业国有单位的数量（不含幼儿教育和义务教育）占73.33%，收入占98%。而投资少、见效快的互联网上网服务营业场所、文化中介机构、图书音像出租经营单位和娱乐业，民营企业、个体企业所占比重则高达100%。这一方面说明，大庆市还应进一步解放思想，在更多的文化产业领域降低准入门槛，让非公有制经济大胆进入；另一方面也说明，大庆市的非公有制企业正在文化产业中快速崛起、迅猛发展，但规模小、实力弱。

（三）从组织结构看，集约化程度较低，缺乏总体竞争力。发达国家和发达地区文化产业的一大特征就是通过资源集团化、经营规模化和产品的高科技化来获取高额利润。而大庆市较有规模的文化产业集团仅有4家——大庆报业集团、大庆广电集团、大庆油田文化集团、大庆新华图书音像发行集团。大多数的民营、个体文化企业“小、散、单、弱”，量多质差，处于一种低水平的维持状况。由于以上原因，大庆市的文化产业还没有形成较大的市场份额，也未能成为大庆市国民经济的支柱产业。据统计，2002年，全市文化产业增加值为5.646亿元，仅占全市GDP的0.55%，占第三产业增加值的4.6%，低于全国34个大中城市的平均水平。作为战略任务和历史责任，必须大力引导、积极扶持一批有发展前途、产业特色鲜明、市场潜力大的中小企业迅速成长起来，向集团化发展，以增强其市场竞争力。

（四）从不利因素看，各行业都有一些亟待解决的困难和问题。其共同点是，在科技投入和产品的科技含量上，大庆市的文化产业明显不足。这主要表现为：传统文化产业的比重较大，现代新兴文化产业发展不够，创新能力不足，大大降低了文化产业自身的影响力，削弱了文化产品的品位及市场竞争力，同时，也使市民的高层次文化消费热情受到抑制。例如，大庆市还没有一家电脑游戏开发商，没有一条光盘生产线，没有一家电子出版社，软件园区也只是在建设中。还有一些情况也令人担忧，例如，文艺演出业，市县两级专业文艺表演团体仍以公益性演出为主，商业性演出为辅，处于一种事业单位企业化管理的“过渡期”状况。即使是商业性演出，也由于票房价位低、路途远、成本高、政府无演出补贴等因素，每场去掉成本和演员微薄的演出补助后，纯收入不足10%；演出中介机构，数量少、水平低，缺乏引领市场能力，演出商业运作困难；具备演出条件的剧场少，东风新村仅有艺术宫一家，且为个人承包，每场租金5000元，演出单位门票收入不抵场租，多演多赔；文化旅游业，资源丰富，开发不足；教育培训业仍是卖方市场，职业培训、素质教育市场还需进一步拓展，艺术教育培训个体化程度高、市场混乱；广电业，由于“三分天下”、条块分割，体制弊端较为严重，地企有线电视网络全面整合难度大，农村网络难以发挥产业作用；体育业，在大庆市的文化产业中所占比重极小，产业开发不够，与国际、国内其他城市相比差距较大。

（五）从消费趋势看，大庆市文化产业的发展空间喜忧参半。抽样调查显示，1995年到2002年，大庆市人均可支配收入从6338.5元增长到9841.2元，年平均增幅为6.5%；消费性支出由4462.1元上升到7024.3元，年平均增幅为6.7%。文化娱乐服务消费占消费支出的比重由1995年的5%上升至7%，比重不断增大；文化娱乐消费支出（不含教育、卫生支出）从人均223.1元增长到493.9元，增长了

2.2倍，平均年增长12%，比可支配收入和消费性支出的增速分别高5.5%和5.3%。居民强烈的文化需求剧增，凸显出大庆市的文化产品和文化服务具有广泛的市场需求和较大的发展空间。

但是，抽样调查也显示，大庆市居民文化娱乐用品支出占文化娱乐支出的比重由1995年的62.3%上升到2002年的75.1%，而文化娱乐服务支出占文化娱乐支出的比重则由1995年的37.7%下降到2002年的24.9%。可见文化娱乐用品的更新换代更容易被市民接受。从与国内收入水平基本相当的城市比较看，大庆市文化娱乐消费水平偏低。人均文化娱乐消费支出（不含教育、卫生支出）每月为41.2元，比杭州、厦门、济南和南宁四城市分别低18.6元、13.5元、5.1元和15.2元；大庆市文化娱乐消费支出占消费性支出的比重为7%，比杭州、厦门、济南和南宁分别低0.5、0.7、0.1和2.7个百分点。这种差距说明，大庆市居民的文化消费意识，尤其是文化娱乐服务的消费意识还相当薄弱，福利文化观念仍然根深蒂固。

（六）从产业分布看，发展不够平衡，但已形成两大文化产业发展密集区。从调查的情况看，萨尔图区（含开发区）、让胡路区已成为大庆市文化产业发展的密集区。尤其是东风新村、龙南、让胡路已成为大庆市文化产业的主要基地。两个区文化产业的资产总额和产业增加值约占全市的80%。两区文化产业密集的原因主要有三点：一是人口众多，市场份额大；二是文化氛围好，政府、大学园、高中园、大企业相对集中；三是经济状况好，消费能力强。此外，大庆市农村文化产业发展迟缓，发育程度较低，与市区相比差距更大，出现了文化产业发展的“城乡之差”。以广播电视网络产业为例，市区通过网络整合，网络资产增加400多万元，广电集团、油田文化集团、石化总厂的有线电视直接用户达到20万户，每年的直接收入达2600余万元。但由于多种原因，大庆市农村广播电视网络举步维艰、运营困难，还处于“三不管”状态。通过对文化产业分布情况分析，可以清楚地看到，大庆市的文化产业正呈现出“中心高（中心区）、四周低（边缘区、县）”的梯度差异。如果不加以引导和采取有力措施，可以预测这种“地区差距”“城乡差距”将会进一步拉大。随着文化产业逐渐成为城市第三产业中的支柱产业的发展步伐，这种状况必将会扩大城乡及地区间经济发展上的不平衡和产业结构上的差异，最终影响到人们的生活水平、生活质量和大庆市城乡同步进入小康社会的进程。

（七）从资源配置看，文化产业资源的深度开发、全面整合、充分利用不够。一是对精神性文化资源的开发利用不够。铁人王进喜既是20世纪的十大伟人之一、大庆精神和铁人精神的化身、全国工人阶级的优秀代表，同时也是非常耀眼的“文化品牌”。应该说，过去对此重视不够，深度开发不够，大力弘扬和充分利用不够。二是对原创性文化资源把握利用不够。如，大庆的话剧、舞蹈、版画、剪纸、芦苇画等原创性作品极为丰富，但很多优秀作品或闲置、或流失、或没有很好的市场运作，没有使其转化为文化生产力，创造应有的社会效益、经济效益。三是对物质性文化资源开发、整合、利用不够。大剧院建设历经多年反复设计、论证，目前仍未开工；市区的学校还是由政府、石油、石化三家办，规划、协调、管理困难；旅游区（点）档次低、基础设施差、公共设施（如公厕）不配套；电视有线网络多头管理、条块分割、分散经营，形成不良竞争，造成资源浪费。四是市场体系不健全。文化市场在对人才、资金、技术、信息、项目等资源的配置上还没有起到应有的基础性作用。

（八）从行政绩效看，政府有所作为，但还有较大差距。一是在职能定位上有差距。由于长期受计划经济体制的影响，多年来政府一直以办文化为主，宏观调控、市场运作、政策扶持为辅；以行政命令为主，服务手段、经济手段、法律手段为辅。职能错位、越位、不到位。二是在产业规划上有差距。为加快文化产业的发展，北京、上海、深圳、长沙等城市都先后出台了文化产业发展规划，但大庆市没有。三是在政策扶持上有差距。国家已经出台《关于支持和促进文化产业发展的若干意见》，党的十六大和十六届三中全会也把发展文化事业和文化产业提到一个相当高的位置。全国许多城市早已因地制宜地制定和出台了很多扶持文化产业发展的政策、法规，比较而言，大庆市动作较慢。不仅如此，大庆市对国家、省、市已有的文化经济政策、文化人才政策、税收优惠政策落实的也不够好。四是在资金投入上有差距。长沙等市都设立了“文化产业发展基金”，用于支持文化产业的发展，而大庆市只是在酝酿之中。五是国家、集体、个人多元投资文化产业的投融资体系还没有建立起来，政策还不配套。六是在创新执法体制上有差距。为改变机构重叠、多头管理的弊端，上海、深圳等发达城市都相继成立了“大文化”综合执法局，国务院办公厅也下发了《国务院关于进一步推进相对集中行政处罚权工作的决定》（国发〔2002〕17号），但大庆市还没有将其纳入议事日程。由于以上六点差距，使政府的宏观调控、政策引导、资金扶持、依法行政等职能没能充分发挥，这在一定程度上也制约了大庆市文化产业的发展。

（九）从人才现状看，先天不足、流失严重，各类人才极度匮乏。文化产业人才缺乏是全国性甚至是全球性的问题。由于大庆市文化产业发展起步较晚，加之多年来对文化人才的培养、引进力度不够，大庆市的文化创意人才、经营人才、管理人才、经纪人才、市场研发人才更是极度缺乏，成为制约大庆市文化产业发展的第一瓶颈。以原创性人才最为集中的文艺演出团体为例，仅大庆歌舞剧院、话剧院自1993年至今，就陆续有200多名演职人员流失。文艺人才流失的原因主要有三点：一是工资福利待遇低；二是工作环境差；三是论资排辈现象严重，挫伤了青年演员的积极性。从业人员整体素质的低下，必然造成行业总体竞争力的低下，尤其是面对WTO的挑战，必须在文化产业的人才战略上有所行动，有所突破。

（十）从理论研究看，统计无标准，调查无基础，实证性研究不够，指导性不强。这个问题也是全省性的普遍问题。调查研究是理论创新的基础，理论创新是体制创新、机制创新、制度创新的基础。文化产业的调查研究和理论创新是一个城市、一个地区规划未来文化产业发展蓝图的必要准备和先导。但黑龙江省和大庆市的实际情况却是，对文化产业的统计既无历史经验可以借鉴，也无现行统计标准和统计方法可以遵循，面对内容复杂、涉及面广、单位规模小、数量多，且新兴项目不断涌现的文化产业，只能比照第三产业的统计方法，在实践中摸索，难度较大。另外，由于统计指标体系不健全，为研究工作带来了更大的困难。例如，由市旅游局提供的数字显示，大庆市文化旅游业营业收入已占文化产业收入的21.82%，但其资产总额不详，统计方法值得商榷。比如，在统计旅游业收入时，他们将所有外来人口来庆吃住行和其他消费全部计入其中，这必然会产生交叉统计，使研究者、决策者对大庆市文化产业的结构评估出现误差。大庆市的文化产业理论研究也很不够，主要表现在没有搞文化产业理论研究的部门，人员缺乏、手段陈旧、成果不多，尤其是紧密联系大庆市实际，具有指导意义的“实证性研究”不够。

三、大庆市文化产业发展目标及保障措施

发展目标是：在政府的宏观调控下，市场机制在文化资源配置上的基础性作用得到充分发挥；文化产业各个门类结构合理、技术先进，形成一批实力雄厚、竞争力强的文化企业和有影响的文化品牌；建立一定规模的现代化文化产品生产、服务和销售网络；文化产业整体实力和竞争力明显增强，在省内、国内市场上占有一定份额；文化产业增长速度明显高于国民经济增长速度，文化消费在日常消费中所占的比例明显提高。到2010年，形成比较完备的有利于文化产业发展的政策、制度体系，形成比较发达的文化产品生产体系以及统一开放、竞争有序的文化市场体系，使文化产业成为大庆市国民经济的支柱产业和新的经济增长点。其保障措施如下：

（一）全面解放思想，促进文化产业大发展、快发展。从进一步加快大庆市文化产业发展的实际出发，当前要着重从六方面解放思想：一是树立新的消费观。要树立文化也是商品，商品即有价值，购买文化产品、享受文化服务理所当然应该进行等价交换的新理念。二是树立新的协作观。政府和企业都要破除以自我为中心的“独赢思维”，确立共同利益基础上的“共赢思维”“协同思维”，通过实行战略协同和联盟，实现城市政、企文化一体化。三是树立新的市场观。要打破“围墙”，消除市场分割的体制性因素，建立规范、统一、完善的“大文化”市场体系，保证各种文化生产要素通过市场规律自由流动，保证大庆市“大文化”产业主体的发展有统一的文化市场基础。四是树立新的发展观。制定有利于在统一平台上共同发展的《大庆市文化产业发展公约》。这个公约的主要内容应包括：全市文化生产力布局原则，全市文化产业发展

准则，开放共同市场，促进人才交流，建立协调的基础设施网络，统一开放、利用文化资源，统一整治文化产业运行环境。五是树立新的管理观。充分发挥行业协会等民间组织的作用，运用各种手段促使民间力量推动文化事业和文化产业的融合：加快企业办教育、办医疗、办体育、办文化的分离力度，组建跨越政、企局限的大型文化产业集团，提高整体竞争力。六是树立新的组织观。应该建立“全市大文化工作协调委员会”，协调全市文化一体化的合作与发展。“委员会”的具体工作有四项：在规划上，协调动作，合力推进；在项目上，充分合作，互为补充；在资源上，优化配置，有效整合；在部门之间的协作配合上，各司其职，形成合力。

（二）深化体制改革，推动文化产业大发展、快发展。一是深化行政管理体制改革。加快形成行为规范、运转协调、公正透明、廉洁高效的“大文化”行政管理体制。其一，限制权力，由无限政府变为有限政府，由管理型政府变为服务型政府；其二，改变权力使用方式，重点是合理划分市、县（区）文教卫体等大文化行政主管部门的管理责权，公平、公正地行使公共权力；其三，提高用权透明度，探索新的确保政务公开、透明行政的途径。二是深化投融资体制改革。逐步实现由政府投入为主向多元投入为主的转变。大力发展国有资本、集体资本和非公有资本等参股的混合所有制经济，实现投资主体多元化；支持文化企业尽快制定企业股份制改造和加快发展混合所有制经济的实施方案和推进计划。三是深化行政审批制度改革。除国家政策坚决限制的少数经营项目外，对于企业自行投资建设的各类文化项目，无论规模大小，一律由审批制改为备案制；能简化的审批程序一律简化，能下放的审批项目全部下放，能放开的市场一律放开，能“变通”后放开的市场，全力“变通”；最大限度地减少政府对文化经济事务的直接干预，充分发挥企业的主体作用和市场的调节作用。四是深化行政执法体制改革。可借鉴上海等地的做法和经验，取消原文化、教育、体育、旅游、广电、新闻出版等部门的单独执法机构，成立“大文化”综合执法局，作为“二级局”，在全市“大文化”领域行使“相对集中行政处罚权”，避免部门分割、多头管理、机构重叠，提高管理效能、降低执法成本、创造优质环境。五是深化国有经营性文化单位改革。对国有自收自支营利性文化事业单位要进行规范的公司制改革，尽快建立起产权明晰、权责明确、政企分开、管理科学的现代企业制度。六是深化国有资产管理体制改革。要坚持政府公共管理职能和国有资产出资人职能分开，实现国有资产有进有退。积极探索大文化领域国有资产监管和经营的有效形式，采取引入外资、民营资本等办法进行股份制改造，不断完善授权经营制度，实现国有资本的保值增值。

（三）加强宏观调控，引导文化产业大发展、快发展。一是制定文化产业发展规划。建议市委、市政府尽快制定和出台《大庆市文化产业发展规划纲要》。纲要应充分体现全面发展、加快发展和可持续发展的总体要求，并坚持四项原则：高标准、大手笔的原则，充分吸收借鉴国内外文化产业发达城市的经验教训，不走弯路；大发展、快发展的原则，使文化产业的发展最大限度地满足大庆市经济社会发展的要求；大文化、大布局的原则，综合考虑大文化所涉及的各方面内容，使之协调配套，互为补充；重特色，树优势的原则，重点突出，特色鲜明，形成大庆的文化产业优势。二是完善文化产业扶持政策。要在用足、用活、用好中央、省、市关于扶持文化产业发展的已有政策的同时，针对大庆市文化产业发展中的症结性问题，尽快制定出台《大庆市关于支持和促进文化产业发展的若干意见》。意见应包括多元有效的文化产业投融资政策、税收倾斜政策、基础设施建设政策、社会捐赠政策等，尤其要加大对文化设施的投入力度和建设速度。既要建设标志性的文化设施，也要建设配套性的文化设施，同时，在设计时就要考虑到产业发展的需要和文化设施自身的养护、运转需要。三是积极整合文化资源。充分发挥政府宏观调控下市场对文化资源配置的基础性作用。鼓励依托有实力的文化企业，以市场为导向，以资本和业务为纽带，运用联合、重组、兼并、上市等方式，整合优势资源。重点发展一些拥有自主知识产权和文化创新能力、主业突出、核心竞争力强的文化产业集团。四是保证投融资渠道畅通。争取一定数量的政府投资，作为文化产业引导资金，对具有示范性、导向性的重点文化产业项目的开发与运营，特别是内容产业文化产品的生产给予资金补助和信贷贴息等支持，尽快设立《大庆市文化产业发展专项基金》；加强与金融机构的联系与沟通，积极推荐有发展前景、有良好效益的文化产业项目，争取银行给予信贷支持。五是逐步放宽市场准入。引导非国有经济成分投资经营各种文化产业项目，并在市场准入、土地征用、税收、信贷、上市融资等方面，实行与国有文化企业同等的政策待遇。六是创造良好的文化市场环境。培育市场中介组织，发挥体育、出版、科技等行业协会的作用；扩大文化内需，引导文化消费，培育文化消费市场，提倡健康文明的文化消费方式：加大文化市场执法力度，完善文化市场管理机制，适应新兴文化产业的发展情况，构建文化市场管理的信息网络体系，采取高科技手段加强市场监管。

（四）把握发展优势，确保文化产业大发展、快发展。从宏观上讲，大庆市文化产业的发展优势主要有五个方面：一是宏观环境有利于大庆市文化产业的快速发展。党的十六届三中全会对发展文化产业的要求、国家振兴东北老工业基地战略的全面实施、全国文化产业的迅猛发展，这些有利因素必将对大庆市文化产业的发展产生积极的影响。二是良好的经济基础有利于大庆市文化产业的快速发展。随着石油、石化企业经济效益的不断提高，高新技术产业的快速发展，农业产业化进程的加快等，为大庆市文化产业的发展提供了良好的基础和更为广阔的空间。三是全市改革的整体推进有利于大庆市文化产业的快速发展。尤其是随着大企业非核心业务和多种经营以及企业办社会部分逐步从主体中分离、分立，进入市场，必将释放出巨大的潜能，为大庆市文化产业的发展提供更大的动力支持。四是城镇建设战略的实施有利于大庆市文化产业的发展。人口更多地集中居住，为文化产业提供了不断扩张的文化消费市场。五是有较好的文化产业基础和深厚的文化底蕴。大庆市现有的四大文化产业集团在全省都是实力较强的；一批创作人才和艺术精品则构筑了雄厚的文化发展基础。牢牢把握和利用这些优势，并使之成为效益和产值正是确保文化产业发展的第一措施。

（五）突出发展重点，带动文化产业大发展、快发展。一是大力发展原创产业。以创作、演出、软件开发、数据处理、新闻出版、广播电视为主体的、具有核心版权和自主知识产权内容的文化产业项目均属原创产业。这些高附加值、高衍生力的原创产业是大庆市文化产业上水平、上档次的最主要的突破口。二是大力发展教育培训业。其一，要以建设大学园和高中城为重点，扩大总量，优化结构，提升质量。其二，要在外招上下功夫，合理收费，壮大教育产业。其三，要对个人举办的各种助学班和艺术培训班加强管理和引导，将其纳入到教育培训业之中，以免数千万的学费收入既不缴税也无法统计。三是大力发展文化旅游业。要努力把大庆市建设成为以“石油文化”“湿地风光”为龙头，融地域民族风情、古迹遗址等为一体的独具特色的中国北方旅游名城，形成比较发达的综合产业体系，全力打造“中国石油之都”和“中国第一湿”两块文化旅游品牌。四是大力发展医疗卫生业。要积极推进作为大庆市主体医疗机构的公立医疗机构进入市场，按照市场规律进行运作和经营；鼓励集团式经营和特色、特需服务项目的开发，走“大而尖、中而专、多而联、小而优”的路子。五是大力发展网络文化业。要扩大网络文化业的项目品种和产业规模，大力扶持网上书店、网上艺术品拍卖企业；引导软件开发商、网络运营商、网络内容供应商等大力开发高科技文化产品，使大庆市的文化产业与信息产业高度融合，真正成为科技含量高、附加值高、经济效益高的替代产业。

（六）集聚各类人才，保障文化产业大发展、快发展。一是吸引外地优秀人才为我所用。在引进对象上，要兼顾两头。一方面要引进“高、精、尖”人才，努力形成大庆的文、教、卫、体、新闻等名人群体，特别是想方设法引进大文化各领域的领军人物，利用他们的知名度和号召力，提升大庆文化品位，加快大庆文化产业发展；另一方面要引进经营管理人才、各类专门人才等实用型人才，夯实大庆大文化的基础。引进方式应灵活多样，可采取以项目引人、以环境引人、以人才引人等多种办法。同时，也可以采取人才柔性流动的办法，不求所有，但求所用。如进行远程医疗、借助外力进行项目咨询；建设文艺家夏季创作营地等，吸引文艺名家到大庆采风创作等等。二是加大对人才的培养力度。要利用大专院校、各级党干校等阵地，采取送出去培训、挂职锻炼、定向培养等多种形式，培养一批高水平的文化产业管理人才、一批高素质的专业人才、一批擅长市场运作的经营人才、一批年轻有为的后备人才。三是为人才发展创造优良环境。要形成良好的人才创业环境，给人才以荣誉和地位，在全社会营造尊重知识、尊重人才、尊重劳动、尊重创造的氛围。要形成宽松的人才流动环境，在编制、户口、人事关系等方面放宽放活政策。建立起有效的分配激励机制，对拥有特殊才能和自主知识产权的人才，鼓励和允许占有企业股份参与利润分配；对特殊岗位、特殊人才，实行年薪制；对做出巨大贡献的人才，实行重奖。尤其要充分挖掘现有人才的潜能，创造更多的机遇，为现有人才充分发挥作用提供广阔舞台，外来人才的优惠政策，提高对现有人才的待遇，遏制人才外流的现象。

此外，还要加大对知识产权的保护力度和对文化产业理论的研究力度。所经营的文化产品和文化服务进入市场前，要及时进行专利申请、商标注册、作品和软件登记，以取得法律保护并依法正确使用；大庆市文化产业发展的战略性、前瞻性和全局性的问题以及相关的文化产业法律法规和政策要加强研究，以把握全市文化产业发展的总体趋势，为大庆市文化产业的发展提供政策支持和理论指导。

（节选自2003年11月大庆市文化产业发展问题研究报告）

我国审计质量管理实施ISO9000标准研究

如何提高审计质量，防范审计风险，不仅是审计实践面临的紧迫任务，也是审计理论研究的一个重要课题，更是在审计机关深入贯彻落实科学发展观必须思考的重大问题。

自1982年我国宪法确立实行审计监督制度以来，我国的审计事业已走过了二十多年的历程。二十多年来，审计工作取得了令人瞩目的成就，得到了各级党委、政府的高度重视和支持，也赢得了广大人民群众的较高评价，审计机关在规范经济秩序、加强宏观管理、推进依法行政、维护公众利益、促进廉政建设等方面发挥着越来越重要的作用。

但是，随着我国法治建设的不断深入和审计机关社会地位的不断提高，审计质量问题也日益凸显。尤其是近几年来，虽然从总体上看审计质量呈现出不断提高的趋势，但部分审计项目质量低下的问题依然存在，特别是管理粗放，工作随意，重结果、轻过程，重业务、轻管理等问题，制约了审计事业的良性发展。因此，进一步规范审计行为，提高审计质量，不仅是审计机关自身发展的内在要求，也是审计事业实现全面、协调、可持续发展的必然要求。

为了提高审计质量，防范审计风险，审计署先后制定了一系列审计工作规范和准则，对审计程序、审计质量和工作要求均作出了明确规定。特别是2004年，审计署颁布的《审计机关审计项目质量控制办法（试行）》（审计署6号令），从审计方案、审计证据、审计日记、审计工作底稿到审计报告、审计档案等审计全过程，提出了具体的质量控制要求，并对审计项目质量的责任追究作出了明确规定。这些质量控制措施的实施，对审计机关全面提高审计工作质量起到了极大的促进作用。《审计署2008至2012年审计工作发展规划》明确提出："探索建立审计质量责任追究制度，强化审计项目全过程质量控制，明确审计工作各环节的目标和质量要求，进一步规范审计行为，防范审计风险"，对审计质量管理提出了更高要求。但由于审计机关不同程度地存在基础管理相对薄弱的问题，加之审计管理系统性不强、过程控制不严、缺乏持续改进的监督和制约机制，在一定程度上制约了各项质量控制措施作用的有效发挥。因此，如何建立一套有效的管理机制，促进一系列审计质量控制措施特别是审计署6号令的全面贯彻落实，全面提高审计工作质量保证审计事业又好又快发展，已成为审计机关面临的共同课题。

理论界对审计质量问题的研究，应该说，是从20世纪70年代开始的，对审计质量控制方面的研究还要晚一些。国内较为系统的、深入的探讨，只是近几年的事情。总体上说，理论界对审计质量方面的研究较为薄弱，特别是与物质产品质量和服务业质量的研究相比，还有很大的差距。这既对理论工作者提出了要求，也为我们开展这方面的研究提供了广阔空间。

基于以上背景，本文将审计质量作为研究题目，目的是通过对审计质量管理和ISO9000标准的研究，探索快速提高审计机关审计工作质量和整体管理水平的路子。作为审计署成都特派办质量认证工作领导小组的组长，2004年以来，本人自始至终参与了成都特派办质量认证工作，对审计机关引入ISO9000标准，全面加强审计质量管理，有着深切的感受。因此，对该问题的研究，不仅有利于对已有感性认识的抽象、概括和提高，也有利于更好地指导和进一步深化审计质量管理实践。

一、审计质量的内涵及特征

审计质量是质量的一种，它与审计的过程与行为紧密相联系。美国学者迪安杰诺（DeAgenlo，1981）将审计质量定义为“审计人员发现并报告公司舞弊的联合概率”，我国学者则将审计质量定义为审计组织从事各项工作的优劣程度。无论哪一种定义，我们都不难看出审计质量不同于其他产品的质量，它是处在一定环境中，由诸如审计人员素质、审计深度和审计技术方法等多种要素共同作用的结果。

审计质量从广义上理解，是指审计机关审计活动和成果满足审计相关方（即审计服务对象）的程度，即审计工作质量；从狭义上理解，是指一个特定审计项目审计目标的实现程度和相关职业规范的遵守情况，也即项目审计质量。审计工作质量是项目审计质量的保证，而项目审计质量是审计质量的核心和审计工作质量的集中体现，抓好项目审计质量是审计质量管理的落脚点。本文讨论的主要是广义的审计质量。

审计质量可以由审计项目质量和审计工作质量两部分构成。审计项目质量反映审计机关从事项目审计活动及成果满足审计相关方的程度，它是根据风险因素和重要程度对单个项目质量有机汇总形成的。审计工作质量是指审计机关综合部门为审计业务部门提供有效审计资源的质量，例如人事部门合理调配审计人员、法制部门提供的法律保障、办公室协调处理好与各相关方的关系，等等。审计项目质量和审计工作质量是相互联系、相互影响的。

审计质量既有一般产品和服务质量的共同特征，也有其自身的一些特殊规定性。具体地讲，审计质量具有如下特征：

（一）综合性。审计质量作为过程和结果的统一，和一般产品质量涉及产、供、销诸环节一样，也是多环节、多因素综合作用的结果，涉及审计人员素质和采用的审计技术方法、健全的内部监督控制机制、审计准则的规范体系及审计过程的质量控制等诸多环节。审计质量的优劣，根源于系统的整体性能，取决于审计机关全员、全过程、全要素及其各个环节相互融通与耦合的程度，任何一个环节、一项工作都直接影响着审计质量。

（二）相对可控性。审计活动比较类似工业产品的流水作业，虽然审计活动因被审计单位情况千差万别，但整个审计流程和具体的审计技术方法都体现出高度的规范化。在审计流程上，不论是财政审计、金融审计，还是企业审计、经济责任审计、外资审计，都要经过审前调查、审计实施和审计报告三个阶段，每个阶段要履行的程序、遵循的方法、基本的要求都是相同的。例如，通过审前调查应制定出可行的审计实施方案，通过审计实施应完成方案确定的审计事项，在审计报告阶段应根据审计证据形成审计报告，等等。在具体的审计技术方法上，一些审计事项的具体审计方法也具有固定的审计模式。例如，要证明被审计单位往来款的真实性一般应采用函证的方法，要证明资产的数量和存在性一般要采用盘点的方法，等等。审计活动的这些规范化属性为实施审计质量管理提供了可能。

（三）风险滞后性。由于审计是在信息不对称的条件下进行的，即使审计人员遵照审计准则开展工作，也不可能发现被审计单位存在的全部错弊和问题。此外，审计人员根据审计准则的要求和自己的职业判断对发现的错误与舞弊进行重要性甄别，对一些未达到重要性水平的问题不一定在审计报告中反映，而这些被判断为未达到重要性水平的问题可能隐藏着严重的舞弊或累积转变为严重的错弊。因此，审计质量的好坏在开展审计时和此后较短时间不一定能够体现出来，而要经过一段时间，由客观事实来证明。当这些未披露的错弊暴露出来并给相关方带来较大损失时，审计机关可能面临法律诉讼，并影响公众对审计机关审计质量的评价。

二、审计质量管理

按国际审计准则的定义，质量管理是指审计组织为确保审计工作质量符合审计准则的要求而制定和运用的管理政策与程序的总称。审计组织为使其承担的工作能够按照审计的基本原则进行，确保审计工作质量，就必须实施质量管理。

审计质量管理遵循管理学的基本规律，反映审计质量本身的内在要求。但由于审计工作的风险性和经济监督性，审计质量管理与产品和服务质量管理相比，有自身的特点：审计行业与一般的服务业的重要区别在于风险性，并且不能像物质产品那样事先规定一个合格品率和废品率，进行返工维修，审计质量管理原则上应达到质量零缺陷。因此，审计质量管理更强调对审计工作各个方面、各个要素和工作全过程的控制，具有较强的系统性。这种系统性，从横向看，表现在审计工作的各个方面；从纵向看，表现在审计质量贯穿审计作业过程的始终。

审计质量管理的要求是由审计质量本身的性质决定的。审计质量本身所具有的综合性、相对可控性和风险滞后性等特征，决定了审计质量管理必须是系统的、全面的、可控的、适用的和开放的。

（一）审计质量管理必须是系统的。综合性是审计质量的一个内在特征，是一个关键因素，因此，审计质量管理也应该采取系统论的方法，对系统内的关键要素进行控制和管理，使这些相互关联的要素处于受控状态。在审计质量管理中，如果某一要素出现了问题，所导致的可能是审计项目的失败。因此，从审计计划、审计实施到审计报告均需以审计质量为立足点，综合考虑审计人员的素质、审计力量的组织形式、审计业务的管理方式以及审计技术的应用程度等内部因素，同时亦应密切关注被审计单位的配合情况以及法律保障是否有力等外部因素的影响。

（二）审计质量管理必须是全面的。这也是审计质量的基本特征决定的。审计质量管理的全面性具体表现在以下几个方面：一是全对象管理。既包括审计项目质量，又包括审计工作质量。审计项目质量主要从审计绩效的角度进行衡量，譬如查出了什么问题，事实是否清楚，定性是否准确，处理是否恰当，分析评价是否客观等；审计工作质量指所有审计工作的总体质量，包括审计法规制度和审计标准的制定，审计计划的实施，审计人员的选聘、调配、培训、分工，审计档案管理等工作的合理、有效等。二是全员管理。审计质量是一个审计机关素质的综合反映，要求审计机关全体人员都要树立审计质量意识，人人都从本职工作出发，参与管理，把好质量关。三是全过程管理。审计业务活动包括审前调查、审计实施和审计报告三个环节。审计质量管理要对三个环节分别进行质量控制，通过把好每个环节的质量关，不仅为下一环节的质量提供保证，而且为保证和提高整个审计质量奠定基础。四是全要素管理。一项审计活动的要素包括审计主体、审计客体、审计方法和审计环境诸方面。这些方面互相联系、影响和制约着审计质量。要对审计质量进行控制，就必须对审计活动的全要素进行管理。

（三）审计质量管理必须是可控的。虽然审计质量管理是针对质量形成过程中的各项活动进行的，但由于管理成本和管理手段的限制以及审计质量的特殊性，审计质量管理不可能对所有的活动进行监控，只能对那些严重影响审计质量、管理者能够实施管理监督的关键环节进行控制。例如，社会公众对审计机关审计质量的期望是审计质量形成的关键因素之一，过高的期望值会对审计机关的审计质量造成低估，但这个期望值并不是审计机关管理者能够控制的，只能通过审计机关的审计活动和宣传活动影响社会公众将期望值调整到合理的区间内，因此社会公众的期望不属于审计质量管理的控制对象。

（四）审计质量管理必须是适当的。质量管理活动的方式方法多种多样，每增加一种有效的管理活动就会促进审计质量提高一步，但同时也可能会增加审计人员的工作量和审计成本，降低审计工作的效率。因此审计质量管理活动不是越多越好、越复杂越好，不能搞烦琐哲学，而是应该控制在一定的幅度内，讲求适用性，以投入产出效率最高为原则。在这里，适当性包括两方面含义：一是满足中国社会文化背景的要求和当前审计工作的特点，不能盲目引进国外审计质量管理先进的方式方法；二是符合特定审计机关的个性特征，能够最大限度提高审计人员的工作积极性和审计质量管理效率。

（五）审计质量管理必须是开放的。质量管理活动是与一定时期的生产活动特点相适应的，也随着社会生产活动的变化而不断发展。因此，审计质量管理不能因循守旧，应该具有开放性的特点，坚持与时俱进，吸收管理学最新的研究成果，通过持续改进来提高控制效率和效果。另外，由于公众对审计质量的需求和期望是不断变化的，因此，审计机关应不断地调整对质量的要求，并持续改进，实现对审计质量的有效控制。

审计质量管理应遵循的一种基本方法是PDCA循环（也称戴明环）法，它不仅适用于整个质量管理过程，也适用于质量管理任何一个方面的活动。这种方法分为计划（Plan）、实施（Do）、检查（Check）、处理（Action）四个阶段，以及审计质量缺陷分析等八个步骤。

第一阶段是计划阶段，其主要任务是确定审计质量控制目标，并确定完成这些目标的措施和方法。这一阶段包括四个步骤：第一步，审计质量缺陷分析，找出审计机关存在的主要质量问题；第二步，针对找出的问题，分析问题产生的原因；第三步，找出影响审计质量的主要因素，特别是审计机关内部能够控制的因素；第四步，制定解决审计质量问题的措施计划，明确落实措施计划的时间、部门和人员。

第二阶段是实施阶段，其基本要求是严格按照措施计划执行。这一阶段有一个步骤，即第五步，就是提高措施执行者的质量意识，使制定的措施计划正确、及时、严格地得到执行。

第三阶段是检查阶段，主要内容是检查措施计划的执行情况。这一阶段有一个步骤，即第六步，就是把制定的审计质量措施计划与执行结果相对比，检查目标是否实现，执行者是否按规定的措施执行，执行结果是否正常。当发现执行结果异常时，就要返回到第二步，重新分析并制定补救措施。

第四阶段是处理阶段，基本任务是对审计质量计划措施执行中出现的差错进行处理。这一阶段有两个步骤：第七步，总结计划执行过程中的成果经验并加以规范化，同时记录失败的教训，查明原因，制定相应的对策措施；第八步，把每个循环中没有解决的审计质量问题和新出现的问题找出来，加工整理成审计质量信息，传递给下一个循环的计划阶段，从而实现PDCA循环的连续转动。

审计质量管理的基本方式有两类：经验管理和科学管理。

经验管理是指审计机关的管理层根据长期积累的管理经验对审计活动进行管理，使其达到审计准则的基本要求。这种管理方式强调管理者认真分析和研究以前审计质量管理的成功经验，通过归纳总结形成适用于本单位的管理程序，具有行之有效、简便易行、管理成本较低等优点。经验管理的另一个突出特点是能够集中管理资源，在较短时间内提升审计机关某一方面的审计成果，例如大要案、计算机审计等，因此能够打造审计机关自己的特色产品。但是，这种管理方式也存在难以解决的问题。一是缺乏连续性，经验管理方式受审计机关管理层管理理念和能力影响较大，一旦管理层发生重大变动，其有效性将受到严重影响，造成审计质量不稳定。二是缺乏系统性，经验管理过于强调某一方面的审计成果，而容易忽视审计其他方面的质量控制，不利于提高审计机关整体质量管理水平。

科学管理方式是指审计机关利用管理学和质量控制学的基本理念，借鉴当代科学管理方法（例如质量目标法、PDCA循环法、质量小组活动法、西格玛法等）将审计质量管理活动制度化、规范化，使审计质量达到审计准则的基本要求。这种管理方式强调过程控制通过分析和控制影响审计质量的关键点，在审计活动中及时监控，从而保证审计质量的全面提高。此外，这种管理方式还通过调动审计人员的主观能动作用，分析审计质量存在的问题，提出改进建议，保证审计质量的持续提高。因此，科学管理方式能够有效解决经验管理存在的审计质量管理不连续和不系统的问题。但是，这种管理方式也存在管理成本较高、成果体现缓慢、审计人员不适应等问题。例如，有效管理制度的形成需要经过长时间的反复修订，增加过程控制的关键点意味着增大管理成本，管理资源被均匀用于审计活动的全过程不利于集中力量突出审计成果，等等。

上述两类管理方式各有优点和缺点，恰当地运用均能达到良好的质量管理效果。但从审计机关的持续发展来看，科学管理有利于建立提高审计机关审计质量管理水平的长效机制。当然，经验管理和科学管理两种管理方式不是相互排斥的，审计机关可以有机地融合这两种管理方式，吸收各自的优点，找到适合本单位特点的管理方式，这样更有利于全面、快速地提高审计质量。

三、我国审计质量管理引入ISO9000标准的构想

ISO9000国际质量管理标准总结了当代世界质量管理领域的成功经验，它的管理思想蕴含了预防、监督和持续改进三大科学管理机制，融汇了系统论、信息论和控制论，使世界各国的质量管理和质量保证活动统一在一个共同的基础上，具有较强的科学性、经济性、通用性和社会性。

ISO9000标准是概括、总结和提炼世界各国质量管理理论和实践经验而形成的，吸收了现代管理的科学原理，包含了从质量

术语、质量管理要求到业绩改进指南及支持性技术标准等一整套标准，是一套非常科学的质量管理标准。2000版ISO9000质量管理体系标准由4项核心标准和一些支持性标准或文件组成。核心标准中，ISO9000明确了八项质量管理原则，提供了质量管理体系基础知识及相关术语；ISO9001规定了对质量管理体系的要求，是质量管理体系审核和第三方认证的依据；ISO9004为识别顾客和其他相关方的需求和期望、改进整体业绩，提供了指南、建议和示例；ISO19011为质量和环境体系审核的原则、审核方案管理、实施审核及审核员资格要求等提供了指南。ISO9001标准为建立、实施和持续改进质量管理体系提供了具体的要求，成为评价一个组织是否具备提供满足顾客和法律法规要求的产品能力的国际通用依据。

管理原则是以科学理论为指导，以管理实践为基础，对管理活动的实质及其规律所做出的高度科学的抽象与概括。同时，管理原则又对管理实践起指导、校正作用。ISO9000的八项管理原则是：一是以顾客为关注焦点。组织依存于顾客，因此，组织应当理解顾客当前和未来的需求，满足顾客要求并争取超越顾客的期望。二是领导作用。领导者确立组织统一的宗旨及方向，他们应当创造并保持使员工能充分参与实现组织目标的内部环境。三是全员参与。各级人员都是组织之本，只有他们的充分参与，才能为组织带来收益。四是过程方法。将活动和相关的资源作为过程进行管理。五是管理的系统方法。针对设定目标，识别、理解并管理一个相互关联的过程所组成的体系，有助于提高组织的有效性和运作的效率。六是持续改进。即增强满足要求的能力的循环活动，它应当是一个组织的永恒目标。七是基于事实的决策。有效决策是建立在数据和信息分析的基础上。八是与供方互利的关系。组织与供方是相互依存的、互利的关系，可增强双方创造价值的能力。

这八项管理原则不是孤立的，而是有非常密切的内在联系，它们综合在一起，构成建立质量管理体系的灵魂。“以顾客为关注焦点”原则奠定质量管理体系使命，“领导作用”原则为质量管理体系建立和运行提供成功的关键，“全员参与”原则为质量管理体系的建立提供源泉和动力，“过程方法”和“管理的系统方法”原则为质量管理体系的建立提供了宝贵的方法，“持续改进”原则为一个组织永恒的目标，“基于事实的决策”原则旨在促进科学决策机制的形成，“与供方互利的关系”原则所遵循的是互利的现代组织理念。因此，八项管理原则实质上是提供一个现代组织在质量管理上的使命和目标，提供了其成功的关键和成功的方法动力，它是一个组织不可缺少的精神和理念。

现代管理理论认为，如果仅仅注重产品本身的质量，加强产品检验工作，建立和完善质量控制体系，而不注重围绕产品生产的各个环节是否得到有效的管理和控制，就无法保证产品始终如一的质量。ISO9000系列标准的主导思想就是不仅注重产品本身的质量能否满足顾客或市场的需要，同时注重对所有影响产品质量的活动实施控制，即对生产产品或提供服务的全过程实施控制，并事先考虑到各种风险，采取有效的预防措施，在各种资源上予以保证。其核心管理思想如下：

一是满足顾客的需要。这是ISO9000的宗旨。组织依存于顾客，一个组织的存在必须提供顾客满意的产品。对于审计机关，各项工作必须满足审计相关方的需要，努力提高社会公众的满意度。

二是过程控制的思想。对所有过程进行控制的思想是ISO9000标准的基本思想。ISO9000标准对过程控制提出了三个方面的要求，即明确过程网络、确定控制方式、实施控制措施。

三是预防为主的思想。质量的优劣不是由检验决定的，而是通过过程形成的，因此质量管理要强调预防为主，即事先分析影响质量的各种因素，找出影响质量的主导因素，采取措施将其消灭在形成过程之中，防患于未然。

四是持续改进的思想。质量改进主要通过修正和完善质量形成的过程来实现，这是一种以追求更高的过程效益和效率为目标的持续活动。持续的质量改进应是组织管理者追求的永恒目标。

五是制度化管理的思想。ISO9000标准要求组织建立并保持文件化的质量体系，制作并保存质量记录，明确内部质量审核程序和方法，形成制度化的管理体制。

由此可见，ISO9000标准具有较强的适用性，适用于各种不同的行业和组织，而且其过程控制，预防为主，持续改进的管理思想有利于实现审计管理系统化、规范化、科学化。因此，我认为，我国审计机关在审计质量管理实践中引入ISO9000标准，必将对全面提高审计质量管理水平产生积极影响。

（一）审计机关依法审计的必然要求。依法审计是审计机关一切行政行为的基本原则。审计机关行政权力的运用，最经常、最密切、最广泛地关系到社会公共利益和公民个人利益，必须加以规范约束。因此，审计机关不仅肩负行政执法的职责，还要充当遵纪守法的模范，这是依法审计的题中应有之义，也是相辅相成的两个方面。所谓依法审计，其核心就是审计机关行政行为的规范化，即韦伯所说“按章办事的运作”“受规则约束的运作”，遵循“非个人的制度”，是“形式主义的非人格化的统治”“不因人而异”。因此，审计机关在审计工作中，必须做到：一是按照宪法和审计法的规定，全面履行审计监督职责。审计机关作为政府的组成部门，贯彻落实依法行政、建设法治政府的要求，首先就是要按照宪法和审计法的规定，认真履行审计监督职责。假如这个职责履行不到位，必然造成审计监督的缺位。二是按照法律规定权限和程序，规范审计行为，提高审计质量。“职权法定”，法律一方面赋予审计机关以权力，同时也规定了这种行政权力的边界。这就要求审计机关在履行自身职能时，必须严格守法，在宪法和法律规定的权限和程序范围内开展工作，既不能失职不作为，又不能越权乱作为。

在当前社会主义市场经济的环境下，我国国家审计机关必须按照市场经济的规律和现代国家社会生活的通则，在与市场良性互动的过程中，建立法治化、规范化的管理模式和运行体系。只有做到管理健全、行为规范，审计机关才能树立良好的形象，为行政执法行为赢得更高的公信力和权威性。这就需要审计机关不仅在法律许可的范围内正确行使职权，还要牢固树立行政法人观念和公民意识，按照法治化的要求，严格遵守国家的各项法律法规，不断加强自身建设和内部管理，为社会公众提供更为高效和优质的服务。从这个意义上看，审计机关引入ISO9000标准对于有效转变思想观念，解决政策规范、决策程序、管理方式、操作技术等方面的法治问题，进而通过系统运作有效地提高依法审计水平，具有重大的意义。

（二）审计机关改进和加强审计管理的客观需要。建立健全科学的审计质量管理体系是改进和加强审计管理的前提。近几年，审计署在完善审计管理模式、改进管理手段、加强质量控制方面做了大量的工作，审计管理水平有了很大的提高。特别是审计署6号令的颁布实施，对审计机关规范审计行为、提高审计质量、防范审计风险起到了良好的保证作用。但由于各级审计机关管理水平和审计人员业务素质参差不齐，在实际工作中还存在管理“粗放”，基础管理相对弱化的问题，距离规范化、科学化的管理还存在一定差距。集中反映在：

一是制度规定得不到有效落实。我国审计机关经过二十多年的努力，已经基本形成了由审计法及实施细则、审计准则（包括基本准则、具体准则）、审计操作指南、各项规章制度等构成的审计管理体系。但从实践上看，由于缺乏有效的控制机制来确保这些管理制度和规定落到实处，一些审计机关没有严格执行这些管理制度和规定，审计质量管理还不同程度地存在盲目性和随意性。

二是审计质量控制薄弱，过程控制不够、缺乏持续改进的监督和制约机制。不少审计人员习惯于经验型、粗放型的管理，只注重工作结果，忽视过程的监控，审计工作存在一定的随意性，离依法审计的要求有较大的差距。对所产生的问题习惯于就事论事，头痛治头，脚痛医脚，采取纠正和预防措施不够，没有形成持续改进的机制，直接影响审计质量。

这些问题的存在，降低了审计机关的效能，制约了审计监督和服务职能的发挥。当前，随着我国法治建设不断深入和审计公告制度的推行，审计工作越来越为社会公众所关注，审计工作只有实现由粗放型向集约型转变，才能更好地履行审计监督职责，满足社会公众的期望。《审计署2003至2007年审计工作发展规划》中明确提出：“根据审计质量控制需要，进一步完善各项审计准则，吸取国际先进经验，进一步规范审计管理和审计行为。”因此，可以吸收国际先进的质量管理理念，以引入ISO9000标准为契机，探索科学的审计质量管理机制，更新审计理念、规范审计行为、提高审计工作水平。

（三）迅速提高审计机关审计管理水平的有效途径。审计机关要实现公共行政所追求的目标和价值体现，当前所面临的一个重要问题是如何有效提高审计管理水平和效率，实现审计工作职责明晰化，机构人员配置科学化。而ISO9000标准是一种动态的、系统的质量管理标准，为建立质量管理体系，提高产品和服务质量，提供了科学、系统的指导，对优化组织的内部管理，增强竞争活力，促进组织不断改进管理措施、保持持续发展和长期成功起着不可估量的作用。从实践看，该标准为组织提升管理水平、提高工作质量提供了一个结构严密的管理平台或框架，已为世界上不同类别和规模的行业和组织普遍接受。目前国内部分行政、司法单位引入该标准，构建与自身实际相结合的管理体系，取得了较好的成效，依靠该标准树立高效、低耗、廉洁、服务的政府形象，已成为政府机关管理现代化的一种新趋势。因此，审计机关引入ISO9000标准构建审计管理体系，可以学习发达国家的先进经验，打破常规思维，转变管理理念和手段，是深化审计质量管理、创新审计管理机制、迅速提高审计管理水平的有效途径。

（四）推进我国审计融入国际审计主流社会的需要。随着改革开放和社会主义市场经济体制的不断完善，特别是加入WTO之后，中国已走向世界，中国审计也必须融入国际审计的大环境之中，积极参与国际审计事务，加强对外交流与合作。为此，我们要学习和借鉴人类社会发展的一切文明成果，推行国际审计领域一些通行做法和成熟经验。2003年10月，在菲律宾马尼拉召开的最高审计机关亚洲组织（ASOSAI）第33次理事会上，将该组织第七个研究项目主题确定为“审计质量管理体系”，其主要目的就是为各成员国最高审计机关建立审计质量管理体系提供具体指南。目前，该研究项目已形成《审计质量管理体系指南》，其基本框架包括简介、领导决策、人力资源管理、审计业务开展、与相关各方的关系、持续改进六部分，这与ISO9000标准的基本要求高度一致。该指南还明确提出了“引入外部资格认证，如ISO资格认证体系，促使审计机关达到一定的质量水平”。由此可见，在审计质量管理中引入ISO9000标准，不仅是我国审计机关加强管理的需要，也是国际审计发展的一个趋势。

（五）审计机关树立和落实科学发展观的重要举措。当前，在审计机关引入ISO9000标准构建审计质量管理体系，也是贯彻和落实科学发展观、以科学发展观指导审计工作的一项具体实践。ISO9000标准有两项重要原则：一是以顾客为关注焦点，二是全员参与。这和科学发展观坚持以人为本的要求是一致的。而ISO9000标准强调要用系统的观点和过程的方法来分析和处理问题，与科学发展观要求的全面、协调、可持续发展以及统筹兼顾的观点也是一致的。ISO9000标准更加注重的是过程控制和持续改进。引入ISO9000标准，可以在审计机关逐步建立一个自我约束、自我改进、自我完善的管理机制，从而实现由经验型、粗放型管理向科学管理迈进。另外，ISO9000标准是一个国际公认的质量管理体系，需要通过外部审查和认证来对一个组织的管理制度作出客观公正的评价，这不仅有利于使审计机关的管理体系更加科学、公开、透明，而且有利于形成一种外部压力，迫使审计机关认真执行管理文件和制度，从而大大强化了制度的贯彻执行，促进了审计机关的制度化管理。

从ISO9000标准发展历程来看，质量认证主要运用于制造业和服务业，近年来推行ISO9000标准的热潮也在各行各业迅速展开，但许多人对于在审计机关中能否推行ISO9000标准还是心存疑虑。ISO9000标准虽然最早应用于企业，但早已不再局限于企业。尤其是2000版的ISO9000标准，本身是一个开放的体系，它取消了应用指南标准，强化了标准的通用性和原则性，适用于所有的行业和各种规模的组织，已成为目前使用范围最广的国际标准之一。国家审计是一个特殊的行业，它向社会提供的是审计产品，其审计活动虽有异于制造业和服务业，但审计管理的内在要求与ISO9000标准有许多共性。因此，在审计机关推行ISO9000标准具有可靠的理论基础。

一是ISO9000标准与审计质量管理的内在要求具有一致性。ISO9000标准的核心内容是：以满足顾客及相关方明确的或隐含的质量要求为目标，通过建立具有很强约束力的文件化质量体系，使各项质量活动及影响质量的全部因素（包括人员、技术、管理、设备等）都处于严格的受控状态，并通过不间断的质量体系审核机构管理评审，力求不断改进和提高质量管理水平，确保预期的质量目标得以实现。审计机关在管理上与制造业有许多相通或相似之处：审计机关的每一种业务活动都可以分解为若干个环环相扣、彼此制约的过程（这与制造业的“工序”类似），同样需要严谨、细致的分工协作；审计机关的每一类管理活动都可以划分为计划、实施、检查和处理四个阶段，同样必须做到有始有终、循环往复；审计机关的每一个最终产品即审计报告都是为特定的顾客（主要是本级政府和上级审计机关）开发的，同样要得到顾客的认可。审计机关在提供服务时同样面临着怎样满足顾客期望和需求的问题，同样需要建立和实施符合实际的质量管理体系，以对审计服务提供过程进行控制，控制不合格产品，防范审计风险的发生。从理论上讲，审计机关审计质量管理遵循的许多原则与ISO9000标准“系统管理、过程控制、预防为主、持续改进”的管理思想有许多相似之处。ISO9000标准既反映了审计质量的本质特性，又体现了审计质量管理的基本要求。因此，尽管ISO9000标准起源于制造业并且偏重于涵盖制造业的管理特点，但它所蕴含的管理原理和方法对审计质量管理工作同样适用。

二是审计机关引入ISO9000标准具有兼容性。在审计质量管理工作中引入ISO9000标准，从实质上讲，就是要求审计机关建立和运行一个符合ISO9000标准的质量管理体系。而事实上，审计机关在引入ISO9000标准前，都有一套审计工作规章制度、内部管理制度、业务操作规程等工作制度，具备了质量管理体系所要求的组织结构、职责、程序、过程和资源等基本条件，只不过这些制度没有得到有效整合，不够系统，不够全面，不一定完全满足ISO9000标准的要求而已。引入ISO9000标准的目的是为了审计机关能够按ISO9000标准的要求来健全其质量管理体系，整合原有的规章制度，优化各种业务流程，使之趋于完善、科学和有效。因此，准确地说，ISO9000标准提供的是一套有效的保障机制，在这种机制下，任何制度、规定、要求都会被分解量化，落实到各个岗位，并形成对岗位的一种要求，然后通过过程控制和定期的数据收集、分析，发现苗头性或倾向性的问题，通过制订纠正和预防措施及时加以改进，在此基础上形成新的目标，并进入一个新的、更高的循环。可见，ISO9000标准与原有规章制度更多地表现为形式和内容、手段和目的的关系，二者之间并不存在谁否定谁、谁代替谁的问题，不是“两张皮”。

三是审计机关引入ISO9000标准具有良好的现实基础。经过多年审计管理经验和机构改革经验的积累，审计管理机构和组织结构日趋合理，各级领导充分认识了审计规范化管理的积极意义和对完成各项审计任务的保证作用，这为实施ISO9000标准提供了强有力的组织保证。通过多年来各种形式和卓有成效的培训教育，全体审计干部充分认识到审计规范化管理对审计工作的积极促进作用，全员规范化服务意识和素质明显提高，这为实施ISO9000标准提供了强有力的群众基础。通过全体审计人员的不懈努力，审计执法水平、审计服务水平、审计管理质量、审计电子化应用水平已有明显提高，这为实施ISO9000标准提供了充分的执行保证。经过多年审计实践，审计规章制度、审计执法程序和审计工作表、单、证、书日趋完善，这为实施ISO9000标准提供了较为完善的文件基础。所有这些，说明审计机关引入ISO9000标准不仅必要，而且有现实可能。

四、审计机关如何组织实施ISO9000标准

ISO9000标准自1987年发布以来，在全球性得到广泛推广。目前，ISO9000标准已被全世界许多国家等同采用为国家标准，全球已有150个国家和地区的50多万个各类组织引入ISO9000标准并获得第三方认证。随着ISO9000标准的不断完善，其应用领域也从生产领域和私营组织不断扩大到服务领域和公共组织。目前，质量管理已成为公共管理的重要组成部分，ISO9000标准也越来越受到世界各国公共行政部门的重视，美国白宫、英国唐宁街、澳大利亚及新加坡政府等都先后引入了ISO9000标准。自20世纪90年代中期以来，马来西亚、新加坡、阿拉伯联合酋长国、墨西哥等一些国家也将应用ISO9000标准作为改善政府服务的重要措施，并取得实效。从我国的情况看，1992年，我国以等同方式采用了ISO9000标准，在原国

家进出口商品检验局、原国家质量技术监督局等部门的大力宣传发动下，我国生产企业掀起了推广应用ISO9000标准的热潮。目前，我国通过ISO9000认证的组织已超过10万家，居全球之首，占全球ISO9000认证数量的近20%。我国的一些行政部门自20世纪90年代末也开始引入ISO9000标准。在应用ISO9000标准的行政部门中，有检验检疫局、质量技术监督局、税务局、邮政局、地方人民政府、公安局、检察院、工商局、外经贸局、环保局、房产局、铁路局、开发区管理委员会、行政审批中心、海关、监察局等。其中，江苏检验检疫局以及深圳国税局和技术监督局各自开创了本系统ISO9000认证的先河，并带动了本地区其他公共部门的ISO9000认证工作。北京、天津、上海、四川以及香港、澳门特别行政区的部分行政机构也已先后实施了ISO9000标准。其中，北京海淀区政府、广东省珠海市金湾区政府和江门市政府、四川省成都市金牛区政府整体启动ISO9000认证，引起广泛关注。所有这些实践，为审计机关实施ISO9000标准进而寻求质量体系认证提供了可资借鉴的经验。

贯彻和实施ISO9000标准是用国际公认的质量管理体系标准对现行的审计质量管理体系有针对性地整合、改进和完善的过程，是用科学的、先进的管理理念改变传统的管理模式的过程，可以实现业务标准化和管理工作程序化、建立完善的技术标准和工作质量标准，建立完善的质量信息传递和反馈系统，最终实现审计工作的规范化，全面提高审计质量。因此，我认为，作为一种改革创新的举措，在审计机关引入ISO9000标准构建审计质量管理体系的基本思路就是运用标准所蕴含的过程控制和系统管理的方法，同时把握审计工作的规律和特点，对审计质量管理的全过程进行识别，并进行系统管理，以实现全员、全过程、全方位的控制。基本思路如下：

（一）准确理解、识别“产品”和“顾客”。一个组织实施ISO9000标准的核心目的就是建立一种寻求使顾客满意度持续提高的过程，因此，界定“产品”和“顾客”的概念，识别不同层次顾客的需求，是引入ISO9000标准的首要工作。只有全面、准确地认识审计工作的“产品”和“顾客”，用“以顾客为关注焦点”的原则来指导审计工作，才能明确审计工作的目标宗旨，把握审计工作的服务方向，提供满足或超越顾客需求的产品。按照ISO9000标准的定义，产品是“过程的结果”，顾客是“接收产品的组织或个人”。因此，作为审计活动的结果，审计报告、审计决定、审计移送处理书以及通过审计活动衍生出的专题报告、信息简报等，就可视为产品。而利用这些产品的组织或个人就是顾客。目前，从国家行政机关的特点以及实际的操作性来看，对顾客的界定较为复杂。我认为，要准确定义审计工作的顾客，不能脱离国家机关的行政管理关系，同时必须考虑审计工作的特殊职能。因此，可以从三个层次上界定审计工作的顾客：第一层次的顾客，即审计产品直接的使用者。根据国家审计机关的机构设置，对审计署来说，顾客就是全国人大和国务院；对审计署的派出单位如驻地方特派员办事处来说，审计署就是第一顾客。第二层次的顾客，是社会公众。因为随着审计公告的推行，审计工作越来越公开化和透明化，社会公众对审计工作的关注度日益增强。通过审计活动所反映出来的信息，社会公众可以了解和评价政府工作的效率和效益。所以社会公众是审计机关的重要顾客。第三层次的顾客，是被审计单位。对于这种提法，目前争议较大。许多学者认为，被审计单位是审计机关监督的对象，如果视为顾客，审计工作的产品就要满足顾客需求，这显然和审计的工作职责相矛盾。对于这种观点，我认为，政府应该是服务型的政府，审计不仅有监督的职能，同时还具有服务的职能。监督是手段，服务是目的。从宏观层面来看，这种服务强调与社会的科学发展相适应，它既不是审计监督的妥协，更不是审计职能的错位，而是审计视角的拓展，监督到位了，本身就是对科学发展的服务；从微观层面来看，国家审计的对象主要是各级政府及其各部门的财政收支，国有金融机构和企业事业组织的财务收支等，这些机构和组织也有借助审计来发现问题、提高管理水平的需求。因此，被审计单位也应该是审计机关的顾客。

（二）构建审计质量管理体系的基本框架。根据ISO9000标准的要求，审计质量管理体系应由质量目标体系、文件管理体系、资源管理体系、业务流程控制体系、过程监测体系和持续改进体系六部分构成。

一是质量目标体系。质量目标体系主要包括组织的质量方针和质量目标。通过质量方针和质量目标的设定，可以为审计工作提供关注的焦点，确定预期的结果，有利于审计机关合理配置资源以达到最佳效果。

质量方针是一个组织总的质量宗旨和方向，体现了组织在质量管理方面的远景规划和发展蓝图，是组织追求和努力的方向，并为制定质量目标提供了基本框架。审计机关作为国家的执法部门，自身性质和特点便决定了它在社会经济生活中的特殊地位，也决定了它自身独特的运行方式和内部的一些运行规则。因此，审计机关制定质量方针，应根据审计在国家经济活动中的定位，遵循“独立、客观、公正”的审计原则和“依法审计、服务大局、围绕中心、突出重点、求真务实”的审计工作方针，结合审计队伍的专业结构和数量、法治建设和审计技术水平等内部资源，客观准确地评价现有的管理水平和改进的方向，从而使质量方针能够紧扣时代要求、符合行业特点、易于理解和掌握，反映审计质量管理的本质要求。

质量目标是组织在质量方面所追求的目的和与质量有关的预期应达到的具体要求、标准或结果。质量目标通常根据质量方针确定，应是可测量的。质量目标设计是否科学合理，体现了审计机关的工作导向，直接影响到考核的准确性和有效性。一般而言，质量目标应力求细化、量化、全面。长期以来，审计机关设定的工作目标一直从“德、能、勤、绩、廉”五个方面考虑，但原则性规定多，缺少细化的指标设计，定性有余，定量不足，不易测量。因此，根据ISO9000标准的要求，在制定审计质量目标时，应围绕当前审计工作的重点，针对相关的部门及岗位的职能或审计活动各环节的具体质量要求，充分细化和具体化，尽量落实到具体数量，以利于测量和比较，例如审计发现大要案线索的件数、审计信息被采用的篇次等。

二是文件管理体系。ISO9000标准要求将审计管理的全部要求和规定，形成系统的文件化管理体系，为审计活动全过程的质量控制提供了标准化、规范化的依据，以支持审计质量管理体系的有效运行。

由于不同组织面对的工作对象及要处理的事物复杂多样，而且不同的部门所处的工作环境、工作内容及其工作目标也不尽相同，因而ISO9000标准对质量体系文件的编写也只有统一的原则性要求，而没有提供具体做法，不同的部门可以根据自身的实际情况对标准中的条文进行适应设计，但必须达到标准所规定的要求。审计机关在编写质量体系文件时，要从单位的实际情况和整体工作角度出发，文件设立时应遵循充分必要的原则。所建立的质量体系文件要具备整体性、实用性和可靠性。因此，审计机关的质量体系文件可由三部分组成，即三层次结构：

第一层：纲领性、指导性文件，是体系的主体文件，包括质量手册。质量手册就像一套产品图纸的总图，表述了各类部件或组件的结构和功能之间的关系。

第二层：程序性文件，对审计工作主要流程和相关管理活动做规范性要求。程序文件好比一个个的部件或组件图，归纳了部门及其职能之间的共同要求和相互协调关系。

第三层：支持性文件，即制度文件和质量记录。包括为确保质量体系有效运行所需的基本规章制度和用于反映质量管理体系运行过程中的各种工作轨迹的记录表单。支持性文件好比一个个具体的零件图，描述过程的具体操作步骤和要求。

质量体系文件的编制，可以使审计机关在质量管理组织机构、质量责任、质量活动程序、质量过程及相互作用、资源和人员配置等方面得到明确规定，满足ISO9000标准中所定义的质量管理体系——“为实施质量管理的组织结构、职责、程序、过程和资源”的要求。

三是资源管理体系。提供资源支持是执行和维持质量管理体系的需要，资源管理体系是在识别各种过程和相互关系的基础上，根据不同过程的需要配置相应的资源。同时，科学地设置部门和机构以管理不同类别的过程，明确各部门的职责，分解相关的质量目标，并赋予其相应的权限以确保职责的履行和目标的实现。

对于审计质量管理体系，资源，特别是人力资源，是保证审计工作正常有序开展的必不可少的要素。审计机关应在识别审计活动各种过程和相互关系的基础上，建立科学的资源管理体系，根据不同过程的需要，合理配置人才资源、财力资源和物质资源等各类审计资源。

四是业务流程控制体系。“流程”是将输入化为输出的一组相关活动。组织应对业务流程和它们之间的接口进行分析和改进，并且加以识别控制，以提高组织的运行效率。

对审计机关而言，为保证审计质量管理体系功能的有效发挥，应当根据审计产品质量的产生、形成和实现的特点，对审计活动的整个流程进行全面梳理，对影响每个环节的管理、人员、环境等因素逐个加以分析，从系统的角度进行总体策划、协调、优化，从而对产品质量形成的全过程及有关的质量活动实施全面、有效的控制，保证审计机关的质量方针、目标得到实现。按照审计业务循环，在识别审计过程时应考虑：既要考虑直接质量管理活动过程（包括审前调查、审计实施、审计报告、跟踪落实、审计信息等），也要考虑间接质量管理活动过程（包括人力资源管理、计算机及网络设备管理、顾客满意度调查等），并注重过程间的配合和协调。识别关键控制环节，制定程序文件。程序文件应包括审计准则、管理规范、规章制度、操作指南以及各种记录表单等。程序文件应按“5W、1H”内容进行编制（What，Who，When，Where，Why，How，即做什么事，由谁来做，在什么时间，在哪里做，为什么做，如何做等），编制时必须符合PDCA原则，而且要通过运行实践，进行不断的修订和完善，使之科学有效。

五是过程监测体系。审计质量过程监测体系实际上是对审计工作进行全过程、全方位质量管理的一套操作系统，是保障审计质量不断提高，加强自我约束的有效机制。从管理学的角度讲，审计质量监测体系的建立与运行对审计机关的工作可以起到多方面的积极作用。首先，可以及时获得审计工作的各个要素、各个环节和工作状态并进行判断；其次，可以对产生的问题及时纠正，并追究相关人员的责任；第三，可以对发现的问题进行系统分析，提出相应的预防措施。建立过程监测体系，要遵循审计工作规律，对审计过程进行评价与调控，使之达到最优化状态，同时要体现预防为主的原则，为改进提供便利。

六是持续改进体系。持续改进是ISO9000标准的基本原则之一，也是质量管理体系的精华所在。它吸收了全面质量管理的思想和方法，包括了改善产品的特征及特性、提高过程有效性和效率所开展的所有活动，从确定、测量和分析现状，建立目标、寻找解决办法、评价解决办法、实施解决办法、测量实施结果，直到纳入文件等一系列不断的PDCA循环。

审计机关建立、健全和实施质量管理体系是一个动态过程，任何一个质量管理体系的建立和实施都有一个逐步完善的过程，旧的问题解决了，薄弱环节加强了，新的问题又会暴露出来，需要去探索、去认识、去解决。因此，建立持续改进体系，就是要不断寻找薄弱环节，针对已存在或潜在的问题，采用适当的统计分析工具进行分析，并找出产生的原因，采取纠正和预防措施杜绝类似情况的再次发生，从而建立自我完善的机制，使各项工作不断地持续改进。

上述六个按照ISO9000标准建立起来的体系，是一个有机联系的整体，统一在审计质量管理体系的框架之中。通过确定质量方针，设定和分解目标，落实岗位职责，合理配置资源，加强过程控制和持续改进的循环过程，构建起一个系统的、有序的具有自我纠错能力的审计质量管理体系，从而使体系得到不断完善和发展，实现审计质量螺旋式上升。

审计机关在引入ISO9000标准构建审计质量管理体系时，可以根据实际情况，采用以下几种技术方法：

第一，业务流程重组。业务流程决定着组织的运行效率。用ISO9000标准的管理思想来重新审视审计机关目前的审计业务流程，由于管理体制和管理手段的制约，传统的审计业务流程存在一些弊端，例如各职能部门各自为政，只重局部管理，不看整体流程，造成工作中相互推楼、脱节的现象时有发生；审计业务流程不完善，在一些重要环节缺少具体规定和监督检查，导致审计行为不规范等。因此，需要采用业务流程重组的方法，打破职能部门的业务壁垒，剔除无效作业，以系统、完整的过程取代以往的各部门分割、难于管理的过程，从而规范审计行为，提高机关的运行效率和管理水平。

审计业务流程的重组应从审计机关的管理现状出发，可考虑从以下几个方面入手：一是以满足顾客需求为核心，创新审计业务流程。例如目前审计系统的内部竞争十分激烈，审计机关面临的一个重大的挑战是如何提高自我的核心竞争力。在本质上，一个组织的竞争力取决于组织中人的竞争力。因此，要提高审计机关的核心竞争力，关键是如何提高审计人员的责任心和积极性。为此，可以考虑对原有的审计业务流程进行创新，如实行审计项目招投标等。二是以提高审计工作效率为目标，对审计业务流程进行系统化整合。可以把审计业务流程分为主要流程和辅助流程，通过职能分析确定各部门在整体流程中的定位，明确各个子过程和子系统之间的衔接方式，形成有效的管理体系。三是以降低审计成本为重点，改进审计项目计划管理，优化审计方案，在审计项目中全面实施成本控制。通过对审计经费的严密控制，降低审计成本，提高工作效率。

四是以提高审计产品质量为目的，完善审计业务流程。例如增加审计组会议制度、审计组请示汇报制度等，提高对审计业务流程中关键环节监督控制的有效性。

第二，目标管理和绩效考核。目标管理指组织中的上下层级人员通过沟通、激励、分权和参与过程，共同设定组织及各部门的目标，建立其个人的工作目标与职责，并在一定期限内或年终依所设定的目标和基准来评价个人、部门与组织的成效。运用目标管理，可以将组织及各部门的目标和组织中成员的目标结合起来，将组织的目标和任务落到实处。

绩效考核和目标管理是相辅相成，它是对员工职责履行程度、工作目标完成情况进行公正的评定，并将评定结果与分配、晋级、人才选拔挂钩。目标是绩效考核的前提，只有建立起目标，考核才有依据。而只有进行有效的绩效考核，发现目标实现的差异性，才能对实施过程中的目标、行为进行调整。

审计质量管理工作是一项系统工程，而目标管理和绩效考核是系统工程中的具体内容。目前审计工作中出现的诸多问题，如审计行为的不规范等，都没有明确的责任追究机制，致使审计人员在思想认识上，容易缺乏风险意识和责任意识。实行目标管理和绩效考核是强化风险意识，调动积极性，提高管理水平的有效手段。

实施目标管理和绩效考核的要点是：

一是制订目标。要根据审计工作方针，以提高管理水平为目的，采取协商的方式，鼓励全体人员积极参与，拟订合理的目标。

二是分解目标。应从审计机关的战略发展目标开始，然后分解到各职能部门，再分解到具体的岗位和审计项目，构成一种锁链式的目标体系。

三是组织实施。要强化自我检查、自我控制和自我管理，加强检查，及时纠正实施过程中与预定目标之间的偏差，重视信息反馈工作，随时了解目标实施过程中的动态情况，以便采取措施、及时协调，使目标能顺利实现。

四是考核评价。要对各级目标的完成情况，事先规定出期限，定期进行考核。对于最终结果，应当根据目标进行评价，并根据评价结果进行奖罚。经过考核评价，使得目标管理进入下一轮循环过程。

第三，职位分析。职位分析是审计机关人力资源管理的一种基本方法，也是审计质量管理体系的重要内容。科学地进行职位分类，有利于加强审计机关的人力资源管理，建立合理高效的管理机构，是实现人与事的合理结合，做到人适其职、职得其人的前提条件和必要手段。科学地建立职位规范，实行统一的管理标准，也有利于合理使用人才，正确评价人才。

审计机关实行科学的职位分析，应遵循以下原则：首先，需要原则。职位分类应以事为中心，从客观需要出发。在考虑某个职位是否设置的时候，应从组织整体出发，分析它在系统中发挥的作用而确定。其次，最低职位数量原则。职位的数量应限制在有效完成工作任务所需职位的最低数，以最少的费用支出获得最理想的工作效益。第三，有效管理幅度原则。审计机关中管理职位的设定，其数量应符合有效管理幅度原则，使每个管理人员能对下属人员进行有效管理。

第四，信息系统分析。在任何一个组织中，质量管理都是通过对过程的控制和管理来实现的。一般来说，又可分为两个方面：一是对过程中人流、物流和信息流的结构和正常运行的控制；二是对过程中人流、物流和信息流的人、物和信息质量的控制。依据实际情况，识别、设计、组织和控制好每个过程中人流、物流和信息流的这两个方面，形成一个正常运作的过程网络，实现有效的质量管理。ISO9000标准本身是标准化的管理体系，但不是一个实体性的体系，它只是提供一套管理标准，一系列加强管理、保证质量的理念、原则、方法和程序。至于如何实施，还要从各个组织的实际出发，予以具体化，并有所发展和创造。ISO9000标准侧重的是标准化方面的内容，但标准化不能取代业务的优化，不同的组织，建立的质量管理体系也不同。因此，在审计质量管理中引入ISO9000标准，应注意处理好以下几方面的关系。

一是继承与创新的关系。就制度本身而言，ISO9000标准理论主要建立在国外质量管理思想基础之上，依据PDCA循环理论勾勒出影响组织产品质量的诸多环节，并强调要提高组织产品质量，就必须对这些环节进行有效的控制。但是ISO9000标准并没有也不可能明确制定出控制的具体方法及量化目标，所以从根本上说，ISO9000标准只是一种方法和模式，它不能脱离现行的制度规定而独立存在。同时，审计工作错综复杂，新情况、新问题层出不穷，希望通过一个质量管理体系来解决现行审计管理中所有的矛盾和问题，是不切实际的，也是不可能的。必须认识到在客观实际工作中，原有的管理办法在许多方面仍发挥重要作用。因此，在审计质量管理中引入ISO9000标准不是对现有管理体系和制度规章推倒重来，而是要充分把握审计工作的规律，借鉴和利用过去一些好的行之有效的制度和做法，注意吸收其中有价值的东西，以避免出现制度建设上的重复劳动和新旧制度间的不协调等问题。但这种继承也不能照搬照抄，不能把贯彻ISO9000标准理解为是规章制度的改头换面，而要吸收现代管理的最新成果，用系统论、信息论和控制论的思想去设计整个审计质量管理体系，要体现创新、体现特色。

二是形式与内容的关系。从根本上说，在审计质量管理中引入ISO9000标准，更多地是一种形式，一种手段，其目的和内容就是通过创建管理载体，建立持续改进的机制，以增强质量意识，规范审计行为，提高审计工作质量。因此，贯彻ISO9000标准这一种形式必须为提高审计工作质量这一内容服务。在具体工作中，就是要正确处理好二者之间的关系，不要生搬硬套，食洋不化。同时，更重要的是在建立这个体系后，要不折不扣地去执行它、利用它、维护它、完善它，其价值才能充分体现出来。否则再好的管理手段和管理方法也不能有效地发挥作用，审计机关在贯彻ISO9000标准工作中所倾注的人力、物力、财力、时间也必将白白浪费。

三是质量与效率的关系。ISO9000标准只能用来证明组织有能力提供满足顾客质量要求的产品，并没有降低管理成本的能力。相反，如果原有行之有效的管理没有通过ISO9000标准继承下来，而是另起炉灶，则可能增加冲突、降低效率，增加管理成本。在体系维护过程中，如果掌握不好平衡，编制过于细致、苛刻的记录要求，那么反过来也会影响主要工作的开展，增大管理成本。另外，由于当前审计机关所面临的一个很大的问题就是审计资源的匮乏，因此，在有限的审计资源约束下，如果过分专注于对审计活动过程一些细小环节的严格控制，不仅质量控制的目标难以实现，而且会由于忽视审计业务的关键环节，而降低审计效率，影响审计成果。所以，在建立审计质量管理体系的问题上，不能搞烦琐哲学，把质量管理体系搞得很复杂，导致质量管理成本太高。总的看，整个质量管理体系的建立，还是要按照少而精、管用的原则来考虑，要在保证质量、规避风险的前提下，兼顾质量和效率的关系，注意在质量和效率之间找到最佳的结合点。为此，必须找准质量控制点，制定合适的工作目标和质量要求，增强各规程的可操作性，以把质量管理成本调整到合理的水平。

四是制度与文化的关系。ISO9000标准的重要特征是文件控制和管理文本化。一方面，通过强调过程控制，明确了各部门、各岗位、人员工作职责，使得每一个人都知道自己应该干什么、何时干、如何干、干得怎么样、如何自我评估和自我控制；另一方面，制度的约束也可能助长干部的依赖性，进行机械的、被动式操作。掌握好规范化的“度”的问题，一定要针对对象系统及任务的性质明确规范，使规范内容合理、宽严与详略适度，防止因过分注重规范而降低组织的反应能力，陷入“机械式组织”的泥潭。如何用先进的理念武装每一位干部，如何使干部从被动管理向主动管理的转换，如何营造浓厚的管理文化氛围，充分发挥主观能动性，提高干部素质，是审计机关引入ISO9000标准需解决的重要课题。

五、审计署成都特派办引入和实施ISO9000标准的成效明显

审计署成都特派办（以下简称成都特派办）组建于1988年，是国务院批准成立的第二批审计署驻地方特派办。根据审计署授权和安排，成都特派办主要承担对中央在四川省和西藏自治区的国家机关、企事业单位、金融机构、固定资产投资与专项资金进行审计监督，以及审计署交办的其他审计任务。自建办以来，成都特派办先后对上千个国有单位实施了审计和审计调查，查出了大量的违纪违规资金，增加财政收入数十亿元，并向审计署、国务院报送大批审

计信息材料。近年来，成都特派办按照“全面审计，突出重点”的指示精神，大力查处经济领域里的违法犯罪问题，发现并移送多起经济违法违纪案件线索，追究多人的刑事责任和行政责任，多件重大问题专题报告和审计信息简报被中央领导批示。

虽然成都特派办在维护国家经济秩序方面取得了较好的成果，但是随着我国法治建设不断深入和审计管理日益规范化，特别是审计公告制度的推行，要确保审计成果的可信性，维护审计机关权威，仍必须高度重视审计工作质量。

近几年，审计署为了加强对审计质量的控制，发布了多个国家审计准则，并专门制订了控制审计项目质量的文件审计署6号令。成都特派办通过贯彻这些制度规范，审计工作得到进一步发展，审计质量有了较大的提高。但由于管理还较为粗放，工作中仍然不同程度地存在重结果、轻过程，重业务、轻管理，以及管理的系统性不强、过程控制不严、缺乏有效的业绩考评机制等问题，这既影响了审计署6号令等制度规范的执行效果，又降低了机关工作的效能。针对这些问题，成都特派办对管理工作怎样深化，如何进一步提高审计质量进行了重新审视和反思，提出了引入ISO9000标准的设想。

从2004年4月开始，成都特派办就行政机关引入ISO国际质量管理体系标准的适用性、实际效果，专程到包括全国检察系统第一家通过认证的什邡检察院在内的3家司法、行政机关走访考察。调研中，明显感到，该标准所包含的系统管理、过程控制、持续改进等管理原则，符合审计署建立审计质量控制体系的构想。特别是以过程控制为基础的质量管理体系模式，为加强审计过程控制，明确审计责任，建立责任追究制度和科学的考评体系提供了重要平台。在这种情况下，成都特派办党组经过审慎决策，首次提出引入ISO9000国际质量管理标准，并于2004年6月，正式启动了引入ISO9000标准、构建审计质量管理体系的探索工作。经过一年多的努力，成都特派办建立的审计质量管理体系于2005年11月下旬顺利通过了中国质量认证中心的审核认证，标志着成都特派办规范化管理又迈出了新的重要步伐。审计署对成都特派办在审计质量管理中引入ISO9000标准十分关注，于2006年1月派出调研组到成都特派办进行调研。2006年2月8日，李金华审计长及署有关领导还专门听取了成都特派办管理创新工作汇报，充分肯定成都特派办的管理创新工作，同时作出重要指示，提出明确要求。

在审计机关建立ISO质量管理体系是一项全新的系统工程，成都特派办在建立ISO质量管理体系过程中，也经历了一个从不认识到认识、从模糊到清楚、从畏难到接受、从不自觉到自觉的过程。之初，不少人对ISO质量管理体系是否适用于审计机关存在疑虑，甚至认为ISO质量管理体系只适用于企业，只针对产品；有的对ISO质量管理体系是否能够在审计工作中产生预期的效果抱怀疑态度；还有的对开展这项工作需要付出的艰苦工作产生畏难情绪，怕影响审计工作的正常开展。为了解决这些问题，办里采取了抽调专门力量、由点带面、分步实施、扎实推进的方法，推动认证工作深入开展。

ISO9000标准与审计工作的结合是一个新生事物，是一项创新性工作，必须依靠创新思维，把ISO9000标准引入审计工作的各个方面，建立一整套既符合ISO9000标准要求、又符合审计工作实际的质量体系文件。为此，成都特派办采纳质量管理体系中推行和提倡PDCA循环质量控制原则，于2005年成立了由30多人组成的体系文件编写小组，全面梳理与审计工作有关的法律法规、政策、规程、规章等各类文件277个，制定修订管理制度32个，绘制工作流程图和图表数百张。围绕“做什么、由谁做、何地做、何时做、怎样做”的六要素，按照继承和创新相结合的原则，经过大半年研究和艰苦努力，几易其稿，创造性地将ISO9000标准先进的管理理念运用到审计质量管理体系的建设中，并将审计过程和与之相关的行政管理、人力资源管理等一并纳入了体系的控制范围，形成全过程控制、全方位覆盖、全员参与的审计质量管理体系。2006年，成都特派办组织专门力量，按照“以质量目标为导向，以规范管理为手段，以保证审计质量和提升审计成果为核心，以人、法、技建设为保障”的指导思想，对审计质量管理体系进行了全面优化，使得审计质量管理体系结构更严谨，逻辑更严密，关键控制点更加清晰，操作性进一步增强。2007年，成都特派办按照“精简、适用”的原则，进一步完善审计质量管理体系，新制订、修订了有关制度43个，并对体系中的绩效考核内容进行了完善，同时还强调部门责任，加大日常检查、专项检查和考核的力度，着力抓好体系的落实运行工作。

按照ISO9000标准的要求，成都特派办把“产品”定义为“审计活动及其成果”，把“审计署、社会公众、被审计单位”作为质量管理体系中的“顾客”。以顾客为关注焦点，打造满足“顾客”要求的精品成为成都特派办人工作的宗旨。结合自身实际，确定了“依法审计、规范管理、廉洁高效、和谐发展”的质量方针，明确了“审计任务完成率为100%”“审计决定执行率为100%”“违反法定审计程序的事项发生率为零”“对来信、来访等举报其他单位和个人涉嫌违法违纪事件的处理率为100%”“对投诉或举报我办人员违纪事件的处理率为100%”“工作中重大责任事故的发生率为零”“持续改进质量管理体系和行政管理体系，促进审计工作的全面发展”的七项承诺，制订了“根据历年年度考核结果确定当年考核各处室应达到的最低分和全办的平均分，力争在审计署综合考评中被评为优秀等次”的质量目标。同时，结合各部门实际对全办质量目标进行了量化分解，形成了处室共性目标考核、综合处室职责履行情况考核、审计项目考核以及各工作岗位考核等多层次的、系统的质量目标管理体系。

通过清理和修订制度，成都特派办形成了既注重结果更注重过程的质量管理文件体系。该体系适用于全办审计业务及与审计业务相关的综合管理事项，包括《质量管理手册》《工作文件汇编》和《质量管理记录表单》三个层次。其中，《质量管理手册》是审计质量管理活动的纲领性文件，是开展审计质量管理活动的总体要求。《工作文件汇编》和《质量管理记录表单》汇集了成都特派办制定的55个文件和102个记录过程及结果的表单，是体系运行的基础。上述三个层次的文件体系互相关联、互相支持，是一个开放的、立体的文件体系。这个文件体系对成都特派办每个岗位的工作职责，每项具体工作的操作程序以及工作中使用的质量记录表单作了明确的界定，通过不断持续改进，其完整性、规范性、实效性和可操作性得到逐步增强。本文以资源体系文件和业务质量控制体系文件为例，说明其效果。

一是资源体系文件。成都特派办通过制定《人力资源管理程序》《计算机设备及网络系统管理控制程序》以及与之配套的13个支持性文件，明确了资源配置情况，确保质量管理有效运行。按照审计业务过程以及内部管理过程的要求，梳理了岗位职责体系，设置了56个工作岗位，对每个岗位都明确了职责。拟订了岗位职务说明书，对胜任各个岗位所要达到的教育程度、培训程度、工作技能以及工作经历等都提出了具体要求。在基础设施以及工作环境的优化上，进行了明确分工，落实了责任部门，对办公场所、固定资产及其他应标识的物件全部进行统一标识，所有固定资产全部建立台账并统一管理。通过资源体系的建设，既确保了有限资源发挥最大的作用，又识别、管理和控制了工作环境因素，保持良好的工作秩序，营造团结协作、轻松和谐的工作环境，提高工作人员的积极性。

二是业务质量控制体系文件。该文件体系涉及审计业务的各个环节、各个层面，包括《审前调查和审计实施方案编审控制程序》《审计实施过程控制程序》《审计报告编审及审计处理控制程序》《审计决定及审计移送处理事项落实情况跟踪检查控制程序》《审计信息编审控制程序》5个主要控制程序文件和相关支持文件、记录表单等。该体系不仅涵盖了审计署6号令及相关审计准则，而且还对有关规定进行了补充和完善，如结合成都特派办工作实际，制定完善了《审计组现场管理暂行办法》《审计组及审计人员请示汇报制度》《审计组会议制度》等各项规定。同时制定了《审计项目质量责任追究暂行办法》等控制制度，对违反规定的审计行为及出现审计质量问题的责任人进行追究和处罚。此外，成都特派办还按照审计署6号令的要求，编制了审计项目质量控制流程图，梳理出了65个审计工作环节及17个关键控制点。

成都特派办还注重贯彻ISO9000标准中“全面受控”的基本思想和“持续改进”的基本原则。

“全面受控”是质量管理体系的基本思想。首先，在质量管理体系的策划时，将每一个管理要素、每一项管理活动、每一个管理过程都置于受控状态，使其具有可控性。其次，对管理体系的运行，制定了相应的程序文件和作业指导书，对每个管理活动和过程，明确归口管理部门，实行动态监控，不定期现场检查，对在检查过程中发现的不符合项，填写《不符合项调查处理单》，并对不符合事项采取相应的纠正预防措施。最后，成都特派办在导入ISO9000标准过程中，设计了102个各类记录表格，完整保存审计管理过程各环节运行的原始记录，随时再现每个管理过程，追溯问题的根源和责任人。

“持续改进”是ISO9000标准的基本原则之一，也是质量管理体系的精华所在。按照质量控制体系PDCA循环法则，成都特派办编写了《顾客满意度测评控制程序》《内部审核控制程序》《不符合项控制程序》《纠正和预防措施控制程序》等四个改进程序。成都特派办先后培训出41名内审员，在体系运行过程中，组织了三次内部审核，审核组充分发挥审核、检验和辅导作用，对审计管理各项工作全面检查审核。在内部审核后，对质量方针和质量目标的适宜性、纠正和预防措施的实施情况等方面进行了管理评审，确定了需要改进和完善的重点，按纠正和预防措施程序实现了改进，开展了扎实有效的工作，从而使监测改进工作日趋完善，确保了体系运行的有效性。

按照ISO9000标准要求，办内每年至少组织一次内审，按照PDCA循环模式，不断发现和改进存在的问题和不足，持续地进行自我改进。从实践来看，ISO质量管理体系在成都特派办运行4年多，已取得明显效果：

（一）建立一个严密的审计质量管理机制，形成全员参与、全面控制、高效运转、不断改进的管理体系，实现管理模式的变革。

成都特派办将ISO9000标准引入机关管理后，一方面，规范了相关的管理活动和职责，理顺了内部管理关系，使机关的各个管理层面、各个操作过程、各个工作环节既相互制约、又相互促进，满足了管理科学性、系统性、规范化的要求，克服了以往管理中存在的基础管理弱化、内部协调不畅等问题，明确了职责、规范了程序、改进了管理；另一方面，由于建立了内部审核和管理评审制度，综合部门不定期审核和办理每年进行的内审、管理评审，能够在审核中发现问题，并采用内部纠正措施，限期及时纠正，从而确保了管理体系实现全面控制、高效运转。

（二）确立“职责明确”“过程控制”“预防为主”“持续改进”的审计业务管理机制，质量管理工作跨上一个新台阶。成都特派办的审计质量管理体系综合考虑了审计业务工作紧密相关的组织结构、程序、过程和资源等各方面的因素，明确了审计工作过程的控制要求和审计工作质量的验证要求，建立了一套预防和处理不符合要求的审计业务工作的机制。不符合项调查处理单的开具和统计，使平时忽略的“小”事变成了“大”事，每件事都做到记录在案，提高了大家对问题严重性的认识。同时，通过对不符合项进行统计分析，找到问题多发领域及原因，并将有关情况在全办范围内通报，进行警示和预防，起到举一反三作用。

（三）ISO9000管理模式所具有的完善的检查监督机制确保了各项制度的贯彻执行，使制度化管理落到实处。成都特派办通过内外部信息交流、过程检查、上级工作检查、执法监督检查、内部审核、各职能层次质量目标考核等活动对质量管理体系的过程进行全面监控，确保过程持续满足其预期目的的能力。另外，认证机构每年还将对成都特派办进行一次符合性监督审核，若不能通过审核，将被吊销证书，这也就迫使各部门必须认真执行管理文件和制度。这种内外相结合的监督机制大大强化了制度的贯彻执行，保证了系统运转的适宜性、充分性与有效性，真正实现了制度化的长效管理。

据统计，成都特派办建立和推行全面质量管理后，各项工作的质量和效率有了明显的改进和提高，工作成效也初步显现：一是各项承诺和质量目标得到很好完成。四年来，成都特派办的审计任务完成率、审计决定执行率、对来信和来访等举报其他单位和个人违法违纪事件的处理率、对投诉或举报成都特派办人员违纪事件的处理率都达到100%，没有出现违反法定审计程序的事项和重大责任事故，质量管理体系和行政管理体系得到持续改进。同时，各处室加强了自身管理，积极采取措施完成年度考核目标，执行力明显增强。二是社会公众和被审计单位满意度得到提高。社会公众方面，2005年全办共收到各种来信144件，来访来电21人次，合计165件／人／次，比上年的98件／人／次，增加67件／人／次，说明随着审计影响的扩大和审计力度的加大，社会公众对成都特派办比较信任。被审计单位方面，2005年成都特派办对上年执行的15个审计项目进行了包括审计执法、审计纪律公示、审计现场管理等情况进行了回访，占2004年审计项目的42.86%，通过对被审计单位102名职工无记名问卷调查反映：被审计单位对成都特派办及审计组的满意率达98.76%，其中反映好的占90.88%。三是工作成效显著提高。四年来，成都特派办共完成审计项目90个，查出主要问题金额545亿元，向纪检和司法机关移送案件48起。报送审计报告、专题报告、信息简报等748份，被采用411篇次。其中审计署要情16篇、要目102篇，中办采用71篇，国办采用89篇，中央领导批示89篇。两个项目被审计署评为全国优秀审计项目，四个项目（包括两个参与实施的项目）被评为审计署表彰项目。2005年，成都特派办被审计署评为全国普法先进单位，固定资产投资审计处被评为全国审计机关先进集体。在审计署组织的特派办2005—2007年度考核中，成都特派办连续3年被评为优秀等次。精神文明建设也取得成效，成都特派办连续4年被四川省委、省政府评为省级文明单位，2007年被评为最佳文明单位，省直机关工委在成都特派办专门召开现场会。办党组2004—2005年连续两年被四川省直机关工委授予“开展‘四好’活动先进班子”称号，办党组中心学习组被四川省委宣传部、省直机关工委评为学习先进单位。成都特派办连续六年荣获中纪委颁发的“党风廉政建设信息联系点先进单位”称号，2006年被地方党委、政府评为落实党风廉政建设责任制较好单位。此外，成都特派办的一批审计干部也先后受到了地方党委、政府的表彰。

六、结束语

审计质量既有一般产品和服务质量的共同特征，也有其自身的特殊规定性。审计产品作为过程和结果的统一，是多环节、多因素综合作用的结果，具有综合性、相对可控性、主观性和风险滞后性等特征。审计质量的优劣，根源在于系统的整体性能，取决于审计机关全员、全过程及其各环节相互融通与祸合的程度，因此，审计质量管理必须是系统的、全面的、适用的和开放的。ISO9000标准不仅反映了审计质量的本质特性，而且体现了审计质量管理的以上基本要求，其蕴含的管理原理和方法对审计质量管理同样适用。正是基于以上认识，本文从体系内容和技术方法等方面，提出了建立审计质量管理体系的基本框架，对审计署成都特派办引入ISO9000标准的实践进行了实证分析。

将ISO9000标准引入到审计机关不仅必要而且可行，对于加强审计质量管理，快速提高审计机关管理水平不失为一条有效的途径。

（一）将ISO9000标准引入到审计机关既是必要的也是可行的。它既是运用现代管理理念和手段加强审计机关规范化管理的重要手段，也为我们加强审计过程的控制，明确审计责任，规避审计风险，建立责任追究制度和科学考评体系提供了重要平台。成都特派办的实践充分证明，我们建立的质量管理体系在有效性、充分性和适宜性上能够满足审计机关对工作质量的要求，对于建立具有审计特色的管理模式，快速提高审计机关管理水平不失为一条有效的途径。

（二）虽然ISO9000标准对审计机关具有适宜性，但并不能"包医百病"。它只是提供一个科学管理的平台，针对的是管理方面的问题，只是对审计质量中可控部分的一种管理和控制，强调的是审计工作的程序化和标准化，它无法解决审计人员的主观努力、敬业程度等精神层面的问题，更不能代替审计人员的经验判断。因此，既不能把ISO9000标准奉为灵丹妙药，认为引入了ISO9000标准就能百病不侵，也不能因为ISO9000标准解决不了管理之外的问题就求全责备，盲目排斥，进而否定ISO9000标准的适宜性。

（三）ISO9000标准对不同的审计机关具有不同的适宜性，各审计机关在引入ISO9000标准时应当充分考虑自身的实际。从严格意义上讲，管理方式没有绝对的优劣之分，只有适宜不适宜的问题。如果不顾自身实际情况盲目引入，效果可能会适得其反。因此，不同的审计机关一定要从自身的管理水平、业务规模的大小、管理要求的高低、管理手段的优劣以及自身对标准的认知程度出发，审慎考虑和选择是否引入和如何引入ISO9000标准的问题，不盲目跟风，不贪大求洋，不搞一刀切。

（四）引入ISO9000标准建立审计质量管理体系是一个循序渐进的过程，不可能一劳永逸，毕其功于一役。因为审计机关引入ISO9000标准毕竟是一项新生事物，包括对标准的理解、对审计工作规律和特点的把握都有一个过程，因此，审计机关在引入ISO9000标准的过程中，应当进一步解放思想，创新思维，把握规律，大胆探索，要根据实际情况的变化不断完善、持续改进。只有这样，才能适应不断发展的时代要求，才能真正提升审计机关的整体管理水平。

（节选自2004年在天津大学读EMBA时的论文）

辑三

探索·创新

解放思想 拓宽思路
用市场经济的观点指导城市建设

在东南亚经济危机，特别是遭遇百年不遇的特大洪涝灾害的不利环境下，大庆市的城市规划、建设和管理工作仍然取得了很大成效，迈出了新步伐。我们开展了城市规划年活动，编制了《大庆市城市发展纲要》，建立了城市建设项目库，构筑了大庆城市发展基本框架；全年城市建设新开工项目415项，总建筑面积273.5万平方米，比去年增加70.7万平方米，总投资额35亿元，其中上亿元的大项目9个，从根本上理顺城市管理体制，下大力气开展城市环境综合整治，城市绿化、美化、净化达到一个新水平，向高科技现代化城市迈出了坚实的一步。我们的主要做法是：

一、从深化认识入手，探索和形成符合市场经济要求的城市建设新路子

大庆是一个因油而生的矿区城市，一直处于计划与市场、中央与地方利益冲突之间，造成了市区布局分散，点多面广，战线过长，各种矛盾错综复杂，城市规划建设管理难度更大。面对这种情况，大庆市新一届领导班子，认真分析城市建设的现状和发展趋

势，总结经验和教训，深刻认识到，加快城市发展，实现长久繁荣，必须用市场经济的观点和方法来解决城市建设中的矛盾和问题，从根本上调整大庆城市建设的总体思路。

（一）从发展现状看，城市规划建设管理必须适应建设高科技现代化城市的要求。高科技现代化城市必须有高水平的基础设施、高质量的生态环境、高科技的产业群体、高素质的人才结构、高效能的城市管理。长期以来，大庆市的城市建设一直处于把矿区建设和城市建设混在一起，使城市建设停留在矿区建设水平上。有城市规模，没有城市形象；有城市框架，没有发挥城市功能。这些不但与大庆经济实力、所处地位和所做贡献不相匹配，更与建设高科技现代化城市目标不相适应。这就要求我们必须在思想观念上从城市建设就是矿区建设的思想误区解放出来，从仅以改善生活条件为目的的狭隘认识中解放出来，用市场经济观点认识和分析城市建设问题。

（二）从发展实践看，必须把城市建设作为经济建设的重要组成部分和牵动力量。过去的实践中，我们对城市建设也很重视，做了大量工作，也取得了很多成绩，比如住宅建设、物业管理等单项工作在全国位于前列。但是一直是就城建抓城建，单纯依靠政府投入和大企业补贴，城市建设发展步伐不快。去年，我们确定了“以思路求出路，以改革促发展，城市建设和经济建设整体推进”的工作思路，从计划经济的思维模式中跳出来。一方面，靠大开放、大招商解决资金问题，靠深化改革理顺体制问题；另一方面，把城市建设的巨大潜力挖掘和释放出来，反哺经济、牵动经济。去年一年，我们通过招商引资方式就解决城建资金18.4亿元，占城建全部资金的52%；城市建设占全市经济比重的17%，拉动全市经济增长

1.4个百分点。实践证明，城市建设不单纯是投入，而且是巨大的产出；不单纯是基础环境，而且是重要的生产力；不单纯是基础产业，而且是支柱产业，是经济发展的重要组成部分和牵动力量。从外地实践看，凡是经济发展比较快的城市都把城市建设作为经济发展的重要组成部分，凡是城市建设起点高、标准高、质量高的地方，经济发展的速度也相应较快。由此可见，把城市建设和经济建设融为一体，是解决城市建设和经济建设共同协调发展的好办法，是由资源型城市向综合型城市转变的必由之路，是实现建设高科技现代化城市的必然选择。

（三）从发展趋势看，必须增强加快建设高科技现代化城市的紧迫感和责任感。面对21世纪的挑战，城市经济发展的竞争实质上就是城市经济实力的竞争，也是城市建设实力的竞争。在新一轮城市发展竞争中，我们不抓紧搞好城市建设，不仅是城市的形象问题，而且会影响经济发展的速度和质量。我市的城市建设先天不足，在很多方面已经形成了差距，发展速度不快就等于停滞，保持现在的速度就是倒退。特别是我们提出搞好二次创业，实现长久繁荣，建设高科技现代化城市，时间越来越紧迫，任务越来越艰巨，不在有限的时间内弥补资源型城市留下的欠账，建成现代化城市，就会有负全市240万人民的期望和重托。可以说，进一步加快城市建设步伐，是大势所趋、人心所向、责任所系、希望所在。

基于对城市建设历史、现状、实践和趋势的分析，我们深刻认识到，在市场经济条件下，城镇建设既是经济环境，又是凝聚人心工程，更是经济建设的重要牵动力量。市委、市政府在考察外地经验、进行充分论证的基础上，提出了今后政府职能就是“不办企业建环境”，并且把城建工作升华为“城镇建设战略”，从而进一步明确了工作思路，即以党的十五大精神为指导，以创建全国文明城市为目标，以城市规划为龙头，以基础设施建设为突破口，以深化改革为动力，以改善生态环境为重点，以提高市民文明程度为根本，突出城市建设风格，实行统一规划，综合开发，多元投入，重点突破，高标准建设，高效能管理，加快建设高科技现代化城市步伐。

二、从大庆实际出发，努力解决制约城市规划建设管理的关键问题

去年，我们紧紧抓住规划、资金、综合开发和环境整治等一系列关键性问题，使城市建设取得了突破性进展。

（一）在城市规划上下功夫。我们针对城市规划体系不够完善，分区规划、详细规划、专业规划的编制滞后于城市发展的现状，努力改变规划跟着建设走的被动局面。把1998年确定为大庆市城市规划年，力争从整体上一步到位，搞好高科技现代化城市的规划体系。本着“富规划、穷建设，紧规划、好建设”的原则，坚持高起点、高标准、高质量，投资1000万元，聘请吴良镛等国内外知名专家、学者做顾问，邀请清华、同济和省内的资深规划设计单位进行规划设计。为了确保规划设计的高质量，对高科技现代化城市进行定性，设计人员收集了50多个中等发达国家同类城市的详细资料，筛选出10大类45项指标进行参考。为了保证规划的操作性、可行性，进行了大量的调查研究和论证，仅综合交通体系规划调查就动用了1800多人。在规划设计的过程中，我们抓住了以下三个关键点：一是着眼于规划的系统性。在总体规划之后，我们又完成了《大庆市城市发展纲

要》，建立了城市发展项目库，编制了两大分区规划，八大专项规划以及详细规划、详控规划，使规划初步形成了体系框架。二是着眼于规划的超前性。充分考虑发展的需要和可能，坚决避免城市建设中前面规划后面修改，前面建设后面拆扒的现象发生。三是着眼于塑造城市的个性与特色。把标志性工程摆在城市建设的突出位置，瞄准国内外一流水平，体现大手笔、大气魄，突出独特性、艺术性、观赏性，建设一个就是一个精品，建设一个就形成一处景点，像铁人广场、黎明河改造都是这方面代表性项目。

（二）在资金筹措上下功夫。城市建设规模大，周期长，投资额度大，回报率低。从全局来看，尽管大庆目前的经济实力比较强，人民生活水平也不低，但我市还不是一级财政，大企业着眼于建立现代企业制度，对社会事业投入越来越少，单靠地方财力搞城市建设，只能是杯水车薪。我们从改变投资体制入手，建立城市开发建设投资公司，“以思路求财路”，把解决城市建设资金的重点放在市场化融资上，走多元化投入的路子。去年，在市政府财政基本没有投入的情况下，城市建设总投资达35亿元，是上年的2.1倍，是前7年政府城市建设年平均投入的2.6倍，主要采取六种融资方式：一是项目融资。把城市建设大型项目包装起来，面向市场、面向全国进行招商引资。中国名牌商品交易市场、中国北方建筑装饰材料商城、大庆农产品中心批发市场都是通过招商引资建设的，总投资28.32亿元，其中1998年实际到位资金3.7亿元。二是置换融资。采取以地引资，以资生财，通过闲置资产置换，筹集建设资金。充分利用黄金地段的土地优势，引资2.8亿元，开发建设了庆龙小区一期工程，同时又由开发商投资异地建设了看守所。三是企业融资。充分调动和发挥大企业参与城市建设的积极性，去年中省直企业共投资17亿元，其中石油管理局就投入9.8亿元。四是国际融资。引进德国海斯公司环保节能新型墙体材料生产线，投资2100万元，建成恒新建材工业有限公司，利用工业废渣为原料，生产新型墙体砌块。目前，该公司已正式投入生产运营。引进美商国际集团有限公司投资1.48亿元的无害化垃圾处理厂已经开工建设。五是载体融资。我市第一次将部分商业广告位置向社会公开拍卖，并利用空间优势，吸引社会资金建设了13公里的城市路灯。六是社会融资。坚持人民城市人民建，调动社会方方面面的力量，广辟财源，共融入资金4.5亿元。

（三）在城市综合开发上下功夫。实行城市综合开发就是把城市的各行各业相关部门有机结合起来，发挥最佳的“集聚效应”，充分发挥城市建设的环境效益、社会效益和经济效益。说到底，就是花最少的钱，做最好的事。我们坚持“统一规划，统一征地，统一出让，统一开发，统一管理”原则，所有开发项目都由市长一支笔审批，确保城市建设成龙配套，整体推进。一是围绕老城区改造进行综合开发。改造老城区39处、平房区16处，改造面积85万平方米，拆迁重建104万平方米。萨尔图区会战大街是大庆市最繁华的商业区，由于历史原因，道路狭窄，交通不畅，脏乱差现象比较严重，特别紧临大庆火车站，直接影响大庆形象。我们按照“地上服从地下，地下兼顾地上”的原则，对会战大街进行了综合开发。引资3.5亿元拓宽道路1.2公里，新建商服面积16.7万平方米，修整了6万平方米的站前绿地广场。不仅树立了形象、繁荣了经济，而且使商服面积成番论倍地增值，最高达到3万多元一平方米，并实现载体招商30亿元。二是围绕新区建设进行综合开发。新建住宅187.8万平方米，比去年增长58.6万平方米，建成了庆龙、西苑、东湖等一批集住宅、商饮、文化娱乐于一体的标准化新区。三是围绕重点项目进行综合开发。新建、扩建各类市场54处，是前5年全市市场建设总数的1.4倍。同时组织建设了东风锅炉房等一大批城市基础设施工程项目。这些重大工程建设有力增强了城市的载体功能，树立了城市整体形象。

（四）在综合整治上下功夫。适应市委提出的大开放战略和建设高科技现代化城市的要求，坚持规划治散、建设治差、管理治乱，重点进行了城市环境综合整治。一是抓住创建全国卫生城市的契机，突出治理脏、乱、差。整治卫生死角，全面落实“门前四包”责任制，签约率达100%，履约率达95%以上。全市清除卫生死角4156处，清理掩埋垃圾33万吨，取缔不规范牌匾11287个。全市义务植树177.2万株，在市区主要街道摆放盆花67万盆，建绿化精品工程16处；统一规划建设124块高标准亮化广告媒体，安装IC卡电话3400部、灯箱780个。二是开展专项治理，全面加大管理力度。组建联合执法大队，集中力量对违法违章建筑、交通秩序、集贸市场、建筑工地、居住小区进行了专项治理。去年共清除违法违章建筑1228处、55.5万平方米，清除临时建筑290处、26.5万平方米，城市环境综合水平有了显著提高。三是以创建国家环保模范城为目标，加大治理环境污染力度。全面开展了创建国家环保模范城活动，对噪声污染、大气污染、工业排放污染进行了重点治理，建成烟尘控制区45个、噪声达标区34个，收到了综合效益。

三、靠深化改革推动，着力进行城市管理制度创新

我们从各类改革的具体特点和实际出发，突出重点，分类推

进，取得了明显成效。

（一）住房制度改革在货币化上突破。去年，我市在全省率先实行了住房制度货币化试点工作，结束了政府投资建房、分房的历史。全市机关行政事业103个单位参加试点，其中无房补贴1616户，补贴资金1556万元；有房补差4179户，补差金额9653万元。加快公有住房出售力度，住房二级市场全面启动。去年累计出售公房1452.2万平方米；到目前为止，全市已购公有住房陆续上市，实现交易额259万元。进一步完善住房公积金制度，开办了住房政策性抵押贷款业务，实行了职工住房取暖费理入工资。住房制度改革不仅减轻了政府的财政负担，从根本上解决住房建设、分配和管理上的矛盾和问题，扩大了内需，拉动了经济增长，达到了变微观管理为宏观调控，变计划管理为市场调节的预期目的。

（二）土地和公用事业改革在调整价格体系上破题。价格是实现市场经济调控的重要手段，在土地使用制度改革上，我们围绕完善土地评估办法，形成地价管理体系，制定出台了《关于城市建设用地实行总量控制的规定》和《关于城镇国有土地使用权招标、拍卖管理的暂行规定》，采取出让、转让拍卖、拍租等办法，将土地和公益设施投入市场，盘活存量资产。首次公开拍卖了7宗国有土地，收益资金1700万元，使我市土地真正进入了市场，推进了土地商品化进程；第一次将部分商业广告位置向社会公开拍卖，并充分利用了空间优势；龙凤区对部分路段的环卫保洁实行公开招标竞标，优化了管理队伍，降低了管理成本，提高了管理水平。

（三）城市管理改革在理顺体制上创新。一是改革规划管理体制。成立了高层次、高规格的城市规划咨询委员会，聘请国内外一批专家作为顾问，规划编制调整必须经专家咨询论证，各区成立规划分局，实行市区双重管理，业务上接受市规划局指导。二是改革建设管理体制。成立了大庆市城市建设综合开发领导小组，由市长担任组长。领导小组下设办公室，作为市政府管理城市综合开发的职能部门。三是改革城市管理体制。将管理中心下移，实行属地化管理与中、省直企业管理相结合，做到“两级政府、三级管理、四级网络和大企业参与”。成立城市综合管理办公室，列入政府序列。将城管监察、卫生监督等各种城市管理职能全部纳入城管办管理，实行综合执法。

（原载于建设部《城乡建设》杂志1999年第5期）

开阔思路　大胆实践

努力运用市场经济观点指导城市建设

近两年，大庆市努力用市场经济观点指导城市建设，把城镇建设作为地方经济发展的牵动力量，提到全市经济和社会发展战略的高度，加大推进力度，取得了明显成效。1998年，全市城市建设新开工项目415项，总建筑面积273.5万平方米，比上年增加70.7万平方米；房地产开发总量225万平方米，比上年增加45万平方米，改造老城区39处，平房区16处，改造面积85万平方米；新建住宅187.8万平方米，比上年增加58.6万平方米，其中安居工程90万平方米。建成了庆龙、万宝、西苑、东湖、西宾、乘新、兴化等一批住宅新区。新建、扩建各类市场54处，是前5年全市市场建设总数的1.4倍。建设了垃圾处理场等一批基础设施工程项目。全市城市建设总投资额35亿元，比上年增长110%，其中亿元以上的大项目就有9个。建筑业创施工产值78.9亿元，实现增加值26.3亿元，分别比上年增长37.6%和35.6%，建材业实现产值11.6亿元，比上年增长13%。建筑建材业拉动全市经济增长1.4个百分点，确保了全市国民经济增长达到8.5%。1999年，全市计划开工项目536个，建筑面积323万平方米，比1998年增长18.3%；总投资61.08亿元，比1998年增长74.5%。预计可拉动全市经济增长1.8个百分点。目前，27项市政府重点工程已有25项开工建设。

一、进行体制上的深度改革，着力解决制约城市建设发展的根本性问题

一是在转变政府职能上突破。在新形势下城市要发展，政府职能必须转变，我们提出并坚持“政府不办企业建环境，不管企业搞服务”，把政府的主要职能调整到抓好城市建设、优化经济环境上来，并把城镇建设牵动战略作为全市经济和社会发展四大战略之一，摆在突出位置。同时，大力推进城建系统企业产权制度改革，坚决实行政企分开，一步到位，把企业真正推向市场，企业不再是政府的附属物，成为“四自”法人实体，使政府和城建各部门从过去忙于事务、忙于生产、抓企业、管企业中解脱出来，集中力量建环境、搞服务。

二是在住房分配货币化上突破。大庆的房改一直走在全国前列，1998年我们下决心实行了住房分配货币化改革，结束了政府投资建房，市直机关行政事业人员职工住房货币分配，共解决600户，比上年提高了50%。今年，市政府又拿出1亿元资金用于职工住房补贴和补差。同时开办住房抵押贷款业务，到目前，已经贷出资金1.2亿元。此外，加大公有住房出售力度，全面启动住房二级市场。1998年累计出售公房1452.2万平方米。通过住房货币化改革，不但使上述问题得到圆满解决，而且有力地带动了房地产业的发展。1998年，新开工住宅小区13个，新建住宅面积187.8万平方米，比上年提高45.3%；职工个人住房消费17.6亿元，是过去平均每年的2.1倍。

三是在土地使用市场化上突破。我们从完善土地评估办法和形成地价管理体系入手，实行总量控制，计划供应，公开拍卖，最大

限度追求级差地租效益，使市区地价上扬。1998年，不包括产权置换的4.1亿元资金在内，共收缴土地出让金1.3亿元，是过去平均每年的2.6倍，全部用于城市建设，形成了良性循环。

四是在投融资体制改革上突破。1998年，市政府成立了城市建设投资开发公司，放开建设市场，做到“政府不该办的事由别人去办，可办可不办的事由投资者去办”。通过改革城市建设的筹资和融资方式，广泛采取以地换资金、以环境换资金、以政策换资金的办法，实现投资主体多元化和融资方式多样化，在城市建设投融资体制改革上迈出了实质性步伐。

二、建立市场化的投融资体系，千方百计筹措城市建设资金

城市建设最大的课题是资金筹集，“钱从哪里来”，一直是困扰大庆市城市建设的主要问题。大庆市政府目前还不是一级独立财政，自身支配的资金十分有限，每年地方政府可用于城市建设的资金就更少。为此，我们解放思想，“以思路求财路”，把解决城市建设资金的重点放在市场化融资上，走多元化投入的路子。

一是盘活存量资产，置换资金。随着城市发展规模的扩大，城区中的一些陈旧公用设施占地，逐渐成为具有巨大商业价值的黄金地段。一方面政府无力对其进行搬迁改造，另一方面这些地段的商业价值又得不到充分发挥。通过盘活存量资产，采取产权置换的办法，让开发商来进行改造和建设。市看守所建设得比较早，由于城市的快速发展，已经被包围在市中心，既严重影响城市形象，又占用了繁华的商业地带，居民反映非常强烈。过去，市政府几次试图将其迁出，都因资金问题而搁置。我们开动脑筋，采取产权置换的

办法公开招商，由开发商投资8000万元，异地建设了两个一流的看守所。又投资2.8亿元在看守所原址开发建设了15万平方米高档次住宅小区。政府没花一分钱，办了两件好事。1998年以来，通过盘活存量资产，融通城建资金14亿元。

二是实施大开放，引进资金。紧紧抓住实施大开放战略的有利契机，把城市基础设施建设的大型项目包装起来，面向国内外进行招商引资。1998年，共拿出30个城市建设项目分别在厦门、哈尔滨等大型招商会上招商，共签订协议金额54.78亿元，实际到位资金18.4亿元。今年以来，城市建设项目招商引资仍然保持良好态势，已签订引资项目合同29个，合同金额达31.66亿元。

三是放开视野，国际融资。一些基础设施项目，由于建设周期长，回报率低，国内投资商兴趣不大，我们把视野转向利用外资。垃圾处理是大庆市创建国家卫生城的关键指标，也是大庆市基础设施的一个重大项目。我们通过引进美商国际集团有限公司投资1.48亿元，建设了无害化垃圾处理场，日处理垃圾600吨。利用亚洲开发银行贷款3000万美元，投入林肇路和城市防洪体系建设。到目前，全市通过国际融资方式共融资折合人民币5.12亿元。

四是综合开发，融通资金。由于历史原因，大庆的老城区建设欠账多、水平低、基础设施配套较差，急需进行改造。我们把老城区改造和综合开发结合起来，把城市建设的环境效益、社会效益和经济效益结合起来，把资金筹集和招商引资结合起来，较好地解决了这个问题。1998年，共融通资金8.5亿元，改造老城区39处，平房区16处，改造面积达85万平方米，拆迁重建面积达104万平方米，是大庆市有史以来最多的一年。萨尔图区会战大街是大庆市最繁华的商业区，平房较多，道路狭窄，脏乱差现象比较严重。特别是紧临大庆火车站，直接影响大庆形象。我们采取综合开发的办法，新建商服面积16.7万平方米，用开发收益拓宽道路1.2公里，修建了6万平方米的站前绿地广场，整个改造工程，所需3.6亿元资金，政府没花一分钱。

五是动员社会力量，筹集资金。大庆是因油而生的资源型城市，大型企业在城市格局中占有重要地位。因此，搞好城市基础设施建设，必须坚持人民城市人民建，充分调动大企业的积极性广泛动员全社会力量，多方筹集资金。1998年大庆市城市基础设施建设，中省直大企业共投资17亿元，其中仅石油管理局就投入9.8亿元。今年正在扩建的大庆路，是连接大庆市东西城区的快速通道，全长33.9公里，由原来的4车道扩建成双向8车道，红线控制100米，预计总投资7.5亿元。市政府只投入4000万元，其他全部由石油管理局等大企业支持和社会融资解决。

三、实施强有力的组织领导，在狠抓推进落实上下功夫

城市建设是一项系统工程，工作复杂而艰巨。必须纳入各级党委和政府的日程，加强领导，精心组织，狠抓推进落实。

一是强化城市建设领导力量。市委、市政府对城市规划建设工作高度重视，市委书记亲自抓城市建设工作，多次主持召开市委常委会，研究城市规划建设管理的重大问题。经过重新调整，成立了以市政府主要领导为主任，由大企业等方方面面领导参加的城市规划建设管理委员会，解决了过去城市建设各自为政、分散管理的问题，使之纳入了统一规划、统一管理的轨道。我们还建立了城市建设重大项目督办推进制度，实行亿元以上项目市领导负责和千万元

以上项目县区领导负责的目标责任制，狠抓了项目的跟踪落实和达产达效。成立了城市建设综合开发办公室、城市综合管理办公室，初步形成了“市区两级政府、三级管理、四级网络和大企业参与”的城市建设运行机制。

二是组织制定了高标准的城市发展规划。着眼于建设北方高科技现代化城市的宏伟目标，坚持高起点、高标准、高质量搞好城市规划。1998年，开展了城市规划年活动，市政府投资2000万元，聘请吴良镛等国内外知名专家、学者做顾问，邀请清华、同济和省内的名牌规划设计单位，帮助进行规划设计。组织编制了《城市发展纲要》，建立了城市发展项目库，储备了607个项目，编制了两大分区规划、八大专项体系规划等25项规划；参照50多个中等发达国家同类城市的标准，制定了10大类45项现代化指标，形成了《大庆市城市现代化标准》。为了保证规划的操作性、可行性，进行了大量的调查研究和论证，仅综合交通体系规划调查就动用1800多人。

三是用政策规范城市建设行为。先后制定了《大庆市建设项目规划管理审批规定》《大庆市城市规划管理办法》《大庆市城市建设综合开发管理规定》《大庆市城市管理办法》等政策、法规30多件，推进了城市建设政策、法规体系建设，使城市建设步入了法制化、规范化轨道。1998年全市开工建设项目审批合格率达100%，工程建设监理率达80%以上，招标率达97.6%，工程质量监督率达95.5%，工程竣工验收合格率达100%。

四是集中精力解决热点、难点问题。搞城市建设，必须有大局思想，敢于正视矛盾，敢于碰硬。特别是要敢于牺牲局部利益，换取整体利益；敢于触及少数人，为广大市民谋福利。就是一时受到误解和打击，也要义无反顾。1998年，对违法违章建筑进行了大规模的拆扒，共清除违法违章建筑12572处、82万平方米，清除不规范牌匾11287个，清理临时电话亭2440处。对改造建设过程中群众反映强烈的热点、难点问题，市委书记率市五大班子召开现场办公会议，集中加以解决，得到了人民群众的理解和支持，保证了城市建设的顺利进行。

（原载于建设部《城乡建设》杂志1999年第8期）

推进大庆市物业管理改革势在必行

一、加强物业管理工作具有重要意义

物业管理是一项新兴产业，其基本含义是：物业管理企业按照国家法律和契约的规定，受物业产权人或使用人的委托，对已竣工投入使用的各类物业及其环境、公共秩序等进行管理，并运用现代管理科学、先进的维修养护技术和先进的服务手段，为产权人或使用人提供多层次、全方位综合性优质有偿服务。其管理对象是物业，即已建成并具有使用功能和经济价值的各类供居住和非居住的房屋及与之配套的设备、市政公用设施，以及房屋所在地的建筑地块与附属的土地、庭院、非主干道。物业管理是一种特殊的商品，提供的是无形商品的“劳务”。它的属性是经营，是有偿服务。它与社区管理之间具有地域重合、硬件共享、以人为本的共同特点，但在权力主体、组织性质、主管部门、管理内容以及运行方式上又有很大区别，是既交叉又完全不同的两种社会服务方式。二者之间存在着企业有偿服务与社会福利无偿服务的根本差别。物业管理在大庆市经济和社会发展，特别是在为群众生产生活服务中的作用越来越突出，已经成为一个不可缺少，影响面广泛的行业。其重要性突出体现在下面几个方面：

（一）加强物业管理是提高城市管理水平的重要前提。物业管理是城市管理的重要组成部分，物业管理水平决定着城市管理水平。虽然经过多年的努力，特别是连续两年开展城市管理年活动，大庆市在拆除违法违章建筑、主要街路的绿化亮化和卫生保洁、清理卫生死角等方面有了重大进展，城市面貌有了较大改善，但必须承认，大庆市城市管理还处在较低档次，其中一个不可忽视的因素就是物业管理的水平不高，造成城市管理上的一些死角死面以及低水平区域。没有物业管理水平的大幅度提高，就无法实现城市管理提档升级，把物业管理工作搞上去是加强城市管理的必然要求。

（二）加强物业管理直接关系广大群众切身利益和生活质量。物业管理行为是物业管理企业与服务对象之间有偿服务的关系，其服务的主体是广大群众，负责为群众提供环境卫生，水、热、气的供应，房屋维修等方面的服务，为广大群众提供生产生活的舒适和方便。其每项服务都直接影响群众的切身利益，物业管理无小事，哪项服务跟不上，都会给广大群众造成极大的不便，物业管理水平是衡量居民生活质量的重要标准。物业管理差的地方，即使经济再发达，人民群众也不会满意，搞不好物业管理，政府就会失信于民。从这点上讲，搞好物业管理是广大群众步入小康社会，提高全民生活质量的必备条件，也是讲政治和贯彻落实“三个代表”要求，体现为人民群众服务宗旨的现实需要，应该作为一件事关党委和政府形象和威信的大事来对待。

（三）加强物业管理是保证城市经济和社会健康发展的基础环节。对于城市经济和社会发展来说，物业管理处于从属和服务地位，是城市经济发展到一定阶段的必然产物。这项产业既直接创造经济价值，又起着为经济和社会发展创造良好环境、缓解社会就业压力和促进产业结构调整、维护住区安全的作用。物业管理行业发展不正常的地方，其经济和社会生活也不能说是健康的。大庆市围绕建设高科技现代化城市目标，实施大开放、大招商、大发展战略，不断壮大高科技产业，注重加快工业经济、商贸经济、城乡建设、旅游服务等行业的发展，这些方面都离不开物业管理行业的直接介入和全面服务，都要求物业管理水平随着城市经济质量和发展水平的提高而不断提高。可以断言，随着经济发展和社会的进步，物业管理工作将越来越显示其重要性，也必将受到更加高度的重视。

二、加快物业管理改革极为迫切

物业管理如何从低层次向高级化发展，从政府包办的计划经济阶段走上市场经济轨道，实现行业结构的优良化，综合效益的最大化，发展速度的合理化，最终发展成为一项新兴的产业，是大庆市今后一个时期的努力目标。实现这一目标最有效的手段是改革。

（一）从物业管理行业的发展趋势看，加快改革是必然要求。与传统产业相比，物业管理行业起步较晚，但发展速度快，在半个多世纪的时间里，经历了初创到趋于成熟的过程。纵观世界物业管理的发源地英国、经济强国美国、花园城市新加坡、国际大都市中国香港等先进物业管理国家和地区，物业管理都已建立起了社会化、专业化、市场化、企业化的新体制。我国已正式加入世贸组织，物业市场也将逐步与国际接轨，建立对外开放的市场。自1981年3月深圳市成立第一家物业管理有限公司至今，我国的物业管理已有20年的历史，全国现有近15000家物业企业，从业人员达200万。

目前总体上南北差异很大，南方及沿海城市发展较快，北方及内地城市相对较慢，南方物业管理市场正在实施服务创新、品牌创新及科技创新，北方物业管理市场急需在观念创新、体制创新及管理创新上下功夫。在深圳，物业管理被誉为朝阳产业，有700多家物业公司，都是按市场规则运作的企业，其中具有国家一级资质的18家，全市近十万员工从事这个行业，每年创造40多亿元的国民生产总值，向国家纳税2亿元，成为建设部总结推广的典型。从长远看，这种类型的物业管理模式将成为主导形式和最佳方向。大庆市物业管理行业大体经历了以房屋维修为主的房管所阶段，房、水、热、电、气、卫生等综合管理和服务的物业公司统管阶段，和目前的探索向市场化过渡三个阶段。严格来说，物业管理企业还远没有达到自主经营的企业化目标，物业管理市场没有建起来，体制的不适应已成为阻碍物业管理健康发展的最大因素。跟上国际国内的发展趋势，首先要做的工作是改革。维持现状就不会有出路，小打小闹也无法从根本上解决问题，只有通过彻底改革，创新物业管理机制，才能实现物业管理的新生。

（二）从大庆市物业管理行业的现状看，深化改革是解决现存突出问题的最佳选择。目前，大庆市共有各类物业管理企业30余家，其中隶属于政府的8家，中直企业4家，私营企业8家，从业人员共计15000人，具有国家二级资质的企业6家。有140个住宅小区实行了物业管理，覆盖率近80%。获得全国物业管理示范住宅小区称号的31个，获得全省物业管理示范住宅小区称号的38个，相应的政策法规正在逐步健全。但还存在很多制约物业管理发展的突出问题，主要表现在：一是现有一些物业管理企业包袱重，生存和发展难度大。由于历史性原因，老的物业企业多数负债经营，经审核，市物业总公司分立重组时，几家企业累计负债超亿元，各公司都不同程度地存在着富余人员多、观念陈旧、内部机制不健全等问题。二是物业管理的政策法规不配套，物业市场规范化程度不高。已有的物业管理法规无法满足现实和未来发展的需要，物业管理招投标、物业管理承诺及违约处理、收费标准等大量可操作性的法规还没有建立，全市统一的行业管理办法不健全，执行的也不好，物业市场封闭式分割、自建自管现象严重，指定式、终身制问题还很普遍，每年都发生很多物业管理上的纠纷。三是一些住宅区配套设施历史欠账较多，各项维修基金缺口大。据初步统计，目前全市1990年以前建成的住宅约有500万平方米，今后几年将陆续进入维修期，随着时间的推移，维修量会越来越大，而住宅公用部位、共用设施设备维修基金缺口较大，仅市房改办应收取的公有住房维修基金就缺口2000万元，今明两年市政府将投入4000万元对东风新村地区旧有住宅进行配套完善，但这也非长久之计。四是观念陈旧，思想不够解放。物业管理是商品的意识不强，计划经济时期“一大二公”思想严重，把物业看成是一种福利性分配，指望靠政府补贴，而不是靠优质服务参与市场竞争，市民的交费意识、参与管理的意识不强，物业管理收费标准过高，没有实现按服务等级取费。以上这些问题迫切要求用改革的精神，通过加强整个行业和物业企业内部机制的改革来解决。

（三）从广大群众的强烈要求看，时代呼唤着物业改革。近年来，广大群众参与城市管理的意识日益强烈，对小区物业管理尤为关注。据统计，今年1月—9月，2440社会服务系统共接到各类反映物业管理问题的电话7万多个，占总受话的61%。广大群众迫切期待着物业管理水平的尽快提高，希望能够在更加舒适、优美的环境中工作和生活。广大群众对物业管理的要求会使他们更加自觉地行使业主的权利，在选择物业企业、监督物业管理行为、物业管理费用的收缴等方面会逐步走向市场化。广大群众的这种强烈要求，是推动物业改革向深度广度迈进的强大动力，物业管理也必须在适应这种要求中不断提高水平。

总之，加快物业管理体制改革是必然趋势，不改革物业企业没有出路，物业市场也无法形成，更无法实现与外埠市场及先进管理方式的接轨，抓住目前比较有利的时期深化改革是明智之举，早改可以争取主动，晚改、不改只能越来越被动，只会积累更多的矛盾和问题，在这一点上达成共识对于搞好大庆市物业改革十分重要。

三、对大庆市物业管理改革方向及主要目标的基本设想

借鉴国内外先进经验，从实际出发，初步确定大庆市物业管理工作的基本发展方面是：按照分步推进，协调统一，规范运作的原则，努力实现物业管理的社会化、专业化、市场化、产业化发展，成为经济效益、社会效益良好，前景广阔的行业。其核心是以下四个方面：

——社会化是指形成政府调控、行业协作、企业为主、全民参与的管理运行模式，业主委员会和物业管理企业逐渐成为主角。

——专业化要求物业管理分工越来越细，服务水平越来越高，变大而全为专而精，科技含量不断提高，物业管理企业组建专业程度很高的保安、保洁、绿化、维修、机电公司等。

——市场化就是逐步建立健全物业管理招投标市场，把物业管理企业全面推向市场，打破地域、所有制限制，消除垄断，形成公

平竞争、自主经营、自负盈亏，由业主自由选择物业企业的市场经济新机制。这就意味着将来再没有官办的物业公司，再不存在行政保护的物业行为，再不需要政府和大企业直接管理物业企业，行业协会将成为物业管理的指导者。

——产业化的基本含义就是经过几年的努力和不断规范，真正使物业管理从目前低层次的服务行业壮大为一项新兴的产业，在大庆市建设高科技现代化特大城市的实践中增加一支主力军。

依据以上思路，确定未来若干年大庆市物业管理工作的主要目标为：

2002年，要初步建立起符合市场经济规律和大庆实际的物业管理政策法规体系；市属物业公司（大庆物业管理总公司、开发区物业管理总公司）要完成事业单位企业化管理向具有独立法人的物业管理有限公司转制试点工作，大企业自管物业公司要以林源物业公司股份制改造为突破口，实现与母体（大企业）的分离；完成全市50%住宅区业主委员会的组建工作并初步发挥作用；完成物业管理市场招投标体制的建立，市政府投资或参资新建的2万平方米以上大厦和10万平方米以上新建小区要全部通过招投标方式确定物业管理企业；新建住宅维修基金要归集到位，公有住房售后维修基金除大企业、破产企业外要归集到位；物业管理分类、分级收费体系初步确立。

2005年，物业管理政策法规体系要确立并完善；各国有物业管理企业（市属、区属、企业自管）要全部与母体脱钩，实现自主经营、自负盈亏；各房地产开发公司自办物业管理企业要与母体脱离，分灶吃饭；所有住宅区都按规定程序建立业主委员会并发挥作用；市场招投标体系更加完善，所有的物业项目都要通过招标、邀标、议标的方式确定物业管理单位；房屋维修基金制度全面建立，政府、大企业不再投入资金用于维修；物业管理收费实现政府定价、行业指导价、市场价共存局面；全市要有30%的住宅小区达到国家级物业管理示范住宅小区标准，70%的住宅小区达到省级物业管理示范住宅小区标准，90%的住宅小区达到市级物业管理示范住宅小区标准；100%的物业管理人员实现持证上岗。

2010年，高度的法制化、市场化阶段。物业管理方面的纠纷不是通过政府干预而是通过法律或双方协商方式解决；对物业市场的管理不再是以政府为主，而是以政府指导、行业协会自律管理为主；物业管理进入政府无忧、企业发展前景广阔、居民安居乐业、城市市民素质得到很大提高的新阶段。

四、加快物业管理改革的主要任务及措施

当前和今后几年内，在物业改革上要突出抓好以下几方面工作：

（一）加快行业立法，初步建立起物业管理政策法规体系。目前，虽然已经出台了《大庆市城市住宅区物业管理办法》《大庆市住宅共用部位共用设施设备维修基金管理办法》，但总体上看大庆市物业管理仍存在着缺法少规、立法滞后、系统性不强，立法层次低、法律效力差等问题，这种状况不改变必然制约物业管理行业的发展。因此，加速物业管理立法是当务之急。近期应重点研究制定《大庆市城市物业管理办法》《大庆市物业管理服务收费办法》《大庆市业主委员会登记管理办法》《大庆市物业企业资质管理办法》《大庆市物业管理招标实施细则》等政策规定。初步建立起以

《大庆市城市物业管理办法》为总纲，以上述四个办法为骨架的大庆市物业管理政策法规体系。此外，还要以文件的形式对一些需规范的问题予以明确，如加强规划建设和物业管理的衔接，确保物业管理服务用房的提供问题；公共设施的产权界定和交接问题等等。

（二）理顺物业管理行业管理体制，规范、引导物业管理行业发展。当前，大庆市物业管理政出多门、各自为政的现象很突出，对行业的统筹管理工作迫切需要加强。拟在机构改革中成立物业管理办公室，明确其行业立法、企业资质管理、行业培训、物业管理招投标、维修基金管理、行业投诉受理以及检查、协调、指导等项工作。要积极筹建全市物业管理协会，请知名的物业管理企业经理担任协会的常务理事、理事，吸收广大物业管理企业积极参与。通过协会的桥梁、纽带作用，发挥协会在联系企业、连接市场、服务行业、服务政府等方面的优势。将政府承担的政策调研、行业培训、创优达标、企业交流等职能转移给协会。

（三）规范物业管理服务收费，以价格为杠杆促进物业管理行业的发展。一是出台新的《大庆市物业管理服务收费办法》，建立物业管理分类、分级收费体系。分类就是按物业的不同类别区分为住宅、写字楼、工厂、大厦等多种类别，不同类别标准不同，收费也不同；分级就是在分类基础上，对各类物业按质价相符的原则结合物业的现状、规划、管理标准，应达到的水平划分为不同的收费等级，改变目前管好管坏都一个收费标准的局面。房屋大修、更新、改造、用户室内的维修、给排水等各项费用都不属于物业管理公共服务费，应从物业管理费中分离出来，该建立基金的建立基金，该由用户负担的由用户负担。二是改变目前热费、物业管理费混收局面，实行分收分用。热费按采暖期收，并将其中所含的一、二级管网维修费统一建账监管，使其作为一种基金得到积累，到管网老化需要维修时，按计划使用，这对今后保证一、二级管网的更新、改造，减轻政府财政压力具有十分重要的意义。物业管理费实行按月或按季收取。三是改革采暖费、物业管理费收缴方式，变暗补为明补，变向单位收缴为向业主本人收缴。这样改革，明确了职工是付费的主体，把服务对象和付费主体的关系理清了，既提高了业主自我管理意识，又有利于促进物业管理企业不断改进、提高管理服务水平。从长远看，这是一个必然的趋势。考虑到目前大庆市物业管理企业的生存能力和社会稳定的需要，这项改革的出台既要积极，又应慎重，要在广泛调研、征求社会各界意见的基础上适时推行，避免造成大的震动。

（四）建立房屋共用部位、共用设施设备维修基金制度，实施房屋维修体制的重大改革。目的是扭转靠政府、企业来负担房屋共用部位、共用设施设备大修、更新、改造的局面。大庆市根据国家建设部、财政部文件精神，制定下发了《大庆市城市住宅共用部位共用设施设备维修基金管理办法》，下一步关键是操作。一方面要尽快做好新建房屋维修基金归集工作。办法出台后，要在市房屋产权市场管理中心设立窗口，在办理新建房屋所有权证时向产权人收取维修基金，并使之成为一种制度，使新建房屋的维修基金得到保障。另一方面要做好公有住房出售后维修基金归集工作。公有住房出售时职工所交的售房款中有25%—30%是用于房屋维修的，由于大庆市房改资金管理上还没有统一，石油管理局、石化总厂等大企业的房改售房资金没有纳入市里统一管理，所以，这部分提留维修基金也没有统一管理，这给公有住房售后维修基金的建立带来很大困难。同时，市里管的维修基金也有挪用现象，存在缺口。按照国家规定，这部分资金是必须归集到位的，谁花了谁补。为此，建议由市财政局、建设局等有关部门牵头，抓紧进行公有住房售后维修基金的建立。先对市里所管理的房改资金（包括市房改办住房资金管理中心、市直机关行管处所管理的资金）进行审计，将之统一划出，按规定建账监管，明确管理权限。其中已花出部分资金拿出归集办法。条件成熟的，各大企业愿意交出来的可以纳入市里统一管理，或实行每年审计制度。另外对已办理房屋所有权证的私有房屋维修基金建立工作，采取由市房产管理部门委托各物业管理企业代收的办法。维修基金建立后，大庆市的物业管理服务收费即可做相应调整，物业管理公共服务费可以调整到一个相对合理且业主能承受的水平，维修基金也会逐渐由有关部门管理转移到业主委员会去管理。

（五）全面建立业主委员会制度，确立物业管理新体制。组建业主委员会，发挥业主委员会的作用，是建立物业管理新体制的基础工作和当务之急。重点抓以下两方面工作：一是抓组建。近两年，要把业主委员会的组建纳入重要议事日程，市里抓指导、出政策，各区房产物业管理部门组织各物业管理企业及有关单位抓紧组建，对于公房出售率达30%以上、新建小区售房率达50%以上的住宅小区，要按规定程序，指导组建业主委员会。在2002年底前，完成全市总量的50%，2003年要全部完成。组建过程中要充分发扬民主、尊重业主和使用人的意愿，真正把有一定工作能力、阅历和威望并能维护业主、使用人利益的代表选出来。二是抓培训。要加强对业主委员会委员的培训，采取各种方式提高业主委员会的素质，使其尽快掌握有关知识和法规，切实发挥自我管理的作用。

（六）大力推行物业管理招投标机制，加速物业管理市场化进程。大庆市物业管理还处于封闭和垄断阶段，“谁开发、谁管理”和“管理单位终身制”的局面还没有打破。大庆市已分别对建设大厦和益民小区进行了物业管理公开招投标，已经开了个好头，收到了较好的效果，本地企业的市场竞争意识、危机感普遍增强。今后还有许多工作需要去做。一是要尽快出台《大庆市物业管理招投标实施细则》，用于指导规范今后的招投标活动，做到有法可依。二是要扩大招标项目的覆盖面。要扩大对新建住宅小区的招标，新建的10万平方米以上的住宅小区应全部纳入招标范围。对管理水平差、业主投诉多的旧小区，要鼓励、引导业主委员会通过招投标方式来选聘物业管理企业。三是要努力培育物业管理市场，规范招投标行为。要从业主、物业企业以及管理服务用房的提供、公共设施产权界定、公共设施设备维修基金的建立、价格确定等物业市场的组成部分上下功夫，在发展中不断规范，在规范中求得发展。

（七）深化国有物业管理企业改革，提高企业适应市场竞争的能力和素质。一是按照现代企业制度的要求，对物业管理企业进行改制。目前，在全市三十多家物业管理企业中有一半以上企业是由过去的“房管所”演变而来的，管理着全市90%的住宅和公建。机构臃肿、人浮于事、政事不分、政企不分，成为制约大庆市物业管理企业发展的一大“瓶颈”。必须按照“产权明晰、权责分明、政企分开、管理科学、自负盈亏”的目标加快改革。即使影响到其近期切身利益，也要从业主和房屋使用者的需要及利益出发，从物业公司长远发展需要出发，尽早建立起适应市场需要的现代企业制度。改制的主要步骤是“以大带小、以点带面”。以大带小就是抓大的物业公司改制，主要指大庆物业管理总公司、大庆开发区物业总公司，通过它们改制试点取得经验，进而带动企业和各区政府自管的物业公司全面改制，实现政企分开。以点带面就是抓有代表性的物业公司改制。大企业下属的物业公司人员多，管理面大，改起来难度很大。在这方面，我们要抓林源物业公司这个“点”，鼓励林源物业公司积极改制，取得中国石油天然气总公司的支持，为石油管理局、石化总厂所属物业公司的改制积累经验，并促使其尽快改制。改制的主要方法就是实行企业内部三项制度改革，建立起法人治理结构，进行股份制改造，条件成熟后与母体脱钩，自主经营、自负盈亏。

（八）加强对物业管理改革的宣传，赢得全社会更广泛的关心、理解和支持。物业管理是一个庞大的社会系统工程，涉及面非常广泛，包括勘察、设计、园林绿化、供水、供电、供暖、城管、工商、消防、环保、社区组织等几十个部门、更与广大市民密切相关，离不开广大群众的关心、理解和支持。在目前物业管理没有引起足够重视、群众意见较大、处于起步阶段的情况下，做好宣传尤其重要。一是要向各级领导和相关部门讲清做好物业管理工作的重要性和迫切性，增强各级领导和干部抓好物业管理的责任感和紧迫感，向物业管理投入更多的工作精力，实现从不重视到重视、从一般化重视到高度重视。二是要向物业管理企业讲清做好物业管理改革的大趋势，使物业企业和职工真正看到危机、认清发展方向、找准发展目标，从被动管理型向主动服务型转变，从依靠政府和大企业向在市场竞争中求生存和发展转变，形成全员的、统一的竞争思想环境。三是要向广大群众讲清搞好物业管理是全社会的共同责任，抓好公民道德建设，动员更广泛的社会力量向不文明行为做斗争，支持和参与物业管理、监督物业管理企业的服务行为和质量，并积极缴纳各种费用，增强配合意识，由一般性关心转向特别关心，由不重视行使消费者权力转向注重维护自身权力，形成推动物业管理向前发展的强大力量。

（节选自2001年12月关于大庆市物业管理改革的调查报告）

建立全员审计质量控制体系 努力提高审计工作水平

一、关于审计公告问题

审计公告制度，是审计署借鉴国外审计机关的通行做法，按照《审计法》的有关规定，于2003年底开始推行的。目前，审计署在去年公告非典资金审计结果之后，今年又公告了教育经费和扶贫资金的审计调查结果。

对于推行审计公告制度，是审计长多次提出并反复强调的。对于实行审计结果公告制度的必要性，李金华审计长认为，它是加强社会主义民主法制建设，推进依法行政、促进政府行为公开和透明的必然要求，是依法履行审计职责、提高审计质量，使审计工作本身逐步做到公开、公正、公平的重要举措，对于推动审计工作的发展具有非常重要的意义。要进一步加大审计公告的力度，逐步形成一项经常化的制度，力争尽快做到所有审计项目的审计情况，除涉及国家秘密和被审计单位商业秘密外，全部对社会公告。

令狐安副审计长强调，审计公告有利于推动政务公开，有利于推动整个行政管理的规范化、科学化、制度化，有利于推动各级政府加强对经济的宏观调控力度和以市场化为取向的改革力度，有利于进一步完善各级审计机关每年向政府和人大报告的真实性、完整性和效益性，有利于推动各级审计机关下达的审计决定的落实，有利于审计机关提高审计质量，加强自身建设，并用整个审计工作的“牛鼻子”形象地描述了审计公告的极端重要性。

从目前情况看，推行审计公告制度不仅重要而且迫切。特派办作为审计署的派出机构，人员素质和工作水平能否适应审计公告的要求？能否经得住社会和公众的监督？是需要认真思考和抓紧解决的问题。

作为派出机构，虽然不是审计公告的发布主体，但并不表明这项工作离特派办很远，与我们无关。特派办是审计公告信息的直接提供者，工作质量如何，直接影响到审计公告的质量。目前特派办的成果也许只是反映在审计公告的“合计数”里，有些可能是一笔带过，但丝毫不影响特派办工作质量的重要性，切不可麻痹大意，掉以轻心，任何时候都来不得半点马虎和失误。

为了适应审计公告制度的推行，要努力克服与己无关的思想，不仅要牢固树立审计质量意识，把质量视为审计工作的生命线，始终绷紧质量这根弦。在工作中，还要严格依法办事，确保审计程序合法、审计行为规范，并养成良好的工作习惯。要认真落实好审计项目质量控制办法，加强审计质量的全程控制，严把审计质量关。要确保审计结果事实清楚，证据确凿，定性准确，审计评价客观公正。推行审计公告制度，是一把“双刃剑”，既给我们带来了机遇，更使我们面临挑战。只有提前准备，未雨绸缪，始终保持清醒的头脑，才能在挑战面前赢得主动，赢得发展的先机。

二、关于建立审计质量控制体系的问题

建立审计质量控制体系是特派办的一项重中之重的工作。这项工作从提出到具体实施，综合部门特别是贯标办做了大量艰苦细致的工作，取得了不少成果。认证工作领导小组和工作机构已经成立，工作方案已经确定，规章制度的清理、流程图的绘制、文件的起草、人员培训等前期工作也在抓紧进行。整个工作进展比较顺利。

这项工作不仅愈发重要，而且也变得日益迫切起来。特别是审计公告的实行，审计质量已经被提到了前所未有的高度，如何保证审计质量、规避审计风险成为了摆在我们面前的一个重要课题。在建立审计质量控制体系的问题上，总体思路是：以贯彻审计署《审计机关审计项目质量控制办法》为重点，以开展ISO9000国际质量认证工作为切入口，通过国际标准质量管理体系的导入、建立和运行，逐步形成一系列适合审计工作特点的工作规范。同时，积极发挥全员审计质量控制体系的辐射和渗透作用，并以此为纲，统揽全局，带动整个管理水平和工作质量的提高。确定这样一个思路，是在深刻分析当前形势的基础上，经过充分调查、反复论证后谨慎决策的，是提高审计质量、降低审计风险的需要，是创出成都办特色、实现跨越式发展的需要。

我们大胆提出了全面建立全员审计质量控制体系的设想，并根据ISO9000标准的特点，把开展国际质量认证工作作为这项工作的一个重要载体。就是要先人一招，快人一步，赢得发展的先机。这一设想得到了署里的肯定，希望我们率先启动起来，探索路子，为其他审计机关提供经验。

在建立全员审计质量控制体系的问题上，目前存在主要的问题是，一些同志在认识上还不够到位，特别是对贯标工作还存在一些模糊的认识。主要表现在：一是认为ISO9000标准更多地是和企业管理联系在一起的，与审计工作风马牛不相及；二是认为我们已经有了不少规章制度，再搞贯标，是作茧自缚，自找麻烦；三是把贯标看成是万能的，认为应该包罗万象；四是认为贯标只是贯标办的事，与己无关。由于认识上的不到位，一定程度上影响了工作的开展。

其实，ISO9000标准虽然最早应用于企业，但早已不再局限于企业。尤其是2000版ISO9000标准，本身是一个开放的体系，它取消了应用指南标准，强化了标准的通用性和原则性，是目前适用范围最广的国际标准之一，适用于所有的行业和各种规模的组织。特别是它所包含的八大质量管理原则：以顾客为中心、领导作用、全员参与、过程方法、管理的系统方法、持续改进、基于事实的决策方法、与供方互利的关系，与审计署建立审计质量控制体系的初衷，可以说是不谋而合。

ISO9000标准是一个提高质量管理水平的科学体系，其管理思想蕴含了预防、监督和持续改进三大科学管理机制，融汇了系统论、信息论和控制论的精华。因此，引入ISO9000标准，决不是规章制度的汇编，而是运用现代管理理念和手段加强审计机关规范化管理的重要手段。特别是ISO9000标准采用的以过程为基础的质量管理体系模式，为我们加强审计过程的控制，明确审计责任，规避审计风险，建立责任追究制度和科学考评体系提供了重要平台。

引入ISO9000标准，更多地是从加强管理，提高审计工作质量和水平的角度来考虑的，针对的是经常性的工作，解决的主要是质量方面的管理问题。因此，不能理解为建立了该体系就能包治百病。但建立审计质量控制体系又是一项重要的基础性工作，对搞好其他工作有很大的促进作用。比如大要案，尽管二者表面上没有直接关系，但互相并不排斥。因为在这个体系下，按规定的程序、规定的内容实施了审计，采取了必要的技术方法，很多线索自然而然地会进入视野，大要案的发现也会由偶然性变为必然性。这不仅可以避免审计当中的随意性，而且可以减少在发现和查处问题时对个人素质和经验的过度依赖。更重要的是，由于设定了审计业务流程，又按照流程制定了详尽的工作规程，还可以使审计新手在没有“师傅”指点的情况下，很快熟悉工作内容，进入角色，无师自通，从而加快审计人员的成长步伐。

此外，贯标也是一项全员参与的工作，不可能也不可以仅靠部分人来完成，因为审计成果本身就是全员参与的产物。因此，对审计成果质量的控制，只有全员充分参与，才能达到系统控制的目的。对搞好下一步的贯标工作，应注意处理好以下五个方面的关系：

一是贯标工作和审计业务的关系。不要把二者对立起来，认为搞贯标工作是务虚，审计业务才是务实。其实，二者更多的是一种相辅相成的关系，是当前和长远的关系。贯标工作可能不像大要案那样，吹糠见米，立竿见影，但它是一项非常重要的基础工作，事关长远，关系到创一流目标的实现，其重要性一点也不逊于大要案，特别是对于打基础年更是如此。因此，审计业务和贯标工作一定要统筹兼顾，不要厚此薄彼，特别是在人员调配和工作安排上，要有大局观念。

二是贯标工作和贯彻6号令的关系。审计署6号令实际上只是一种局部的审计质量控制，主要目标是解决审计项目的质量问题。而搞贯标，是要建立一个全员、全过程、全方位的审计质量控制体系，贯标工作对6号令而言是一种包含关系，而6号令又是贯标工作的重要组成部分。在工作中，我们既不能用贯彻6号令来代替贯标工作，也不能用贯标工作来否定6号令。相反，要积极发挥二者的相互促进作用，一方面，要利用贯彻6号令的有利时机，抓紧全员审计质量控制体系的建立工作；另一方面，又要通过贯标工作，促进6号令的落实。

三是继承和创新的关系。贯标工作不是推倒重来，对过去一些好的、行之有效的制度和做法要充分借鉴和利用，注意吸收其中有价值的东西，以避免重复劳动。但这种继承也不能照抄照搬，不能把贯标理解为是规章制度的改头换面，而要吸收现代管理的最新成果，用系统论、信息论和控制论的思想去设计整个审计质量控制体系，体现创新，体现特色。

四是形式和内容的关系。虽然内容要通过适当形式来表达，但形式最终是为内容服务的。因此，在整个贯标过程中，切忌把贯标搞成花架子。从根本上说，贯标只是一种形式，一种手段，提高审计工作质量才是内容，才是目的。因此，贯标这一形式必须为提高审计工作质量这一内容服务。在具体工作中，就是要正确处理好二者的关系，不要照抄照搬，食洋不化。

五是质量和效率的关系。在建立审计质量控制体系的问题上，我们不能搞烦琐哲学，把质量控制体系搞得很复杂，导致质量成本太高。总的看，整个质量控制体系的建立，还是要按照少而精、管用的原则来考虑，要在保证质量、规避风险的前提下，兼顾质量和效率的关系，注意在质量和效率之间找到最佳的结合点。为此，必须找准质量控制点，制定合适的工作目标和质量要求，增强各规程的可操作性，把质量成本调到合理的水平。

推动贯标工作顺利开展，要做到以下几点：

一是高度重视，精心组织。要把它作为创出成都办特色、实现跨越式发展的重要手段和创造性地落实审计署关于建立全员审计质量控制体系战略思想的重要举措，从促进审计事业发展、开创审计工作新局面的高度去认识。而且，作为打基础的关键年，从点滴抓起，从最基础的管理工作抓起，也体现了科学发展观的要求。因此，对于贯标工作，大家要有责任感和紧迫感，以更加积极的态度支持和参与进来。在整个贯标工作中，要加强领导，积极发挥办处两级班子的组织协调作用，要把贯标作为一项经常性的重要工作，纳入议事日程，和其他工作一起布置、一起落实、一起检查，以保证贯标工作的顺利开展。同时，还要抓好各项工作的落实，要按照贯标工作的总体安排，积极做好文件起草、人员培训和试运行等工作，确保贯标工作按期完成。

二是全员参与，相互配合。从办领导到普通职工，都要有“贯标工作人人有责”的意识，在思想和行动上真正把它作为分内事融入其中，全程参与。贯标工作不能仅仅局限于贯标办，贯标办也不要去代替别人的工作，要各司其职，各负其责。比如职责权限的划分、业务流程的梳理、工作要求和工作标准的确定、质量控制点的选择，等等，各处室、每个同志都需要去琢磨，去研究，不要老把自己当局外人，不能光依赖贯标办。尤其是到了业务指导书的编写和试运行阶段，全员参与更显得重要。一定要克服与己无关的思想，高度重视，积极参与，全身心投入。同时，各处室之间也要加强协作，加强配合。要注意相互学习，相互启发，相互借鉴，并注意成果的相互利用。只有大家都行动起来了，质量控制体系才能真正发挥作用，取得成效，

三是加强学习，认真研究。尽管ISO9000标准消除了行业的差

别，适用于所有的行业和组织，但如何把ISO9000标准的普遍性和审计工作的特殊性结合起来，值得我们认真思考和探讨，需要大家以创新的精神和敢为人先的理论勇气，进一步解放思想，开动脑筋，做好二者的结合文章。一方面，要加强对ISO9000标准的学习，熟悉内容，领会精髓，把握要求，研究普遍性的东西。另一方面，还要结合审计工作的特点，特别是审计目标的不确定性、业务的交叉性、对象的不固定性等特点，研究审计机关开展质量认证工作的必要性、可能性和现实性，研究审计工作特殊性的东西。在ISO9000标准普遍性和审计工作特殊性如何结合的问题上，既可以从机关和企业的差异性上寻找答案，也可以从其他机关，特别是和审计工作有共性的机关吸取有益经验。有些问题，还可以作为课题研究。特别是对一些在贯标过程中遇到的现实问题，如处室职能划分、目标考核体系、考核结果的利用等问题，要在实践中抓紧研究解决。

四是加快进度，保证质量。作为第一家开展国际质量认证工作的审计机关，抓紧时间通过认证意义重大。因此，要加快步伐，以时不我待的紧迫感，抓紧做好贯标的各项工作，要用“倒计时”的方式，确保认证工作的顺利完成。但整个工作也要保证质量，不能萝卜快了不洗泥，为认证而认证，光想拿牌子。只有符合ISO9000标准的要求，满足认证条件，使体系的建立真正起到规范管理、规避风险的作用，并取得实际效果，才能真正创出我们的特色，并为其他审计机关提供经验。

贯标工作是一项创新性的工作，和其他创新工作一样，都有一个不断总结、不断深化，从不完善到逐步完善的过程，其中，曲折和弯路是难免的。在探索的过程中，可能还会有一些反复甚至失败。特别是ISO9000标准中“持续改进”的特点，即便是明年通过了质量认证，也只是一个初步的框架，只是全员审计质量控制体系建立的开始，还有一个持续改进的过程。要对这项创新工作以更大的包容心，并给予更多的理解和支持。只要大家高度重视，积极参与，相互配合，这项工作就一定能够按照预定的期限稳步推进，创出特色、加快发展的目标也一定能够顺利实现。

（节选自2004年8月在成都特派办年中整训大会上的讲话）

审计招投标的嬗变之路

审计署成都特派办自2004年引入竞争机制对部分审计项目进行招投标以来，经历了试点、规范、深化、完善的过程，取得了令人欣慰的成效。

一、试行

如何抓好管理，如何提高审计质量呢？在市场经济快速发展的今天，竞争成为推动发展的动力。审计质量要想提高，就必须充分调动审计人员的积极性，而调动积极性的最好办法莫过于引入竞争机制。

于是，对审计项目实行招投标的思路产生了，这样能从根本上改变审计人员得过且过的心态，打破“论资排辈”行政式安排，变“要我干”为“我要干”，既能充分调动审计人员的积极性，又能落实责任制，便于集约化管理。

2004年伊始，成都办党组正式对审计项目实行招投标的思路进行了研究和讨论。得知审计项目要采取招投标的形式，全办上下一片哗然：有些同志产生了疑惑，觉得招投标适用于工程建设领域，但在国家机关推行这种竞争办法，似乎有些不妥；有些同志认为，要改变沿袭多年的习惯谈何容易，肯定会出现年龄大、资历深的老同志不愿意去与学历高、精力好的年轻同志竞争，或者年轻同志不好意思和老上级、老同志去竞争的情况。

为了消除大家的疑虑，我们一边召开动员大会，一边委托办公室、法制处、人教处等部门科学、合理地制定招投标方案。

既然要搞审计项目招投标，那么就必须要规范程序。经过几个部门的共同努力，成都办很快出台了《招标办法》，设定了评标标准和计分规则，精心编制了项目标底，确定了以下环节：发布招标公告、投标人报名、资格审查、招标会对投标资料评审、投标人演讲答辩、评委打分（评委由办领导和从审计专家库随机抽取的审计专家组成）、确定中标人、签订《中标协议》、法制处对《中标协议》履行情况进行督促检查。从而保证了公开、公平、公正的竞争原则。

为了保证审计招投标工作既积极稳妥，又取得实效，专门成立了以特派员为组长的审计招投标领导小组，并在法制处设立日常办事机构。在招标过程中，几位办领导参与指导，业务处室认真组织，综合部门积极参与。特别是在全办范围进行的审计项目和组长招标，特派员会亲自担任招标组组长，评标委员会则由相关审计专家组成。

2004年3月，成都办固定资产投资审计处试行了“陕西省水利建设资金审计实施方案比选及主审招标”。一位年轻同志设计的审计实施方案思路清晰、操作性强，就连几位同时参加投标的老审计都甘拜下风。通过招投标选择的实施方案，同时兼容并吸收其他方案的优点，显得更加完美。该项审计最后查出各类违法违规金额8亿多元，在审计长向全国人大常委会做报告后，引起强烈的社会反响。

当年6月，成都办的四川君和会计师事务所执业质量检查项目在全办范围内首次试行了公开招标审计组长。设置的标底是：查处的问题至少有1个上审计署汇总报告，审计费用10万元。办公室一位副主任的审计实施方案经过激烈角逐，战胜了其他5位竞争对手。他的中标书承诺：至少查出2个上署汇总报告的问题，审计费用只用8万元。出乎意料的是该项目最终查出违纪金额2亿元，反映的8个问题全部上了审计署的汇总报告，其中两个问题经审计署《重要信息要目》反映后，分别被中办、国办采用，得到了国务院领导批示。审计招标的效果大大超过了预期，令人十分振奋。

二、规范

2005年，成都办出台了《加强审计项目招投标工作的指导意见》《审计招投标规程》《招标工作安排》《中标责任书》等制度和措施。对审计项目招标、投标、评标的内容和形式，对审计招投标活动应遵循的原则和程序，对招标领导小组的职责和任务，对审计项目标的的确立和审查，对投标人、评标人的资格要求和资格审查，对招标人、中标人的权利和义务，对评标的标准和方法，对审计项目招投标活动的考核和奖惩，以及对招投标文件的内容和格式等，都作出了明确界定。

2005年，业务处室内部开展的审计项目小组长和主审招标取得了很好成效。财政审计二处主审和小组长招标项目——某市住房公积金审计，审计成果被署《审计要情》和《重要信息要目》各采用1篇，国务院领导还作出批示，转送部委3篇，向司法、纪检机关移送案件线索2起，涉案人员19人，该项目被审计署评为优秀审计项目。

三、深化

2006年和2007年，成都办将重要审计项目在全办范围内招标，并对招标项目进行评审，进一步深化了审计招标工作，积累了审计招标经验。召开了中标人履职情况汇报及评审会，对中标人履职情况进行评审。在年终整训时，举办了不同形式的研讨会。同时，根据中标人履行《中标协议》、完成审计任务、取得的审计成果及审计质量等情况，进行严格考核，兑现了奖惩。

我们设计出了“成都特派办审计项目招标投标流程图”，将千头万绪的工作细化为16个步骤：审计项目责任处室提出拟招标项目—法制处收集、整理拟招标项目资料—向招标领导小组提出全办审计招标项目建议—领导小组确定审计招标项目和招标方式—拟定招标方案—编制招标文件—发布招标公告，公布招标文件—接受个人或团体报名，并进行资格审查—提出合格投标人名单并报领导小组批准—通知投标人，并提出投标要求—投标人进行投标准备，制作标书—召开投标会议—评标委员会根据分值提出1至2名中标候选人名单—招标领导小组确定中标人—签订中标责任书—发布中标公告。

四、完善

目前成都办的审计项目招标工作已臻完善。从层次上看，既有审计项目招标，审计组长招标，也有主审招标和子项目组长招标及审计方案比选；从范围上看，有全办范围招标，也有处内招标；从内容上看，有单纯的方案招标，也有综合性招标；从投标组织看，有个人投标，不同处室人员的组合投标，处室成建制投标，还有一个处室人员到另一处室投标。综合部门的人员通过投标也干起了审计业务。实行招标后，调动了全办的一切积极因素，审计成果因此更加突出。

2006年金融审计一处的主审招标项目——中国银行某分行2005年度资产负债损益审计，最后查出违规放贷9.12亿元、不规范金额3.52亿元，审计成果被署《重要信息要目》采用7篇。

2006年金融审计二处的主审招标项目——某银行贷款教育项目审计，共上报调查报告10篇，上报行业汇总报告1篇，提交《情况简报》2篇，上报《重要审计情况》1篇，移送涉嫌违法案件线索1起，审计成果被署《重要信息要目》采用4篇，其中2篇被中办、国办采用，得到中央领导批示。

四年来，成都办先后在财政、金融、经贸、投资、社保、外资、行政事业、农业等40个审计项目中开展了办处两级的审计组小组长、审计项目主审和项目组长的招投标。其中，全办范围内招标项目8个，各处在处内招标32个。其中审计组长招标10个，主审招标20个，小组长招标10个，参加投标人数共计127个。招标项目占全部审计项目的54%，但审计成果被署《审计要情》和《重要信息要目》采用却占了95%和90%以上，移送案件线索占85%以上。

五、体会

成都办的审计招投标工作经过几年的发展，其优越性得到了集中体现。

首先，提高了审计质量。如，2006年成都办在全办招标的重点项目——某收费公路项目，报署《情况简报》17篇，占全办的

25.3%，报署《重要审计情况》3篇，占全办的40%。审计成果十分突出，该项目被审计署评为优秀审计项目。

其次，节约了成本。在没有实行审计项目招投标以前，普遍存在“干到哪里黑就在哪里歇”的习惯，特别是最后写报告，本来就两三人的事，但大伙儿都要窝在宾馆里干，造成了审计成本的浪费。曾经一位中标的审计组长感慨地说，现在实行现场审计时他有“三个不敢”，一不敢多要人，二不敢在审计现场拖延时间，三不敢对工作有一点马虎。2004年成都办的一个审计项目外勤经费标底为10万元，中标方案为8万元，最后，该项目实际审计外勤费用仅3.1万元。

第三，调动了审计人员的工作积极性，成都办财政审计二处为了解决住房公积金审计的难点，采取了在全办范围招标子项目组长的办法，计算机处一名业务骨干中标担任某中心小组长后，不但发挥技术优势查出了不少问题，而且还就对方计算机系统存在的重大缺陷上报的信息被审计署《重要信息要目》采用。另一名中标小组长在审计中发现，某市公积金中心挪用2亿元炒买国债，损失殆尽，却没有留下任何账目。当时正值休假期间，全处自愿放弃休假，延伸到170家银行机构查找证据，最后终于攻克了难关。

审计项目招投标在成都办犹如一场思想革新。令人非常欣喜的是，全体人员以此为契机改变了养尊处优的习惯，树立了不进则退的时代意识，潜在动力的迸发，焕发了职工的活力。但是审计招投标作为一个新生事物，还有一些地方需要完善，带着必胜的信念，我们将会在这条“道路”上坚定地走下去……

（原载于审计署《中国审计》杂志2009年第4期）

辑四

实践·经验

大庆乡企实行战略发展

党的十一届三中全会以来，大庆乡镇企业迅速发展，特别是去年市委、市政府提出坚定不移地实现农村经济工作的战略性转移，全市乡镇企业获得了超常规、跨越式发展。产值达到23亿元，比上年增长50.3%；总收入24.19亿元，比上年增长35.9%；实现利润1.65亿元，比上年增长43.3%。但是，随着市场经济体制的逐步建立，大庆乡镇企业基础性矛盾和结构性矛盾日益突出，严重影响乡镇企业的进一步发展，必须重新构划大庆乡镇企业的发展战略，才能使乡镇企业步入科学有序、高速发展的快车道。

重新构划大庆乡镇企业的发展战略，就是从实际出发，搞好乡镇企业发展的总体设计，构造飞鸟型的乡镇企业发展战略框架。就是：以发展外向型经济为龙头，以乡、镇工业为主体，以农副产品资源深度开发和为石油、石油化工吃配服务为两翼，形成新的发展模式。通过外向带动，主体强化，两翼加速，使大庆乡镇企业开始腾飞，实现超常规、跨越式发展。到2000年，大庆乡镇企业实现总产值105亿元，利税10亿元，总收入107亿元，投入资金35亿元，新上和技改项目398项，转移农村剩余劳动力10万人。

一、实施中心突出战略，在解放思想上搞突破

在位置摆放上解放思想。大庆作为资源性城市，其主体产

业——石油资源总有衰竭的时候。因此，要不失时机地发展替代产业、地方经济。而发展替代产业、地方经济靠上国有大中型企业，无论从当前国家经济政策、产业政策上看，还是从大庆区域经济特点上看，都难以实现。比较现实的选择就是大力发展乡镇企业，靠发展乡镇企业保持大庆经济的持久繁荣，致富人民。这就要求我们把发展乡镇企业放在经济发展的突出位置上，放在农村经济发展的主体位置上，形成强烈的发展意识和氛围。从思想认识、工作抓法、政策措施到组织领导，都体现乡镇企业这个主体地位，做到上下同心、目标同向、工作同步，形成强大的抓乡企工作合力。

在发展速度上解放思想。要破除唯条件论，怨天尤人思想，发扬大庆“有条件要上，没有条件创造条件也要上”的创业精神，能发展多快就多快。中央实行经济紧缩政策是对全国而言的，大庆经济发展本来就比较缓慢，所以，没有一分一秒放慢发展速度的理由。坚持发展是硬道理，思想解放了，没有条件会创造条件，没有钱会有钱，没有人会有人；反之，思想不解放，有条件看不到条件。大庆乡镇企业基础较薄弱，每年以不低于40%的发展速度是可行的，也是完全可以实现的。

在发展思路上解放思想。没有一个好的发展思路，乡镇企业就无法进入科学有序、超常规发展的快车道。大庆乡镇企业要快速发展，当务之急就要把调整经济发展思路作为解放思想的重要内容。首先，要在克服依赖思想上突破，大庆发展乡镇企业，应该依托石油、石油化工的资源优势，但决不能依赖，必须努力发展自己，发展外向型经济，瞄准国内国际两个大市场，以市场为导向，形成自己的乡镇工业特色。唯其如此，才能适应石油工业的结构性调整和市场经济的需要，使乡镇企业保持健康快速发展，成为大庆替代产业的主体。

在执行政策上解放思想。要坚持一切从“三个有利于”出发，不唯书，不唯上，只唯实。执行政策既要有坚定性，又要有灵活性，有利于经济发展的政策，就要用足、用尽、用活；不利于经济发展的，就要审时度势，灵活变通。要克服“事事向上请示，事事要‘红头文件’，事事要个‘说法’”的思维惯势，树立只要“三个有利于”，干啥都是社会主义，只要“三个有利于”，咋干都是社会主义的思维，强调“发展是硬道理”，在执行政策上，要真正硬起来，硬道理不能坚持，就不是真正的解放思想。

在选用干部上解放思想。市场经济就是能人经济，发展乡镇企业必须实施能人战略。要在干部选用上解放思想，不看年龄、不看党龄、不看文凭、不看地域，唯贤是举，量才授职。要像苏南地区那样：“给位子，交印把子，让你迈步子，到年终交票子；迈不了步子，交不上票子，就挪位子”，实行责、权、利有机结合。对那些长期打不开局面，完不成经济发展目标的干部，坚决换下来；对在经济建设中表现突出的干部，大胆提拔上来，形成正确的干部任用导向，为乡镇企业的快速发展提供强有力的组织保证。

二、实施立体融资战略，在资金投入上搞突破

乡镇企业发达地区的成功经验表明，发展是硬道理，投入是真道理，没有投入就没有产出。因此，必须采取实际步骤，在资金投入上搞突破。一是眼睛向上争取一块。要抓住省委提出开辟“第二战场”大力发展乡镇企业的机遇，围绕省委、省政府发展乡企制定的优惠政策，积极争取银行增加投资规模，地方财政部门按规定对乡企的投入足额到位，各级干部要走出去，跑省跑部，使之每年向

上争取5个亿的投资规模，年递增20%。二是眼睛向外引进一块。要加大横联力度，大庆在国内外都具有较高知名度，要巧用这笔无形资产，搞好对外宣传，开展横向联合与协作，千方百计引进资金，争取每年引进3个亿，借鸡下蛋，发展自己。三是眼睛向内挖潜一块。由于目前乡镇企业管理粗放，“二国营”机制没有完全彻底地转换，资金损失流失严重，必须着眼于自身，严格财务管理，增收节支，减少非生产性开支，依靠资本原始积累，挖掘内部潜力，加大自我投入力度，争取靠企业自身每年投入1个亿。四是眼睛向下集资一块。主要通过积极推行股份合作制和职工集资，采取吸纳股金、职工带资入厂的形式，把农民在社会上一部分消费基金转化为生产资金。在这方面要克服怕担风险的狭隘思想，敢于负债经营，争取每年集资1个亿以上。五是眼睛向钱融通一块。要探索发展银企集团，由银行金融组织和大型乡镇企业集团共同出资并吸收一切愿意出资的乡镇企业出资，组建银企集团，优先为集团内企业融资。还应允许乡镇企业按照政策发行债券融资，将现有的农村合作基金会加以发展、规范，逐步转变为正式的乡镇企业金融机构，专门为乡镇企业服务。通过实施立体融资战略，全市每年在发展乡镇企业上争取投入十个亿以上。

三、实施拓展“三外”战略，在发展外向型经济上搞突破

从乡镇企业长远的发展趋势看，要使乡镇企业获得更广阔的发展空间，必须加速与国际市场接轨。大庆的乡镇企业要以更大的胆略和气魄，更宽的视野和渠道，全面实施外向带动战略，不断提高全市乡镇企业的外向化程度，到2000年，全市外向型企业要发展到500个。

外贸出口上规模。要按国际市场需求多培育一批出口创汇企业，多开发一批“三高”（高科技、高附加值、高效率）出口创汇产品，多发展一批出口商品基地，多增加一批自营出口企业。尽管目前大庆乡镇企业外向化程度较低，但必须有这种战略意识和战略目标，首先要消灭县（区）外贸出口的空白点，精心培育自己的拳头产品、地方名优产品，主动打出去，参与国际市场竞争，以期在更高的起点上发展自己，争取到2000年，全市七十个乡镇都有出口创汇企业和创汇产品，全市外贸出口上规模，实现外贸收入10个亿，力争实现15个亿。

招商引资上水平。要加大招商引资的力度，提高利用外资的质量和水平。在继续吸收中小项目的同时，注重引大、引高、引新、引多、引优，吸引实力雄厚、技术先进的大公司、大企业前来投资。每个县（区）都要推出一批效益好的企业进行合资合作，每个乡镇至少有两个“三资”企业，并做到规划项目抓招商、洽谈项目抓促成、合资项目抓投产、投产项目抓达产、达产项目抓效益，力争到2000年，全市外向型企业发展到500个，“三资”企业发展到140个，力争发展到200个。

外经工作上台阶。要鼓励乡镇企业到海外兴办多种企业实体，一方面在国外设立“信息窗口”，减少环节，直接组织产品出口，抢占经营阵地；另一方面通过各种形式直接到国外兴办企业，在对方国内生产经营，抢占国际市场，以外带外。要积极开展承接海外劳务输出，不仅劳务输出要扩大，技术输出也要增加，这是转移消化农村剩余劳动力、赚取外汇的有效途径。要利用地缘优势，全方位开展边境贸易，努力开拓周边国家市场，从易货贸易起步，逐步发展到技术合作，做到优势互补，以外促内，使外经工作上一个新台阶。

四、实施紧逼加压战略，在强化领导服务上搞突破

大庆的乡镇企业之所以落后于发达地区，主要是各级干部思想解放程度、胆识与魄力、信心与勇气，都远远不如人家，如果顺其自然、自我发展，是不可能搞上去的。必须压担子，加任务，升温加压，逼上梁山，全市上下形成抓乡企的合力，领导服务真正到位，才能保证各项战略目标的实现。

要强化领导力度，突出一个“逼”字。明确各级党政一把手是发展乡镇企业的第一责任者，从市委、市政府做起，把主要力量、主要精力投放到抓乡企上来。要建立各级班子抓乡镇企业目标责任制，市县（区）五大班子要继续实行包县（区）、包乡、包企业制度，并落实项目具体到人头，班子成员每人至少抓一个乡企项目，层层加压，强化领导，真正逼出一个大上的氛围，使各级干部感到，乡企工作不抓不行，抓不好也不行，形成人人有压力、人人想办法、人人找门路，千方百计发展乡企的好局面。

要强化奖惩激励机制，突出一个“驱”字。一是利益驱动。对发展乡镇企业政绩突出的县（区）、乡镇干部予以重奖，县（区）、乡镇干部实行“三个一”（每人包扶一个乡、村，联系一个企业，负责一个项目）制度，并与干部自身利益挂钩，根据三个层次指标递增或下降幅度，按一定比例奖惩，年终兑现。从村干部工资中砍出一块，由村办企业利润中解决，解决不了的不开，争取用三年时间，村干部工资都在村办企业利润中支付，真正建立起县（区）、乡镇、村三个层次的利益驱动机制。二是导向驱动。在全市范围内开展发展乡企“发展杯”竞赛活动，以1994年末为基数，从1995年开始，对县（区）、乡镇发展乡镇企业排名次、定座位，获金杯奖的县（区）主要领导可享受副市级待遇，

乡镇主要领导可享受副处级待遇。村干部发展乡镇企业贡献突出可转为国家正式干部，具备条件的可提拔到乡镇兼任副职。县（区）、乡镇干部抓乡镇企业政绩特别突出实行破格提拔。同时，对发展乡企打不开局面的干部，要及时亮“黄牌”，直至就地免职，以此形成全市上下抓乡企的干部任用导向和比学赶超的竞争导向，培养造就一批竞相干大事、创大业的发展乡企带头人。三是感情驱动。县、乡领导抓乡企贡献突出的，离任后如本人愿意可在市区优先安排住房，优先子女就业，优先享受社会福利待遇。每年在全市范围内，授予十名县（区）、乡镇干部“发展乡镇企业突出贡献者”荣誉称号，使这些发展乡企有功人员减少后顾之忧，给予相应的政治待遇。

要强化政策到位措施，突出一个“抓”字。南方乡镇企业之所以发展快，关键是他们在政策上用的活、用的足、用的尽。政策也是资源，也是财富，浪费政策是最大的浪费。目前，省、市出台的一些发展乡企优惠政策，可以说“够劲了”。现在，关键是要用市场经济新思维，狠抓政策到位率。为此，要从三个方面入手：一是抓政策“悬空”问题。一些优惠政策少数乡镇和企业根本不知道，贯彻有断层，必须一抓到底，并搞好政策落实的信息反馈。二是抓政策“梗阻”问题。要上下步调一致，领导开明，办事人员更要开明，决不允许“小二管大王”。三是抓政策“折扣”问题。要消除部门的本位主义，该给的一定要给，该多给的不能少给，该早给的不能晚给，使多项优惠政策横向到边、纵向到底。所有抓乡企工作的各级干部对于有悖于发展乡镇企业政策的各种干预和做法都可以置之不理，千方百计创造宽松条件，保证各项政策落实到位，促进大庆乡镇企业超常规，跨越式发展。

（原载于1995年3月27日和28日《黑龙江经济报》）

突出重点　全力推进　加快城市建设步伐

大庆市的城市建设，经历了矿区建设、城市建设和高科技现代化城市建设三个发展阶段，初步形成以东风、龙南、乙烯三大区块为主，16个卫星城相映照、高等级道路相连、绿色空间相分隔的组团式城市发展格局。特别是1998年，我们着眼于高科技现代化城市发展目标，加大城市建设力度。城建工作取得历史性突破，进一步确定了“以思路求出路、以改革促发展，推动城市环境建设、城市建设和经济建设协调发展”的总体思路。

一、立足市情，着眼于建设中国北方高科技现代化城市目标，加快城市建设步伐

1997年底，中共大庆市委五届三次全委扩大会议，确定了实施“大开放、大招商、大发展”战略，“三年建成国家级卫生城市，四年建成国家环保模范城市，五年建成全国文明城市，用八年时间把东西城区建成国家园林城市，到2010年基本建成高科技现代化城市”的奋斗目标，明确了“不办企业建环境”工作思路，将政府的首要职能定位在“城市的规划、建设、管理”上，为1998年城市建设取得新突破奠定了思想基础，明确了主攻方向。

以规划为先导，瞄准21世纪高科技现代化城市建设发展目标，

对城市建设进行定性、定量、定型、定向、定位研究，龙头劲舞。科学完善的城市规划，是搞好城市环境建设的前提和基础。我们从加强城市总体规划、强化规划管理入手，开展了大庆市1998“城市规划年”活动。以“制订一个纲要、建立一个项目库、完善两大分区规划、八大专项规划、100公顷详控规划”为主要内容。对城市进行定性、定量、定型、定向、定位研究，编制城市发展纲要和总体规划，为城市建设指明了方向，描绘出高科技现代化城市建设发展的宏伟蓝图。

以城市综合开发建设为突破口，抢抓机遇，加强城乡建设。城市化是21世纪城市发展的主题。我们紧紧抓住这一主题，加快城市基础设施建设、住宅建设、市场建设和老城区建设改造。1998年城市建设固定资产投资192亿元，是大庆市有史以来城市综合开发量最大、住宅建设最多，城区改造和市场建设量最多、力度最大的一年。大庆市东风新村集中供热工程、大庆市生活垃圾无害化处理厂等上亿元的大型建设项目全部上马，工程建设取得实质、突破性进展；建设了符合现代化城市发展需要的大庆市农产品中心批发市场、建筑装饰材料商城、名牌产品交易中心和建设展示交易中心四个大市场。在城市建设与经济建设协调发展、互促互进方面进行了一系列有益探索，为市场经济体制的建立和发展提供了城市载体。

以改革为动力，加强城市环境建设，激发城建系统活力。1998年大庆城建系统进行了产权制度、住房制度、土地使用制度、公用产品收费、市政经营管理体制、墙体材料等10大改革，均取得突破性进展。全市六大建设企业全部完成产权改制任务；住房制度改革走在了全国前列，住房货币分配、住房二级市场全面启动；土地拍卖成交额达到1328.76万元，公用产品收费突破1亿元，市属工程50万元以上招投标项目达427项；新墙材应用比例达到25%。通过项目招商、载体招商、招商引资合同资金55.85亿元，到位资金18.4亿元。进一步融通了城市建设资金，促进了城市建设的发展。

突出重点，深入开展城市环境综合整治，提高城市环境质量。1998年我们按照“高起点规划、高标准建设、高效能管理、高速度发展”和“统筹安排、分步实施”原则，从治理城市环境脏乱差入手，在全市范围内开展大规模城市环境综合整治。全年建设国家卫生城市示范小区2个，城市环境综合整治示范街路10条；在城市亮化、美化，净化、绿化方面取得显著成效，城市管理职能进一步增强，部门联动、依法治市力度加大，“两级政府、三级管理、四级责任”的城市管理体制和运行机制初步形成。城市园林绿化、市容环卫、市政设施建设、维修、养护、管理水平明显提高，为建设中国北方高科技现代化城市奠定了坚实基础。

二、着眼发展，走建设与自然相协调、高质量人居环境的路子，实现资源型城市可持续发展新的跨越

城市的现代化是城市发展的主旋律。1999年我们将立足于建设中国北方高科技现代化城市，按照“统一规划、合理布局、配套建设、整体推进”原则，突出四个建设重点：即以道路建设为主，加强城市基础设施建设；以住房制度改革为主，加强住宅建设，推动房地产业发展；以搞好灾区重建为重点，加快小城镇建设步伐；以改善城市环境质量为重点，加强城市绿化美化净化亮化工程建设，实现资源型城市可持续发展新的飞越。

（一）加强规划管理，保证规划实施的彻底性

城市规划是城市环境建设的龙头。1999年我们将继续抓紧大庆的分区规划、专项规划，建立城市建设项目库。坚持城市规划的系统性、科学性、超前性和统一性；强化城市规划管理，树立城市规划的权威性、法律性、严肃性和连续性。切实做到“规划一张图、审批一支笔、建设一盘棋、管理一条龙”。

（二）坚持高起点、高标准、高速度，加快城市基础设施建设步伐

城市基础环境建设从规划、设计到施工各个环节向国内外先进水平看齐，以超常规的胆识和气魄、超常规的办法，把城市绿化、美化、净化和亮化工作统一规划、统一部署、同步设计、同步实施，实现城市建设的高起点、高标准、高速度。一是实施“名牌战略”，把城市快速通道、城市广场、铁路货运专用线和集装箱中转站等大型城市基础设施建设项目作为城市精品工程、形象工程，全力组织实施，使之成为大庆市城市形象标志的重点工程；二是实施“民心满意工程”，集中力量搞好大锅炉房、东湖水厂、黎明河改造、七医院搬迁等关系国计民生和居民社会文化生活质量的重点设施建设，从整体上改变大庆市城市建设发展格局，迅速推进现代化的城市交通体系、生态环境体系、供水供热体系建设，构筑大庆高科技现代化的基础设施框架。

（三）改革城建投资体制，拓宽筹融资渠道

大庆市是计划经济积淀较深的福利型资源型城市。1999年我们将进一步加强城建投资体制改革，增加城市环境建设投入。一是组建城市建设投资开发公司，多种经营、综合开发、盘活资产，拓宽城建资金来源渠道；二是改革市政公用事业经营管理体制，提高市

政设施商品化、市场化程度，加快投资回笼；三是推进市政公用事业价格体系改革，确定公用企业产品合理的价格构成；四是商业用地实行出租拍卖；五是通过城市的综合开发、配套建设，创造商业繁荣、人流物流集中的规模效应、辐射效应；六是加快深化住房制度改革步伐，改变现行物业管理体制，实现住房体制和管理机构的变革，同时，通过土地政策调控，把房地产开发热点导向改造旧城区、平房区、低洼地。控制新城区开发强度，加快老城区改造；控制零星插建，实行综合开发；控制普通居民住房建设，建立适应不同消费层次的住宅消费体系。通过推进房改和发展房地产业，达到经济效益、社会效益、环境效益的协调统一。

（四）强化城市管理，全面开展城市环境综合整治，提高城市管理水平

一是以整治促管理，建立条块管理、专业管理与群众管理，突出整治与长效管理相结合的城市管理网络，提高城市管理水平；二是以法治城，加速我市城市规划、建设、管理的法规体系建设，有法可依、有法必依、执法必严、违法必究；三是健全管理体制，建立完善“市区两级政府，市、区、街道三级管理”的城市管理体制，把城市管理重心下移，发挥区、街道、居民委在城市建设管理中的重要作用；四是提高城市现代化管理水平，瞄准世界发达国家，采用国际互联网络联系方式，微机管理、系统控制、科学决策，改革城市管理方法、手段和技术，加大城市管理的科技含量，科学地管理城市。

（五）坚持城乡一体化原则，加快小城镇建设

立足农村城市化、城乡一体化目标，抓住灾后重建的契机，按照“撤并自然屯、建设中心村、发展小城镇”原则，移民建镇。采取政策吸引、规划强制、行政干预、宏观调控等手段，对灾后地区进行科学规划，强化小城镇建设。控制和消灭城市中的农村。同时，大力培养农村建筑企业，优化城镇建筑企业专业结构；建立完整的建材工业体系，培养新的经济增长点，拉动大庆市经济的发展。

（六）加大城市绿化美化力度，提高城市环境质量

以改善城市生态环境、提高城市环境质量为目标，1999年全面开展城市绿化美化年活动。以加强水源地和化工区防护林建设为重点，加快城防林建设。重点实施绿色通道工程、彩化美化工程、居住区绿化工程和亮化工程，真正使大庆地面变绿、夜间变亮、环境变美，城市特色更加突出。

“高水平的基础设施、高质量的生态环境、高科技的产业群体、高素质的人才结构、高效能的城市管理”是大庆人始终不渝追求的目标。只有世界的，才是中国的、大庆的。1999年我们将瞄准世界一流现代化城市建设水准，继续加大城市建设力度，为把大庆建成中国北方以石油、石化为主体、多产业协调发展的综合性城市，做出不懈努力。

（原载于建设部《城乡建设》杂志1999年第1期）

抬高起点　突出特色
努力提高城市规划工作水平

大庆先有油后有城，油田开发40年，建市仅20年。城市规划经历了从无到有、从滞后于建设到超前指导城市建设、从无序徘徊到趋于规范的转变过程。这一过程使我们深刻体会到，城市变化首先来源于规划，规划“不仅是龙头”，而是科学、是法律、是效益，对规划工作怎么重视也不过分，再大的投入都应该。几年来，我们遵循“富规划、穷建设”的指导原则，按照“一年构建框架、二年完善体系、三年深化提高”的基本目标，总计形成了近百项规划成果，完成了第三轮城市总体规划的修编工作，基本构筑起了以城市总体规划、村镇体系规划为主体框架，以分区规划和控制性详细规划为支撑，以各类专项规划为脉络的城市规划体系。

一、坚持协调发展，实现规划的统一性

如何实现产能建设、经济建设和城市建设协调发展，是大庆经济社会发展面临的首要问题。大庆从抓好城市规划工作入手，坚持靠城市规划统领各业规划，重点协调处理好四个方面的关系。

一是处理好城市建设规划与国土利用规划、产能建设规划的关系。大庆是因油田开发形成的资源型城市，搭的是矿区架子，在城

市建设上缺少统一的规划。城市建在油田上，油井布在房屋上。随着城市规模的扩张和用地增加，逐步暴露出了地上与地下相矛盾、基础设施重复建设、城市功能不完善等缺陷。城市一度在拆了建、建了拆的阵痛中畸形发展。这种情况迫切要求在规划上搞好衔接统一，聚合各方面的优势，化解油与城的矛盾。1998年，大庆开始实施城市规划高层协调机制。成立了以市长为主任，主管副市长和大企业主要领导为副主任的规划建设管理委员会，共同决策规划，共同编制规划，共同审查规划。对城市建设和产能建设的长远规划、年度计划、重点项目安排中，涉及的敏感问题、利益调整问题等，都遵循了“地上服从地下，地下兼顾地上”的原则，综合分析利弊，决定取与舍，在高层上形成共识，为具体规划编制与实施定好基调、消除阻力，做到了规划落在一张图上不矛盾，审批一支笔不撞车，建设一盘棋不乱套。今年初召开的规划建设管理委员会第三次会议上，高层领导决策对萨尔图铁西地区占地3.09平方公里棚户区进行改造。由油田公司出资2亿多元对居民给予补偿，管理局出动机械设备，市政府组织实施。目前，42万平方米平房已全部拆除，5.2万居民顺利转移安置，彻底解决了多年来一直想解决的“城中村”脏乱差问题，改造后将全部还油、还绿，建成城市生态景观。

二是处理好总体规划与各项专业规划的关系。城市规划是个永无止境的过程。一次规划很难预测所有的未来发展需要。前些年出现了很多拉锁马路、开口小区，民怨很大，即使是一些曾荣获国家示范小区的规划项目，也遇到了纯净水入户、通信网改造等许多新的问题。为此，一方面在总体规划与专项规划协调统一上下功夫，另一方面注意把握规划实施时序。由市规划局牵头，统一组织编制了公共交通、通信、给排水、轻轨交通等35个专项规划和城市设计。今年又学习国外先进经验，把城市地上与地下空间共同作为城市规划的重要组成部分，开始编制地下管网系统规划。同时在东、西两个主城区组建管道公司。按规划对老区进行地下管网改造，新建区统一建设地下管网，所有管线一起入地、一起入户。管道系统实行企业化运作，以后新增加的管线，统一租用按规划建设的管道系统。既解决了重复建设问题，又发展了一项新兴产业。

三是处理好城市建设与经济发展的关系。针对资源型城市的特点，在规划编制上结合实际，做到“五保”。保油。坚持把地上服从地下、保证油田生产作为第一位的任务，确定了“让开中区、建设两厢”的规划思路。划定了城市建设与产能建设的“红线”，油区内不规划审批永久性建筑，已有的建筑逐步拆迁，还油、还绿。今年开始的对油田区域内违法违章建筑进行整治，已拆除平房160多万平方米。保生态。围绕实施治水、复草、还林、净气四大工程，编制了控制污染、生态园林建设等专项规划。目前，大庆是中国内陆资源型城市第一个国家环保模范城市，正在向国家生态园林城市目标迈进。保城市建设用地。严格执行一支笔审批制度，没有详细规划的地段、未经区级规划部门初审的、油田区域内未征得油田公司和管理局同意的项目坚决不批。目前的城市容积率在全国处于前列。保耕地。加大国土整治力度，治理盐碱，保证耕地总量不减少，实现占补平衡。保替代产业。大力规划发展第三产业，重点发展高科技、商贸流通、旅游、交通运输等产业。优先发展高新技术，预留了30平方公里的建设用地，辟建了国家级高新技术产业开发区，已开发9平方公里。三维、天大宏方、华科等一批高新技术企业在开发区安家落户。

四是处理好政府与企业的关系。由于大庆先有企业、后有政府，一度实行的是政企合一的体制，政企分开后又长期处于大企业、小政府状态，由谁管城市规划过去一直不明确，加之国家授权大企业经营油田规划区域内82万亩土地，政府“一支笔”审批用地很难行使。为妥善解决这些问题，每年召开一次规划建设管理委员会会议和定期召开专项协调会议，就城市规划建设和管理方面的重大事项进行高层协调和研究讨论，使企业和政府站在大庆整体利益和长远发展高度考虑问题，许多难题迎刃而解。政府和企业在规划的编制上既合作又分工，石油管理局承担了西城区规划的前期编制任务，既调动了大企业参与城市规划编制和实施的积极性，又解决了政府资金上的不足，一举两得。三年来，政府和企业投入到规划上的资金已达3000多万元。1999年以来，市政府与大企业共同规划，建设了全长33.9公里，红线控制100米，贯穿东西两大城区的城市快速通道——世纪大道，创造了政企合作的良好范例。

二、立足自身特点，注重规划的现实性

从资源型城市实际出发，把加快二次创业、实现可持续发展作为历史任务，确立了建设高科技现代化城市的长远战略目标。围绕这一目标，在规划的制定上突出了现实性和可操作性，对城市进行了科学定位。

一是定位城市性质，明确发展目标。大庆一次创业以油为核心，二次创业确定为以城市的可持续发展为主线。1998年编制完成的第三轮城市总体规划中，把大庆城市性质调整确定为：全国重要的石油工业基地，以石油和石油化工及高新技术产业为主的、综合发展的高科技现代化城市，成为黑龙江省西部的区域性中心城市。

就是按照实施可持续发展战略的要求，谋求城市综合功能的进一步提高，将单一的石油经济优势转化为社会、经济、生态、基础设施等多方位优势，建设高水平的基础设施、高质量的生态环境、高科技的产业群体、高素质的人才结构、高效能的城市管理，具有国际水平的高科技现代化城市。

二是定位城市风格，突出大庆特色。城市特色本身就是一种经济环境，是城市的生命力、吸引力所在。综合考虑城市历史、地缘、人文等各方面因素，进行城市风格和建筑风格的研究，将大庆市城市建筑风格初步定位为：以现代风格为主，多种风格协调并存，突出寒地特点，反映石油文化，倡导高新技术，体现以人为本。提出了大庆城市发展的三大特色。第一，从石油工业城市特点出发，确定了大庆组团式建设风格。避开谁是主城区之争，确定了组团组群布局，中心城区突出，卫星城镇拱卫，绿色空间相隔，快速通道相连，泡泽水系相通的建设思路。第二，从地缘、人文资源特点出发，确定大庆旅游城市风格。依托资源优势，利用经济发达、交通便利等有利条件，突出发展“石油文化”“湿地风光”“民俗风情”和“温泉疗养”等特色旅游业，把大庆建设成为全省六大旅游观光基地之一。提出了道路宁宽勿窄、绿地宁多勿少、广场停车场宁大勿小的建设思路。第三，从自然状况特点出发，确定生态化城市风格。遵循“绿地重于房屋，环保重于开发，管理重于建设”的原则，在保护中开发，在开发中保护，根据大庆市开发历史较短，草原广阔，湖泡众多，城市绿化空间宽阔等特点，确定了把大庆建设成森林城市、草原城市、花园城市、湖泊城市的目标。已确定自然保护区12个，市政府西侧原规划为教育文化中心建设用地，为了保护该处已有的11.5公顷林地，决定这里不搞任何建筑，用于绿化植树。

三是定位城市标准，规划指标体系。聘请美国得克萨斯南方大学、同济大学、北京大学、哈建大、省规划院、油田设计院等100多名专家对城市建设总体规划进行了修编。邀请建设部、中规院、中科院学者，省直各机关部门的领导、专家对新一轮规划进行了反复论证。先后收集350多个发达国家同类城市的详细资料，绘制图纸500多张，筛选出8大类30项指标。同时制定了阶段性发展目标，规划用3年时间建成国家卫生城市，4年时间（力争3年）建成国家环保模范城市，3年时间建成全国优秀旅游城市，10年时间把主城区建成生态园林城市，10年时间建成高科技现代化城市。目前创建国家卫生城市、环保模范城市、全国优秀旅游城市的各项指标已经完成，如期实现了既定的目标。完成了生态园林城市、高科技现代化城市的课题研究和规划编制，明确了其内涵、指标体系及创建措施。

三、把握城市化方向，突出规划的前瞻性

提高城市化水平，走城市化道路是编制和实施规划瞄准的根本性目标。按照农村城市化，城市现代化，城乡一体化的基本设想，注意做到以下五点：

一是在农村城市化上，坚持“撤并自然屯，建设中心村，发展小城镇”的基本思路。大庆市农村经济比较落后，城市化水平低，是加快城市化进程的最大限制因素。1998年，抓住灾后复建的机遇，结合新一轮城镇建设规划的编制，积极尝试了“撤并自然屯，建设中心村，发展小城镇”的新思路，下决心撤并147个自然屯，建设56个中心村和15个小城镇，有计划地向城市和小城镇集中人口。

按照这一思路，大庆市将在2年内再撤并280个自然屯，带动城市化水平提高2个百分点。坚持梯次推进的原则，重点武装一批基础好、发展潜力大的城关镇、中心镇。今年市政府投入2000万元，重点扶持10个小城镇的发展。这些小城镇的总体规划和一些建设性规划均达到了较高水平。

二是在城乡结合部改造上，走近郊城市化之路。城市各主要进出口村屯把门、形象不佳，是过去大庆市郊的现实状况，很多人形容到大庆“先进村，后进城”。在新一轮城市规划编制和实施中，把消灭郊区村屯作为一个重要着眼点，走出了一条近郊变市区，农民变市民的路子。已建成的万宝园区位于大庆市区东南进出口，原址是龙凤镇三永村的3个自然村屯，经过3年多的改造，建成三个小区，建筑面积近百万平方米，居民8000多户，教育、商贸、治安、通信、医疗、文化娱乐、物业管理等各项功能齐全，环境优美。该村的2165名农民由城建开发集团公司分期接收为正式职工，960户农民迁入园区。这一地区一步完成了城市化进程。今年让胡路红旗村、龙凤区永泉村的改造也将一步到位。

三是在旧城区的改造上，坚持扒一片建一处。由于历史原因，大庆市旧城区建设水平低，医院、工厂、看守所、露天市场等混建在主城区中心地带，既浪费了土地存量资源，也影响了城市功能和形象。如何以旧换新、变丑为美，是城市规划中着重考虑的问题。本着改造一片变新区、置换一处增一景的要求，比较成功地规划实施了看守所、七医院、黎明河等10多个资产置换大项目。坐落在繁华商业区的七医院条件一般，采取资产置换方式，由开发商投入近2亿元资金，异地新建了占地25万平方米的国家三级甲等标准化花园医院，在原址投资4.8亿元，开发了14万平方米的商业和住宅区。几年来，通过这种方式改造旧城区15处。

四是在城市功能的提升上，加快开发和完善步伐。把以油为主的矿区城市转换成现代化综合型城市，避免油尽城衰的危险，关键靠功能的开发和完善。围绕城市交通、流通、通信、文化、体育、教育、医疗、会展、旅游、金融十大中心建设，分类制定完善城市功能专项规划。在这些规划的指导下，建成和实施了世纪大道、时代广场、铁人广场、九号院宾馆改扩建、广电中心、油田乐园、人民医院、三大市场、金融大厦、两大立交桥等重点工程项目，城市功能已由单一的自我服务型向区域性中心城市转变。

五是在城市形象的改善上，突出提高品位和档次。在连续几年高速建设的基础上，适时地把工作重点由量的积累调整到注重质的提高上，把整治城市作为规划和改善城市形象的重要组成部分，重点在立面造型、色彩搭配、园林绿化、竖向调整、灯光亮化、长效管理等方面进行规划设计，由造城向造景转变，努力提高城市的文化品位。今年按照规划设计，实施了中区旧楼维修和楼顶平改坡工程，开展了东风新村环境改造工程，城市环境形象得到了大幅度改善。

四、加大管理实施力度，维护规划的权威性

规划的实施是规划工作的有机组成部分，好的规划只有得到严格的实施才能把可行变为现实。

一是理顺管理关系。在强化市级规划部门职能作用的同时，加强了区级政府的规划职能，组建了各区规划分局，负责辖区内的规划编制和实施管理工作。对各区规划分局的职能和权限进行了严格界定，把农村宅基地的规划审批权下放到区规划分局，明确了各区

对区辖范围内建设项目具有规划初审权和工程竣工验收的参与权，还对建设项目放、验线工作职责进行了划分。充分调动了区级规划部门的积极性，发挥了区级政府在规划管理工作中的作用。

二是加强规划设计管理。对每一个规划、建设项目，特别是重点工程项目，请名院、聘专家，实行设计公开招标。所有规划项目都经过严格的技术论证、反复修改，才按审批程序报批。人民医院项目设计方案在公开招标筛选的基础上，经过专家、市几大班子领导在5个方案中反复对比，优中选优，综合几个方案的长处才确定下来。九号院宾馆改扩建、奥林匹克体育中心、教育文化中心、时代广场、世纪广场居住区等大项目的规划设计，聘请了清华大学、同济大学、哈工大、上海现代设计集团等进行编制设计，确保建设项目成为精品工程。还充分发扬民主，重点规划问计于民。对时代广场、世纪大道等重大城市基础设施规划设计，都进行了大范围的民情民意调查，集思广益，征集规划设计思路，增强了市民的参与意识。

三是强化规划的实施管理。健全、完善了规划审批程序，实施建设项目规划审批分级受理、集体审批制度。规划建设管理委员会下设规划技术审定领导小组、建设项目规划审批领导小组及办公室，统一负责全市规划建设项目的把关。各区政府负责初审，市规划部门技术论证，市审批小组集体审批，审批结果通过新闻媒体和互联网公示，再由规划报建大厅统一办理审批手续，使审批进一步规范化。建立了项目报建、工程放验线、工程跟踪管理和工程证副本四项制度。建立了规划管理信息系统，开通了大庆规划信息网，实现规划部门各业务单位的微机联网，所有建设项目均通过信息系统履行规划审批手续，提高了工作效率和透明度。

四是健全制度法规体系。坚持操作性、实用性和规范性的统一，制定出台了《大庆市建设项目规划管理审批规定》《大庆市城市规划管理办法》《大庆市城市规划标准与实施准则》等一系列规范性文件，使规划管理有了切实可行的依据。规划工作取得了一些成绩，增强了政府统的功能，有效解决了经济社会协调发展问题，有力地推动了高科技现代化城市建设。

（节选自2001年黑龙江省城市建设工作会议上的发言）

创模范城　建生态市
坚定不移地走可持续发展之路

大庆是在矿区基础上建立起来的资源型城市，随着资源储量的递减和生态环境的破坏，如何应对生存和发展的严峻威胁，成为大庆人思考的重大课题。1997年，国家环保总局在全国开展了创建国家环境保护模范城市活动，得到了积极的响应，当年就有6个城市被命名为环保模范城市，成为环境、经济、社会协调发展的典范。1998年，大庆确立了走可持续发展道路，建设高科技现代化城市的目标，正式提出创建国家环保模范城市。经过三年多的艰苦努力，27项指标均达到了国家规定标准，在全国内陆资源型城市中第一个跻身国家环保模范城市行列，实现了大庆人的世纪梦，有力地推进了大庆社会、经济和环境的持续、协调、健康发展。

一、强化治本措施，大力提高全民环境意识

群众对环境保护工作的认识程度、参与程度和环保意识直接决定着创建工作的质量与速度。几年来，大庆坚持以人为本，在提高社会各阶层环保意识上下了很大功夫。一是抓普遍教育。针对不同层次、不同对象，采取了灵活多样的教育方式，努力提高环保教育

工作的实际效果。对各级领导干部，重点开展了可持续发展的思想教育，聘请清华大学等著名院校专家举办专题讲座，举办领导干部环保知识培训和轮训等多种教育方式，在领导干部中营造一种学习了解环保知识、关心重视环保工作的良好氛围；对社会各界群众，重点开展了环保法律法规、参与环境建设意识、做文明市民教育，市政府十一个部门联合发出了“保护生态环境，树立文明新风”的倡议书，号召全市人民遵守环保法律、法规，从我做起，珍惜自然，爱护环境。指定并严格执行了《市民文明行为十不准》，约束市民行为；对青少年，重点开展了环保知识教育，将环境保护知识渗透到课堂，渗透到孩子们的日常生活。命名了大庆一中等30所学校为绿色学校，新村幼教中心等7所幼儿园为绿色幼儿园。二是抓系列活动。开展了大规模的以“保护环境从我做起，创建国家环境保护模范城市”为主题的百米长卷万人签名活动。每年都安排开展一些有影响的环保大型活动。县区分别组织社会各界开展了清理白色垃圾活动；每年暑假期间，在中小学生中开展环保夏令营活动；在全市各大媒体开展了环境保护“十佳新闻”和“十佳记者”活动；在社会中开展了“我为环保做贡献”活动。举办了“龙油杯”环境保护知识竞赛；组织社区居民制作了购物用布袋，号召居民使用布袋，告别塑料袋，减少了白色污染。三是抓经常性宣传。市人大、宣传部、政府办、广播局、环保局连续五年开展了“大庆环保世纪行”宣传活动，全市各大新闻媒体都把目光集中到了创建国家环境保护模范城市上来，环保工作成为宣传媒体的一个热点。在交通电台设立了“绿色空间”专题栏目，在《大庆日报》开辟了“环境与发展”专栏，在大庆电视台常年组织跟踪式环保活动报道。每年在市里各媒体发表环境保护宣传稿件近300篇。四年来，先后有25篇稿件在中央电视台、《人民日报》等各大媒体上发表，其中《努力创建国家环境保护模范城市》在《人民日报》大地·大庆专刊栏目发表，《绿色油城》在中央电视台“绿色空间”栏目播出。

二、突出重点难点，在解决关键问题上下功夫

针对城市环境软、硬设施欠账多，重要的创建指标差距大等实际，突出了重点难点，加大投入力度，实行专项推进，较好地解决了创建工作中的难点问题。

（一）狠抓环境规划和环境建设。1998年以来，结合创建工作，组织开展了“城市规划年”和“城市绿化美化年”活动，按照经济建设、城乡建设、环境建设同步规划、同步实施、同步发展的方针，把城市建设和环境建设融入整个经济社会大格局中。一是在规划编制上舍得投入。四年累计投入4000多万元，对大庆市城市总体规划、分区规划、详细规划和小城镇规划进行了修订和编制，城市布局形成了科学合理、有利于环境保护的大分散，小集中的组团式结构，扩大市区和近郊绿地，留下足够发展空间，实现了城市建设规划与经济发展规划、产能建设规划、环境保护规划的衔接、协调和统一。二是在环境建设上不遗余力。1998年以来，投入59亿元资金建设了世纪大道、时代广场、铁人广场、油田乐园、垃圾无害化处理厂及黎明河、黎明湖、万宝湖、明湖改造等53项与环境有关的市级重点工程。投资800多万元新建的4000平方米环境监测站，设施先进、功能完善，监测设备处于全国先进水平，有效地改善了工作条件。投资5.04亿元，建成的东风地区、乘风庄地区集中供热工程，利用热电厂的余热向用户供热，每年可减少烟尘排放量570吨、

二氧化硫排放量530吨。投资3.5亿元建设的龙南地区、石化总厂和东城区管道优质饮用水工程，实现了分质供水，已经有60多万市民喝上了优质水。利用日本海外协力基金贷款，建设了日处理能力5万吨的东城区生活污水处理厂。实施了绿色通道、居住区绿化、公共绿地、广场绿地四大工程。1998年以来，累计新建各类绿地1377.99公顷，绿化道路286.51公里，实施了世纪大道、时代广场等208个重点绿化工程。建成区绿化覆盖率达32.1%。

（二）深入开展城市环境综合整治。连续三年开展了“城市管理年”活动，出台了《城市管理考核办法》等18项规范性文件，城市管理步入规范化轨道，理顺了城市管理体制，市、区成立了城市管理行政执法局，实行一支队伍综合执法。进行了城市环境专项治理，四年来，全市清理建筑垃圾、生活垃圾70多万吨，清除各类违法违章和临时建筑360多万平方米，封闭垃圾道2万多个，有60多个居住区、50多条主要街路、30多个集贸市场实行生活垃圾袋装化。加大了城市低空大气污染的整治力度，环保部门集中开展了以“爱我蓝天行动”为主题的城市低空大气环境专项整治活动，对全市各锅炉房的排烟情况进行了全面检查，对冒黑烟比较严重的单位和个体经营户进行了严肃查处，拆除小锅炉432个。全面推广使用无铅汽油，全市共改装双燃料“绿色汽车”2000多辆。每年结合车辆年检，对机动车尾气排放进行监测，凡尾气超标车辆强制安装净化装置，尾气不达标不准上路行驶。加大环境执法力度，各级环境监理执法人员加大现场监察频次，加强环境管理，有效地控制了各类环境违法行为。环境信访处理结案率达100%。

（三）全面推进“一控双达标”工作。通过基本情况调查、编制实施方案、推行排污许可证制度、严格实施污染物总量控制等措施，如期实现了“一控双达标”。一是严格控制新增污染源。深入贯彻落实《建设项目环境管理条例》，落实“三同时”制度，坚持环境保护与经济建设协调发展，避免大项目、小环保，快项目、慢环保现象发生，新上项目严格实行环保部门第一审批权和一票否决权。制定并实施了《关于在招商引资工作中加强环境保护工作的意见》，避免了重污染项目流入大庆。全市大中型建设项目“环评”和“三同时”执行率均达到了100%。二是积极推行清洁生产。加强企业环境管理，依靠科技进步，加速技术改造，减少污染物排放。油田公司实施了“绿色采油”，实现了钻井废弃泥浆不落地，污水循环利用不外排。三是抓工业污染源达标排放。对未达标的企业分批进行限期治理。市政府常务会议每年专门听取达标情况汇报，明确提出，对所有污染企业要求不变，标准不变，达标期限不变。对环保部门列出的重点企业，市政府在财力上给予一定的支持，使其按时实现达标排放。几年来，先后帮助企业解决治理资金2200多万元，保证了企业治污工程的顺利进行。对所有工业污染源排放口实施规范化整治。市区大气、水环境功能区按国家考核标准保持稳定达标，工业企业污染物排放达标率为100%。全市连续三年主要污染物排放总量控制在省下达的指标内。2000年8月，在大庆召开了全省“一控双达标”工作现场会。

三、发展环保产业，力求经济社会环境效益相统一

1998年以来，不断加强资源的综合利用，对环保工业项目进行大力扶持，形成了独具特色的环保产业。环保产业的兴起，既收到了巨大的环境效益，又带来了较好的经济效益和社会效益，环保产业每年

创产值都在10亿元以上，已经成为全市经济的一个新的增长点。一是积极推进工业固体废物综合利用。全市工业固体废物综合利用力度不断加大，收到了预期效果，工业固体废物综合利用率由50.2%提高到70%以上，可生产砌块、陶粒、屋面板、给排水井盖、步道板、加气混凝土、商品混凝土、水泥添加剂等近10个品种。管理局投资6000万元引进英国莱泰克技术，建设了年生产能力20万吨的粉煤灰陶粒厂。水泥集团有限公司通过粉煤灰替代矿渣技术改造，年利用粉煤灰10万吨。华能新华发电有限责任公司，采取扩建水泥厂规模、原煤中添加AMC添加剂，生产低标号水泥用于筑路等，使粉煤灰得到充分利用。石化总厂热电厂采取筑路、回填复垦等措施，年粉煤灰利用率大幅度提高。恒新建材工业有限公司投资2100万元，利用粉煤灰生产了混凝土制品，年利用粉煤灰6万吨。目前，全市年利用粉煤灰50多万吨，新型墙材年生产规模达到5亿块，应用面积达到了100万平方米/年。国家建设部在大庆市召开了全国混凝土砌块及建筑节能技术应用现场会。二是大力推进水资源重复利用。含油污水处理与回用技术得到应用，油田企业投资70多亿元，建成了全国最大的污水处理系统，其中含油污水处理站128座，每年处理采油污水3.6亿吨，地面污水处理站14座，年处理地面泡沼中的污水（其中一部分为生活污水）1亿多吨，这些污水经处理后全部回注地下。东城区生活污水处理厂日处理生活污水5万吨。大量工业、生活污水的及时有效处理，变害为利，既保护了环境，又节约了水资源，节约水资源费每年达7.5亿元。三是城市生活垃圾实现资源化。通过招商引资，美商国际集团有限公司投资1.6亿元人民币建成城市生活垃圾无害化处理厂，日处理生活垃圾650吨，年生产有机肥10万吨，使生活垃圾变害为利、变废为宝，全市生活垃圾无害化处理率达到了81.25%。

四、实行政企联动，举全市之力共创模范城

创建国家环保模范城市是一项庞大的系统工程，需要社会各界的广泛参与和支持，特别是六大中直企业环保工作的好坏直接关系到创模工作的成败。创建之初，就注重发挥政、企两个作用，合力攻坚、携手共建。一是加大创建工作的领导力度。市五大班子主要领导每年进行1—2次为期3—5天的拉练式大检查，重点解决环境建设、城市管理等创建难题；市委多次强调要坚定信心，有关部门各负其责，全力推进，力争早日创建成功；市人大连续5年坚持搞环保执法检查，每次都把“创模”工作列为检查的重点，多次听取市政府和政府有关部门、单位工作汇报，督促和帮助解决创建工作存在的问题；市政府多次召开创建工作协调推进会，要求全市积极行动起来，切实搞好环境保护工作；市政协积极组织政协委员围绕创建提出议案，参与各类环保检查和视察。市政府每年与市计委、经贸委、公用局等十几个责任单位、部门和县区签订环境保护目标责任状，落实工作责任和目标。二是发挥大企业的生力军作用。各大企业以实现达标排放和积极参与城市建设管理的实际行动全力支持大庆创建国家环保模范城市，使大庆市的“创模”工作形成了政企合力、共同推进的大好局面。大庆油田公司实施“绿色采油”，在投资削减、资金缺口大的情况下，投入5.5亿元，用于建设含油污水处理设施，改建、扩建、维修原有污水处理设施20余项，油田生产的天然气和轻烃全部实现综合利用，为保护大庆蓝天碧水做出了重要贡献。在油田公司制定的“十五”规划中，把环境保护作为一个独立的项目，从完善现有污水处理设施、治理老污染源、避免产生新的污染源、改善油田生态环境、加强环保科研五个方面进行合理规

划。大庆石化公司提出“提前实现达标排放，支持大庆‘创模’工程”的环保工作目标，近三年累计投资2亿多元建设了化工三厂污水处理厂、固废液焚烧系统等六大环保工程，率先在全省实现工业污染源达标排放。各大企业还以多种方式积极参与城市环境建设，为加快创建步伐做出了突出贡献。

五、巩固创建成果，全面启动生态园林城市建设

实现国家环保模范城市的目标，仅仅是取得了加入生态环境较好城市的入场券，大庆面临的环境问题仍然十分突出。成绩面前，不是被动地巩固现有成果，而是“以攻为守”、主动出击，向更高的目标迈进，适时地启动了生态园林城市建设。

（一）深入搞好调查研究。2000年投资120万元，运用卫星遥感等新技术，对主城区、市区、市域的用地、绿化、水域情况进行了航测，分别形成了市域、市区遥感影像图等一批成果，纠正了传统手段对绿化、水系流域等方面数据的偏差，为生态市建设提供了最新、最科学的资料。聘请建设部、同济大学等方面专家，对大庆市建设生态园林城市进行了专题调研。由市直相关部门牵头，组成专题调研组就主城区绿地建设、泡泽水系污染、森林植被、草原“三化”、自然保护区、油田区域植被恢复和水源地保护等情况开展了共计20余项专题调研，详尽地分析了各项生态环境构成因素的状况，提出了治理的办法和途径。

（二）科学制定生态建设规划。确定生态市建设的总目标是：经过15年的努力，实现资源高效持续利用，生态环境良性循环，经济发达，社会文明，区域生态安全、物质丰富，天蓝、地绿、水

清、人与自然相和谐，市区达到国家园林城市标准。围绕这一目标，研究制定了生态市规划纲要、“十五”生态环境建设专项规划纲要、城市绿地系统规划、生态农业规划、生态工业规划等10个专项规划。在这些规划的编制中，注重在构筑特色上下功夫，突出了以人为本的主题、综合整治的基本思路、反映石油文化的主线、再造优美自然景观的方向和园林绿化的核心内容，努力形成大庆自身独有的风格。

（三）全力抓好生态项目建设。根据总体规划安排，我们在一年多的时间里，抓住生态市建设的关键项目，陆续启动建设了一批环境重点工程项目，全面拉开了生态市建设的序幕。

一是林业生态工程。按照城外防风林、城郊经济林、城内观赏林的立体化部局，全线出击。今年全市林业建设投资达5000多万元，重点开展了堵“西北风口”、百里城防林、城区退耕还林等几个大的会战。堵“西北风口”工程，计划造林35万亩、总投资1.75亿元，已造林9万亩，植树90多万株，成活率达80%以上，计划今后5年中每年营造防风固沙林6万亩，形成横贯大庆西北部的“绿色长城”。百里城防林建设主要是沿主城区规划红线，建设总投资9700万元，长110公里、宽100米，总面积2400亩的林带，今年已植树1000亩，通过4年的努力，形成围城绿化屏障，构筑城市生态防线。退耕还林工程是有计划地把城区内的耕地退耕还林还草，计划投资2.48亿元，退耕面积5.7万亩，今年已完成5000万亩，今后3年退耕还林5万亩。

二是水域环境治理工程。大庆市腹地没有天然河流，地表水资源匮乏，地下水资源经多年大量开采已经到了临界点，全市每年水资源缺口达4亿吨。同时，引排水系统和自然泡泽存在着不同程度的污染。所以。治水是大庆生态城市建设的重中之重。主要是通过引水、活水、净水、蓄水、节水等途径，加快水环境治理步伐。引水就是申请增水指标，在2006年尼尔基水库建成后每年增加3亿—5亿吨的环境及生态所用水量。活水就是对市区现有的156个泡泽进行治理，串通主要泡泽。净水就是对城市废水和地下水进行治理，提高水环境质量。蓄水就是逐步提高红旗水库、莲花泡等贮水量。节水就是应用和推广节水灌溉、节水生产、生活技术，运用价格杠杆，强化全社会节约用水意识，降低水耗。目前明湖、黎明湖、万宝湖、黎明河改造等城区内的主要泡泽水系已完成清淤、换水、护坡和绿化，变成了风景秀丽的水上公园。扎龙自然保护区、北二十里泡等湿地增加了蓄水量，渴水问题得到了有效缓解。

三是草原植被恢复工程。近年来，我们按计划逐年轮流休牧，封区育草，使草原得到休养生息，今年休牧100万亩。启动了投资1500万元的区域资源重组与生态重建示范工程，对草原和荒地进行恢复和改良试验。

四是生态移民工程。我们经过长期探索，推出了彻底消除和改善局部生态恶劣区域的办法，即实施生态移民战略。去年在萨尔图铁西地区开展了大庆历史上最大规模的动迁战役，动迁人口5万多，拆迁房屋42万平方米，市政府出资建设18.74万平方米的廉租廉价房，拆迁后对铁西地区还油还绿，建成石油文化风景区。住在铁西棚户区的3200多户居民喜迁新居，彻底改善了居住环境，铁西地区脏乱差问题得到了根治。今年我们对处于沙化中心地区的杜蒙县程地房子屯33户100多人口进行了整体迁移，腾出的土地全部用于植树造林，防风固沙。

五是大气污染治理工程。制定了《大庆市整治市区低空大气污染工作实施方案》，开展了全面拆除市区内2蒸吨以下燃煤锅炉集中整治活动，新建了振富、北辰等集中供热工程，城市集中供热面积达到80%以上。“环评”和“三同时”执行率达到100%，有效地控制了新的源头污染。开发新上了民用天然气工程，已有7000多户安装了天然气管道，3500户居民开始使用管道天然气。

六是绿色食品开发工程。重点规划了连接肇源、杜蒙、林甸县和大同区27个乡镇、230个村，面积30万亩的绿色食品基地示范带，开工建设了投资1.2亿元、国家计委立项批准的国家级现代化农业示范基地，已有53个品牌通过绿色食品评审。

（节选自2002年7月在黑龙江省人大城建环保工作座谈会上的发言）

深化领导干部经济责任审计
在惩治和预防腐败中发挥积极作用

经济责任审计是建立健全惩治和预防腐败体系的重要内容，是加强党风廉政建设的重要制度设计。近年来，审计署党组全面贯彻落实党中央、国务院和中央纪委关于经济责任审计工作的要求和部署，按照“全面推进、突出重点、健全制度、规范管理、提高质量、深化发展”的工作思路，不断创新理念，完善措施，促进建立健全中国特色经济责任审计制度，审计覆盖面不断拓宽，审计内容逐步深化，审计作用愈加突出，实现了新的跨越发展。2008年以来，全国各级审计机关共审计领导干部15.3万人，在强化干部管理监督、加强反腐倡廉建设、推动经济社会科学发展、促进完善国家治理等方面发挥了重要作用。

一、立足创新，不断深化经济责任审计实践

近年来，我们与中央纪委、中央组织部等中央经济责任审计工作联席会议成员单位密切配合，积极探索，努力实践，走出了一条符合实际的经济责任审计路子。

一是加强领导，健全机制。切实发挥联席会议作用，每年组织召开全体会议，研究部署经济责任审计工作，下发指导意见，去年组织

召开了以经济责任审计为主题的全国审计工作座谈会，总结经验，探索规律，指导工作，推动经济责任审计深化发展。联席会议办公室认真履职，发挥了协调、调研、督查、指导的作用。目前，全国所有的省（区、市）、99%的地市和97%的区县设立了经济责任审计组织领导机构。

二是完善制度，规范运作。按照党的十七届四中全会关于完善党政主要领导干部和国有企业领导人员经济责任审计工作的要求，草拟并经中央决定，中办国办印发了《党政主要领导干部和国有企业领导人员经济责任审计规定》。着力构建以审计指南、评价指标体系和审计结果运用办法等为主要内容的审计规范化体系，经济责任审计逐步走上法制化、规范化轨道。目前，全国共出台有关经济责任审计法规制度1.2万多个。

三是分解任务，明确责任。审计署党组将经济责任审计工作纳入重要议事日程，主要领导亲自抓总，其他班子成员分工负责；署内各业务司既承担专项审计任务，又负有经济责任审计职责；各级审计机关既抓经济责任审计，又积极参与反腐倡廉建设，形成了责任明晰、运转高效的工作体系。

四是统筹兼顾，突出重点。在不断扩大审计覆盖面的基础上，对审计对象实行分类管理，更加突出对重点部门和重点单位领导干部的审计，突出对重点事项和重点资金的审计。积极推行省部级领导干部经济责任审计制度化，启动高校领导干部审计，探索党政领导干部同步审计等。2008年以来，审计署直接审计省部级党政、部门和高校领导干部78人、中央企业领导人员58人。

五是创新方式，提高效能。积极推动经济责任审计与各专项审计相结合，一次进点、协同审计、成果共用、分别报告，提升了工作效率；推动任中审计与离任审计相结合，对干部任期内实行全程监督；推动传统审计与计算机审计相结合，提高了工作效能；推动审计实践与理论研究相结合，为经济责任审计实践提供了有效指导。

二、力求实效，在反腐倡廉中切实发挥作用

在审计实践中，我们坚持以监督和评价领导干部权力运行和责任落实为重点，注重提升经济责任审计工作的实际效果。

一是准确评价，在干部问责中发挥作用。对领导干部在工作中的失职行为、应当承担的责任和性质做出明确评判，及时通报审计情况，促进有关部门对责任者进行责任追究，为落实干部监督和问责机制提供了重要依据。2008年以来，有关部门参考审计结果，免职、降职领导干部690多人，建立诫勉谈话、责任追究等审计结果运用制度1300多项，领导干部责任意识不断增强。

二是揭示隐患，在预防腐败中发挥作用。切实发挥经济责任审计的预防功能，注重发现苗头性、倾向性问题，及时向被审计领导干部所在单位及本人反馈情况，并提出整改意见和建议，做到早发现、早提醒、早防范，切实防患于未然。2008年以来，全国审计机关向各级党委、政府报送经济责任审计报告共计40多万篇。

三是深挖线索，在查办案件中发挥作用。对审计发现的重大违法违纪问题和重要线索，及时移交纪检监察机关和司法机关，同时，注重与有关部门协作配合，发挥反腐倡廉的整体合力。2008年以来，查出领导干部以权谋私、失职渎职、贪污受贿、侵吞国有资产等个人经济问题金额2.82亿元，移送纪检监察机关和司法机关1963人。

四是分析症结，在源头治理中发挥作用。实践中，我们不仅注重发现重大违法违纪问题和重要线索，而且注重分析当前腐败案件的特点和表现形式，深入剖析原因，从政策、体制、机制和制度等层面，提出健全干部管理监督、完善惩防体系建设的意见和建议，得到有关部门采纳，社会反响良好。

五是关注绩效，在推动发展中发挥作用。按照推动科学发展的要求，将领导干部落实科学发展观、贯彻执行政策法规、制定重大经济决策、遵守廉洁从政（从业）规定等情况作为审计重点，引导干部树立科学发展观和正确政绩观，防止决策失误和行为失范，促进经济社会科学发展。近年来，一大批正确履行经济责任、工作实绩突出的领导干部，因审计结果反映较好而受到肯定、表扬和提拔使用。

（节选自2012年8月在中央纪委惩防体系经验交流会上的发言）

深化经济责任审计
促进领导干部为民务实清廉

一、经济责任审计作用发挥情况

经济责任审计是适应我国改革开放和干部管理监督需要而产生和发展的，是中国特色社会主义审计监督制度的重要组成部分，在国际上尚无先例可循。经过20多年的探索，经济责任审计从无到有、从研究探索到规范发展、稳步提高，走出了一条具有中国特色的审计路子，成为我国审计监督制度中一项受到高度重视和普遍关注的审计工作，在完善干部管理监督机制、促进经济社会科学发展、推动反腐倡廉建设等方面发挥了积极作用。同时，通过开展经济责任审计，也提升了审计的地位和权威，赢得被审计单位及领导干部的认同和信任，得到社会的肯定和赞誉。

党的十七大以来，全国共审计领导干部18.5万人次，其中党政领导干部18万人次，省部级领导干部136人次。审计查出被审计领导干部所在单位违规问题金额6200多亿元，其中领导干部负有直接责任的问题金额360多亿元，查出领导干部个人经济问题金额5亿多元，2300多人被移送纪检监察和司法机关，为2700多名领导干部澄清了有关问题，2.3万多名领导干部被提拔使用，830人受到免职、降职或撤职等其他处分。通过经济责任审计，向各级党委政府提交报告和信息26万多篇，提出审计建议44万多条，促进完善制度2万多项，为有关方面决策提供了客观准确的信息和依据。这里面，各级审计机关做了大量探索和实践，功不可没。

二、经济责任审计面临的困难和问题

经过多年探索，经济责任审计工作有了一定发展，但与党的十八大关于健全经济责任审计制度的要求及各方面的期望相比，仍存在较大差距，也面临一些困难和问题：一是工作运行机制有待进一步完善，目前仍有部分地方尚未按要求建立经济责任审计的专门组织领导机构；二是经济责任审计相关配套制度不完善，特别是各级各类领导干部的经济职责权限不够清晰，考核评价体系不够完善，缺乏明确具体的问责规定，直接影响到经济责任审计的内容、评价和结果运用等方面效果；三是审计任务重与审计力量不足、审计要求高与审计人员素质不适应的矛盾比较突出，各级审计机关五年来审计的领导干部占被审计对象的51%，审计质量也有待提高。对这些问题，署里结合总结近五年经济责任审计工作，正在着手研究制定两办《规定》实施细则和开展书记、市长同步审计试点工作，并研究解决的措施和办法，当然也需要各级审计机关继续探索实践，共同研究解决。

三、促进领导干部为民务实清廉的几点思考

当前，摆在各级审计机关面前的重大任务，就是要认真学习、

深刻领会、切实贯彻好中央关于开展党的群众路线教育实践活动的要求，不仅要搞好自身的教育实践活动，做到为民务实清廉。同时，还要发挥职能作用，通过审计促进各级领导干部为民务实清廉。对于经济责任审计来讲，促进领导干部守法守纪守规尽责，与促进领导干部为民务实清廉的要求是相一致的，要把关注领导干部为民务实清廉情况贯穿经济责任审计的全过程。

一是要深化审计内容，突出为民务实清廉这个重点。在审计中，要严格按照权责一致的原则确定审计内容，紧紧围绕被审计领导干部权力运行和责任落实，依法、全面、客观、公正审计。当前，要突出为民务实清廉这个重点。在促进领导干部“为民”方面，应高度关注领导干部任职期间贯彻执行党和国家关于“三农”、社会保障、教育、医疗、安居工程、环境保护等民生政策的落实情况，重点看民生资金是不是都用在改善民生上，看群众住房、就医、就学、就业方面的条件是否改善。在这些方面既要有统计数据做支撑，也要采取抽样调查等方式，进行实地了解，掌握大量翔实的证据，使审计结果更有说服力。在促进领导干部“务实”方面，应注重揭示和查处劳民伤财的“形象工程”、脱离实际的“政绩工程”和威胁人民生命财产安全的“豆腐渣”工程；注意揭露和反映各种浮夸风、假数字、假政绩等问题；揭示和关注节庆泛滥、文山会海等现象；揭示和反映不负责任、不深入实际问题，让那些拍脑袋决策、拍胸脯表态、拍桌子骂人、拍大腿反思、拍马屁升迁、拍屁股走人的干部得到揭露和惩戒，促进领导干部求真务实，真抓实干，树立正确的政绩观。在促进领导干部“清廉”方面，应加强对关键岗位领导干部的任中审计，特别是加强对行政审批、工程招投标、政府采购、土地转让、国有资产处置等重点领域和关键环节的审计监督，着重揭露以权谋私、失职渎职等行为，促进领导干部廉洁自律。同时，还要将各地区各部门落实中央“八项规定”精神的情况作为经济责任审计的重要内容，注意揭示和查处重大铺张浪费问题，促进勤俭节约。

二是要完善评价体系，正确反映领导干部为民务实清廉情况。审计评价什么，领导干部就会关心什么。所以，审计评价也是干部导向。要通过经济责任审计，清晰准确评价领导干部为民务实清廉情况，促进领导干部更好地落实为民务实清廉要求。要遵循依法依规、审评一致、权责一致、实事求是的原则，根据不同类别领导干部的岗位特点，研究确定评价内容、评价指标、评价依据、评价标准和评价方法。特别是评价依据要充分，要充分参考有关法律、法规，政府工作报告、计划报告、预算报告，关于经济工作政策落实和决策部署，有关经济工作责任制考核目标，会计准则和会计制度，国家和行业的经济技术标准，有关经济工作中长期发展规划和年度计划，有关会议记录、纪要、决定和领导批示，有关部门的权威性统计数据、考核结果和评价意见，等等。要研究探索实行量化审计的方式，努力实现同一类别、同一级次被审计领导干部履行经济责任情况的横向比较。

三是要准确界定责任，推动为民务实清廉要求的落实。界定领导干部责任应遵循权责一致、分工负责、实事求是的原则。权责一致，就是被审计领导干部在其职责范围内，不履行或不正确履行经济责任的行为，以及由此造成的后果，应当承担经济责任。分工负责，就是要正确处理主要领导干部负总责与其他领导干部分工负责的关系，依法确定各自责任。除了被审计领导干部应当承担的责任外，其他领导干部对相关问题应当承担的责任，审计机关可以通过适当方式向干部管理监督部门提供相关情况，作为有关部门考核评价被审计领导干部所在单位领导班子的参考依据。实事求是，就是应当充分考虑被审计领导干部的职责权限、问题事项的历史背景和后果的严重程度，以及被审计领导干部与问题事项的关联程度等因素，防止简单地将被审计领导干部是否主持召开会议、是否组织集体研究、是否签批文件、是否直接分管、是否具体知悉作为界定责任的标准。

四是要推动审计结果运用，努力取得经济责任审计工作更大成效。审计的最终成果是审计建议得到采纳和运用，如果成果不能被利用，审计就失去了意义。要发挥好经济责任审计联席会议作用，通过多种形式，将最终审计结果在联席会成员中通报，为干部管理监督部门提供参考依据。对审计中发现的问题，在法定职权范围内的，要依法做出处理、处罚；对应当由其他部门处理、处罚的问题，要及时移送有关部门。还要以适当方式向干部管理监督部门提供与审计项目有关的、未在审计报告和审计结果报告中反映的其他情况，以及其他人员应当承担的相应责任等情况。要积极协助和配合干部管理监督部门落实、查处与审计项目有关的问题和事项。要加强综合分析，对审计发现的典型性、普遍性、倾向性问题和有关建议，要专题报告本级党委和政府，提交有关部门。

（节选自2013年7月在审计机关厅局长研讨班上的发言）

辑五

人才・队伍

考察政绩是选拔使用干部的重要环节

政绩是指领导班子和担任一定领导职务的干部在届期或任期内履行岗位职责取得的成绩，它是干部德才素质的综合反映和集中体现，是干部的主观努力见之于工作实际的客观结果。这就决定了考察干部政绩是选拔和使用干部的重要环节，以政绩大小选拔任用干部是关系全局的重大问题。邓小平同志在视察南方的重要讲话中强调指出："要大胆选拔那些人民公认是坚持改革开放路线并有政绩的人。"选拔干部，考察政绩，不仅对加强和改进干部考察工作，而且对加快改革和建设的步伐，都具有十分重要的意义和作用。

一、根据政绩选拔干部是坚持德才兼备原则的集中体现。改革开放的伟大事业要求我们的中高级领导干部必须是德才兼备的政治家，也要求我们的各级领导干部必须具备较高的素质。选拔干部无疑要从德、能、勤、绩、廉等方面进行全面考核，而德才统一于实践，体现于政绩。检验干部德才的尺子只能是实践。一个干部德才兼备，必然能取得明显的政绩，政绩是干部德才素质的必然结果和客观体现。德不好，无正确方向；才平庸，则无以堪大任。只有具备为党和人民的利益而努力奋斗的情操，又有卓越的才能，才有可能在事业上做出显著政绩。

二、根据政绩选拔干部是贯彻党的基本路线的迫切需要。正确的政治路线要靠素质优良的干部去贯彻落实。选拔培养干部必须着眼贯彻党的基本路线这个根本需要来进行。看一个干部是不是与党的基本路线的要求相适应，最根本的应该是看他在落实党的基本路线方面的政绩。和平与发展是当今世界的两大主题，经济和科学技术发展的竞争异常激烈。在这样的历史条件下，我们要保证立于不败之地，就必须选拔那些坚决拥护党的基本路线，坚定不移地贯彻党的基本路线，并能够卓有成效地带领群众落实党的基本路线的人作为领导者。

三、根据政绩选拔干部是抵制干部工作方面存在的不正之风的客观要求。当前影响党的形象和威信的一个主要因素，是群众最反感的党内存在的腐败现象，而用人上的不正之风就是其中之一。因此，选拔干部必须坚持党的任人唯贤的干部路线，反对用人上的不正之风。要做到这一点，重要的一条就是按照政绩选拔干部。政绩是干部德才素质集中的物化表现，是干部能力水平的本质反映。凭政绩用干部，就可以保证选人质量，不管家庭背景怎样，也不管资历是老还是新，政绩突出，都应大胆重用；政绩不突出，家庭再显赫、文凭再高、资历再老，“电话”“条子”再多，也坚决不能重用。这就能从根本上抵制住干部工作中的不正之风。

考察干部的政绩，以政绩选拔干部，主要应把握住真实、全面、准确的原则，处理好四个关系：

一是内因和外因的关系。一个干部的政绩大小，除内因起着重要作用外，还要受到政治、经济、自然条件等多种外部因素的影响和制约。基于此，考核干部的政绩大小，必须以科学严谨的态度，既要着重看其主观努力情况，又要注意具体分析其外部因素的影响和制约程度，从而得出比较全面公正的考评结果。二是打基础和见效果的关系。打基础工作周期长、见效慢，是不便于量化的潜在贡献，考核干部政绩时容易被忽视。因此在考核干部政绩时，要做到既看“硬性指标”完成情况，又看潜在贡献。对那些具有强烈事业心和责任感，一切从长远利益出发，在任期内对所在地区的建设全面安排，统筹规划，扎扎实实打基础增后劲的干部，即使政绩尚不明显，或正在实施过程之中，也应该充分肯定其成绩，果断地委以重任。反之，对那些不顾本地区的客观条件和实际需要，大上项目，上大项目，急功近利，好大喜功，沽名钓誉，竭泽而渔，图虚名而招实祸的人，虽说从表面看取得了一些成绩，非但不能提拔重用，还应对其进行教育，造成严重损失的还要从领导岗位上调整下来。三是成功与失误的关系。诚然，对做出贡献的、事业上有建树的同志，应予以充分肯定并提拔重用。同样，对失误者，也切忌不加分析地一概否定。特别是对那些具有开拓精神，不甘落后，不怕风险，想尽办法在任期内干出一番事业来，而因种种原因出现失误的同志，更要做到公正评价，正确使用，鼓励他们从挫折中吸取教训，重新崛起。只有这样，才能使大家消除后顾之忧，一心扑在工作上。四是个体与整体的关系。一般说来，在一个单位中，个人政绩的总和构成了群体政绩，但个人政绩又往往表现出其独特的个性。考核领导干部的政绩时，既不能以“大家努力的结果”为名，否定个人所做的贡献，抹杀个人政绩；也不能把一切政绩归功于个人，否认整体效应和大家的努力。

进行干部政绩考察的目的，是为了准确地识人，合理地用人。要准确地识人，全面、历史地评价干部的政绩，必须搞好五个结合：

一是现实和历史相结合。考察干部政绩一定要把当前、过去结合和统一起来。现实表现固然重要，但历史工作情况不容忽视。考察干部的政绩还要看他工作过的单位，是走一处胜一处，还是走一处败一处。同时还要了解原来单位的群众的公认程度。二是上下延伸和左右比较相结合。对一个干部的政绩认定，同级领导、班子成员、身边工作人员最有发言权，但有时也有片面性。考察政绩时，还要上伸到上级主管部门了解情况，看部门在同行业比较中的位置；下延到基层单位，看为经济建设服务、为基层群众服务的情况，进行综合比较分析，以防止在干部政绩的分析和认定中出现片面性。三是直接和间接相结合。直接考察就是组织部门与被考察对象进行面对面谈话，听取被考察者汇报，组织被考察者进行座谈等，了解干部的语言表达能力、分析问题能力、逻辑思维能力。在直接考察的同时，也要进行间接考察，这是坚持群众路线的需要。除找干部、群众了解情况外，还要充分利用党委、政府及有关部门对工作目标责任制的考核结果，充分依靠有关综合监督部门，请他们向组织部门提供和核准领导干部政绩方面的有关数据，为政绩分析提供必要的条件。四是主体和客体相结合。作为考察主体的组织部门应该提高政治素质和业务素质。考察业务性很强的部门的领导，如果组织部门不懂其业务，就很难把握准确。因此，组织部门的干部也要下派锻炼，多调查，多实践，尽可能成为各方面的通才。同时优秀的被考察对象也可到组织部门工作，参加组织部门的考核，提高考察水平和质量。五是平时和定期相结合。对干部政绩的考察，不能只限于定期考察，要进行经常性考察。平时要经常听取干部的思想汇报，组织他们集中学习、外出考察，向他们交办临时性和突击性的工作任务，经常到上级主管部门和主管领导了解情况，这不仅有助于了解干部的德和才，更有利于培养、锻炼、提高干部的能力和素质。

（原载于1996年11月内部刊物《黑龙江组织工作》）

抓作风 强队伍
推动特派办各项事业加快发展

一个国家、一个政党、一个地方、一个单位能不能兴旺发达、能不能有大的发展和作为，关键在人，在于有没有一支高素质的干部队伍。培育高素质干部队伍，必须从干部作风抓起。我们党历来高度重视干部作风建设。毛泽东同志曾指出，务必使同志们继续保持谦虚、谨慎、不骄、不躁的作风；务必使同志们继续保持艰苦奋斗的作风。邓小平同志曾强调，我们选拔干部要选那些认真学习马列主义、毛泽东思想，在斗争中经得起考验的人；要选那些党性强，能团结人，不信邪的人；要选那些艰苦朴素，实事求是，说老实话，办老实事，做老实人，作风正派的人；要选那些努力工作，联系群众，关心群众疾苦，有魄力，有实际经验，能够办事的人。江泽民同志指出，党员干部要做到“八个坚持、八个反对”。胡锦涛同志指出，各级领导干部是党和国家的骨干力量，其作风如何，对党和人民事业发展有着极为重要的影响，并要求在全党大力倡导“八种良好风气”。这些指示和要求体现了党对干部作风建设一脉相承、与时俱进的创新精神，充分说明干部作风建设的极端重要性，为我们全面加强干部作风建设指明了方向。作为审计机关，监督别人，也在接受监督，我们的一举一动、一言一行，都不是小事，更要把干部作风建设好。

一、什么是干部作风

加强干部作风建设，首先要明确作风的内涵。那么，什么是作风呢？汉语词典的解释是：作风是人们在工作、学习和生活中表现出来的稳定的态度和行为。综合研究各家的观点，干部作风就是一名干部在加强自身修养和组织纪律约束下形成的、在生活和工作中表现出来的相对稳定、具有一贯性的态度和行为，它来源于思想，形成于实践，表现于行动，主要体现在思想作风、学风、工作作风、领导作风和生活作风五个方面。

思想作风，就是一名干部在认识问题、分析问题和解决问题的过程中所运用的思维方式与思想方法。党的干部必须始终坚持马克思主义历史的、实践的、发展的观点，发挥主动性和创造性，不断研究新情况，解决新问题。

学风，就是干部在求知的目的、治学的态度、认识的方法上，长期形成的具有一定稳定性和持续性的心理素质、精神倾向和思维特征，是学习动机、学习态度、学习方法的综合反映和外在体现。党的干部必须坚持理论与实际相结合的学风，并在理论与实践的结合中不断探索创新。

工作作风和领导作风，就是人们在工作中所体现出来的观点、原则、方法和态度，是贯穿于整个工作过程的一贯风格。领导干部在从事领导活动的过程中体现出来的工作作风就是领导作风。党的干部必须坚持重实际、说实话、求实效，必须大力发扬脚踏实地、埋头苦干的工作作风，充分发扬民主，维护集中统一。

生活作风，就是干部在日常生活中形成的生活态度和行为模式，是干部的思想品质、道德观念、文化素养和行为方式等在日常生活中的综合反映，是一个人世界观、人生观、价值观的体现。党的干部必须谦虚谨慎、戒骄戒躁、艰苦奋斗，要有高尚的精神追求，做到在拜金主义、享乐主义、极端个人主义和腐朽思想的侵蚀影响面前，一尘不染，一身正气。

干部作风不仅反映干部个体的精神风貌和生活风貌，还直接影响其所在的整个团队组织的精神风貌和工作风貌。一个国家也好、政党也好、单位也好，它的整体作风是由每一名成员的个体作风所组成的、所体现的。没有良好的个体作风做支撑，一个集体的整体作风就难以形成。反之，良好的集体作风一旦形成，又会影响每一名成员的思想和行为，促进良好的个体作风的养成。同样，特派办的整体形象，要依靠全体干部职工来共同塑造；特派办的良好风气，要依靠改进每名干部的作风来实现。

二、为什么要加强干部作风建设

历史的教训和现实的经验告诉我们，成也作风，败也作风。作风决定着一个国家、一个政党、一个单位、一个干部的前途命运。

（一）作风关系到一个国家的生死存亡。认真研究历朝历代兴衰存亡的过程，都有一个共同的特征，就是在夺取政权和开国之初，大多都能选贤任能，励精图治，风正气顺，天下归心；在取得政权和立朝一个时期后，多因暴政、怠政、贪政、惰政、苛政等原因，导致世风日下，民心渐失，最终人亡政息。

先来看西汉王朝的兴衰史。西汉初期文帝、景帝时，采取休养生息的政策，提倡节俭，不言战事，政治开明宽厚，百姓安居乐业。文帝以节俭闻名，他在位期间曾经想建造一座露台，工匠说要花费百金，相当于10个中等家庭的总收入，文帝觉得太浪费，便放弃了这个想法。经过文、景两帝的励精图治，汉朝经济得到发展，社会渐趋稳定，开创了“文景之治”的太平盛世，积累了大量的社会财富。文、景之后的汉武帝刘彻具有雄才大略，他依靠雄厚的经济实力和强大的国力，与匈奴持续打了30余年的战争，在消除边患的同时，也耗尽了国力。特别是在位后期，生活奢靡，大兴土木，横征暴敛，以致民不聊生，盗贼蜂起，断送了“文景之治”的美好前程，西汉盛极而衰，此后再无盛世景象。

再来看唐朝的兴衰。唐太宗知人善任，广开言路，大兴科举，开创了中国封建社会最为开明的政治风气，出现了“路不拾遗，夜不闭户”的良好社会风气，史称“贞观之治”。唐玄宗李隆基当政前期，勤政慎治，任用贤相，励精图治，开创了有名的“开元盛世”。但是，他后期宠爱杨贵妃，纵情声色，疏于理政，重用奸人，官场腐败，民不聊生。“安史之乱”后，强大的唐朝由盛转衰。白居易的叙事诗《长恨歌》对当时的宫廷生活做了详尽的描述，“春宵苦短日高起，从此君王不早朝”，就是对唐玄宗腐朽糜烂生活作风的真实写照。

（二）作风关系到一个政党的兴衰成败。从一些政党的发展历史看，凡是有大作为、有大成就的，无不是靠作风立党，靠作风战胜一切艰难险阻，最终走上了历史的舞台。

中国共产党的历史，就是一部加强作风建设的历史。建党之初，我们党就把作风建设作为重要任务之一。1926年，中央发出《关于坚决清洗贪污腐化分子的通告》，这是我们党历史上最早制定的反腐倡廉文件。抗日战争时期，开展了轰轰烈烈的“延安整风”运动，明确提出要“反对主观主义以整顿学风，反对宗派主义以整顿党风，反对党八股以整顿文风。”在严酷的战争中，党领导人民树立了井冈山精神、长征精神、抗战精神、延安精神等不朽的丰碑。新中国成立后，我们党以“进京赶考”的信心和勇气，把反对脱离群众、防止政权蜕化变质作为大事来抓。多次开展整风运动、“三反”运动，强调加强群众观念、组织观念和政策教育，旗帜鲜明地反贪污、反浪费、反官僚主义，反对命令主义、宗派主义和主观主义。在物质生活极度贫乏的艰难时期，涌现出了抗美援朝精神、大庆精神、大寨精神、红旗渠精神、好八连精神、雷锋精神、焦裕禄精神、两弹一星精神，等等。改革开放以来，不断强化干部教育，相继开展了整党、“三讲”教育、先进性教育、学习实践科学发展观等活动，制定了一系列党规党法，严肃查处了陈希同、成克杰、胡长清、陈良宇等一大批腐败分子。我们党团结全国各族人民，集中力量干大事，创造了“抗洪精神”“抗击非典精神”“载人航天精神”“抗震救灾精神”等新的时代精神。纵观我们党作风建设的历程，我们深切地感到，党始终把作风建设视为党的生命放在首位，确保了党的先进性，增强了党的凝聚力和号召力，保证了革命、建设和改革的成功。

反观国民党统治的失败，原因固然很多，但重要原因是忽视作风建设，致使贪污腐败盛行。抗战末期物价飞涨，国民党军官把大部分精力放在经商上，各城市的城防司令部成为变相的商业性机构，商人要依托军人的特许和保护才能从事商业活动。国民党腐败官员层层克扣本来就不多的军费，有的部队甚至连足够的军粮都领不到，士兵们掠夺抢劫老百姓成为家常便饭，军官们为了贪污军饷，往往多报士兵的人数，一般部队的实际士兵人数，只有纸面上人数的2/3左右，军队战斗力明显削弱。毛泽东在《论联合政府》中曾一针见血地指出："利用抗战发国难财，官吏商人，贪污成风，廉耻扫地，这是国民党区域特色之一；艰苦奋斗，以身作则，工作之外，还要生产，奖励廉洁，禁绝贪污，这是中国解放区的特色之一。"1949年，美国大使司徒雷登对国民党的军官们说："共产党战胜你们的不是飞机大炮，而是廉洁，是靠廉洁换得的民心。"

再来看看国际上一些政党失败的教训。20世纪80年代末90年代初，世界上一些大党老党相继失去政权，一个重要原因就是不重视作风建设，听任不正之风侵蚀党的肌体，损害党群关系，导致严重脱离群众，最终被人民所抛弃。苏联解体前不久，当时的苏联社会科学院曾进行过一次问卷调查，调查结果显示，认为苏共代表人民群众的只占4%、代表全体党员的也只占11%，而认为苏共是代表党内的官僚、干部、机关工作人员的，竟占85%。调查结果表明，绝大多数苏联人并不认为苏联共产党是他们利益的代表，这是导致苏共解散，苏联解体的根本原因。

（三）作风关系到审计机关的发展进步。审计机关干部作风如何，不仅关系到审计队伍形象、审计事业兴衰，也关系到经济发展大局。

近几年，署党组高度重视审计机关作风建设，把今年确定为"作风改进年"；长沙办几任班子始终坚持抓作风建设，都取得了比较明显的成效。广大干部坚持和发扬湖湘精神、继承革命老区的光荣传统，敢为人先，工作有激情，不辞劳苦，乐于奉献，这一点上上下下是有目共睹的。尽管受"住房风波"的一些影响，但是我们的干部没有被压垮，工作劲头不减，去年无论业务还是综合排名都没有受大的冲击和影响，体现了顽强的意志和坚韧的精神。去年人均出差200天以上，审计干部顾大家舍小家，克服各种困难，完成了各项审计任务，充分表明长沙办干部是能吃苦、讲奉献的。同时，始终保持革命乐观主义精神，坚持快乐工作的理念，在工作之余，开展了丰富多彩的活动，愉悦了身心，减轻了压力，促进了工作。这些好的作风我们一定要坚持和传承下去。

在肯定成绩的同时，也要清醒地看到，全党上下在作风建设上的一些不适应问题仍很突出，学风不浓、工作不实、效率不高、律己不严等现象还不同程度存在。针对这些问题，党和国家每年都要召开中纪委全会和国务院廉政工作会议专题研究部署，胡锦涛同志、温家宝同志每次会议都作重要讲话，目的就是要下决心解决作风建设上存在的问题。具体到长沙特派办，与全国各地的形势一样，在作风建设上也存在一些问题和不足，与所承担的繁重任务还很不适应。一是思想作风上，一些干部不爱学习，进取心不强，缺少那种不甘人后、争先创优的热情和劲头；少数干部私心杂念较重，患得患失，个别干部思想偏激，过于自负，缺乏宽容的胸怀；有的干部个人至上，不懂得尊重别人，连起码的文明礼貌都不讲；还有的干部“骄”“娇”二气严重，有的夜郎自大，认为自己了不起，有的吃苦精神差，畏难情绪大，不肯多做一点事，多承担一点责任。二是工作作风上，一些干部时间观念、效率意识不强，不是根据工作任务安排时间，而是根据时间开展工作，部分审计现场存在每周工作4天、每天工作6个小时的现象，致使有的项目因时间不够用，不得不草草收兵；有的干部把回办工作当成休息，说来就来，说走就走，自由散漫；有的干部马虎、凑合、不在乎，工作标准不高，甘居中游，得过且过，工作不推不动，材料不催不给，遇事能推就推，能躲则躲，在审计报告质量审查上不细致，数字核对不准，有的出入很大；有的干部不求甚解，不是研究性地去审计，习惯于神秘化、背对背，不善于面对面，致使有些问题查不深、议不透，粗枝大叶；还有的干部要小聪明，干面子活，领导在与不在不一样，工作态度不端正。三是领导作风上，有的处级干部不能摆正位置，走上处级领导岗位就飘飘然，当“甩手掌柜”，不研究问题，不了解实际情况，处室工作没有起色；有的把自己混同一般干部，表率作用不突出，不关心、不重视职工实际困难；还有的缺乏领导艺术，工作方法简单；更有甚者没有原则，搞小圈子，表面看很团结，其实放弃了对大多数人的团结。四是生活作风上，有的干部不能自觉抵制享乐主义、拜金主义的影响，热衷于吃喝玩乐，工作上低标准、生活上高标准，廉政意识不强，警觉性不高，心存侥幸心理的还大有人在，在执行“八不准”规定上还存在很多问题。比如，与审计对象吃吃喝喝现象时有发生，对于路途较远、地处偏僻，不得不与审计对象一起用餐的，有的也没有按规定结算费用，也有的说回来后统一结算，但事实上也没有真正这么做。非工作用车问题较为普遍，有的驻地与审计现场距离很近，甚至步行只需几分钟的路程，也习惯于用被审计单位车接车送；有的在境内审计每周都往返审计现场和单位，用被审计单位车接车送，增加被审单位负担，也影响审计干部形象，更存在安全隐患。对这些问题，希望大家主动对号，认真反思，努力改正。

查找干部作风建设存在的问题，不是否定过去、否定大家。之所以重视和强调干部作风建设，主要基于三点考虑。一是上级有要求，署党组非常重视干部作风建设，多次召开会议、下发文件做出部署。二是我办有需要，只有不断地反思查找不足，正确认识自己，才能在已有的基础上实现更大发展进步；只有改进作风，才有干部的成长进步，这是从长远发展和战略高度考虑的。三是党组有责任，任职一天就要对事业负责，对大家负责，就要为事业发展和干部进步创造良好的环境和氛围。查摆出的这些问题，产生原因也是多方面的，有的是多年积累形成的，习惯成了自然；有的是受社会大环境影响，不仅我们办存在，整个审计系统也存在，其他行业也普遍存在，确实很难独善其身。尽管这样，我们也决不能置身事外，要多从主观上查根源，从自身找原因。要认真想一想，是不是我们的思想改造放松了？是不是我们的党员意识、公务员意识、审计干部意识淡薄了？是不是我们的机关文化建设和思想政治工作薄弱了？是不是我们抓干部作风的措施不得力了？是不是领导干部的表率作用不突出了？每个人都要深入思考，从思想根源上深入挖掘，在体制机制层面积极探索，把存在的问题解决好，把干部作风建设好。

（四）作风关系到党员干部的进退荣辱。干部作风如何，决定干部能否有所作为。

我曾看过一篇关于张思德的文章，感受很深。与那个时候相比，虽然条件变了，环境变了，但人的作风不能变，我们确实应该经常地想一想张思德，比一比张思德。一比张思德怎样对待职务。张思德18岁参加红军，受过三次伤，立过几次功，走过长征路。但他在参加革命的11年中，一直都没有升迁。尤其是1942年10月，军委警卫营与中央教导大队合编为中央警卫团，领导决定张思德由班长改为战士，张思德愉快地接受了组织安排，并说："当班长是革命工作需要，当战士也是革命工作需要。"二比张思德怎样对待工作。张思德是毛泽东同志身边的工作人员，但听说需要有人到距延安70多里的安塞县石峡峪庄开荒种地时，他二话没说，打起背包就出发，并且哪里最苦最累，就带头在哪里干。眼看着种下的庄稼就要收获了，农场又决定让张思德进山烧炭。当队长问张思德有什么困难时，张思德坚定地回答：“请领导和同志们放心，我是共产党员，为人民的利益，就是拼出命，也要把炭烧好！”三比张思德怎样对待同志。在长征途中，为了解决断粮的困难，张思德带头“尝百草”。在茫茫的草地上，野草遍地，毒草丛生，要尝出一种能吃的野草是很危险的。当他尝了一种叫“野萝卜”的东西中毒以后，第一句话却是：“不要管我，快去告诉其他同志。”张思德同志虽然是一个普通战士，但丝毫也不卑微，他牺牲几十年后，仍被人们赞颂和景仰。正如毛主席所说的：“张思德同志是为人民利益而死的，他的死是比泰山还要重的。”

在大庆工作几十年，从一名普通工人成长为一名领导干部，得益于党和人民的培养，更得益于大庆精神、铁人精神的激励和鼓舞。我虽然没有机会参加石油大会战，也没有可能和铁人一起共过事，但了解了铁人王进喜的许多先进事迹，接触了大量与王进喜有关的人和事，铁人的事迹非常感人。比如，用身体做搅拌机，纵身跳进泥浆池搅拌泥浆；缺少拖拉机、吊车，就用绳子、撬杠把60吨的钻机一寸一寸地运到井场；没有水罐车，就带领工人用脸盆一盆一盆端来几十吨水开了钻，等等。当时参加大会战，条件非常艰苦，所有的工人都吃不饱，一日只有一餐，一餐只有两三个野菜团子，所有的工人都消瘦。到后来，很多工人都患有肝炎，有一些甚至患上了肝癌、胃癌。在他们当中，年龄超过60岁的很少，王进喜47岁就与世长辞，他曾说“宁可少活20年，拼命也要拿下大油田”，为了祖国的石油事业，他真的少活了20年。可以说，现在的人很难想象在那个艰苦的年代里，他们是以怎样崇高的境界、顽强的毅力和钢铁般的意志去为祖国采油的。我记得铁人说过这么几句话，“石油工人一声吼，地球也要抖三抖”“不干，半点马列主义也没有”“有条件要上，没有条件创造条件也要上”“井没有压力不出油，人没有压力轻飘飘”“学会一个字就像搬掉一座山，我要翻山越岭去见毛主席”，这些铁人的豪言壮语，是老一辈石油人的顽强作风和大无畏精神的真实写照。在异常艰苦的条件下，培育了以“爱国、创业、求实、奉献”为核心内容的大庆精神、铁人精神，成为中华民族的宝贵精神财富；创造了以党支部建设为核心的基层建设，以岗位责任制为中心的基础工作，以岗位练兵为主要内容的基本功训练的“三基”工作方法；形成了“三老四严”“四个一样”的工作作风，即对待事业要当老实人、说老实话、办老实事，对待工作要有严格的要求、严密的组织、严肃的态度、严明的纪律，干工作要黑天白天一个样、天气好坏一个样、领导在场和不在场一个样、有人检查和没人检查一个样。50多年来，正是靠这种革命加拼命的精神，大庆累计生产原油20.40亿吨，占全国同期陆地原油产量的40%，累计上缴国家利税并承担原油价差1.80万亿元，连续5年上缴利税超千亿元，为国家和民族做出了巨大贡献。

综上所述，我们可以得出一个基本结论：作风建设关系重大，任何时候都不能放松，只能加强、不能削弱。我们必须从干部作风建设入手，从每个人自身做起，从现在做起，努力锤炼过硬的作风，以优良的作风推动我办各项事业发展，创造我办新的辉煌，在推动事业发展的过程中实现自己人生价值和更大进步。

三、加强干部作风建设要做什么

作风体现在行动上。要积极行动起来，从思想、工作、生活上不断改造和提高自己，把干部作风建设水平提升到一个新的层次。要着重把握以下五个方面的基本要求。

（一）要认清自我，做到永不满足、永不停步。一个人要走好人生道路，必须客观、理性、真实地认识自己。一要知道自己能干什么。在人生和事业上，每个人都渴望成功，但成功的途径不同。成功者之所以成功，不在于他能力的多样化，而在于找到了自己的强项，发挥了自己的特长。因此，我们要在生活和事业中培养和发挥比较优势，扬长避短，才能有所作为。二要知道自己不能干什么。现实中，有些人常常犯一个毛病，看别人的缺点就像看白衣服上的黑点，一目了然；而对自己，却是“乌鸦落到猪身上，只看别人黑，看不到自己黑”；有些人对自己估计过高，自我评价与别人评价相差甚远，不能清醒地认识自我。人不怕有缺点，怕的是自己不知道甚至视而不见。要不断地战胜自我，管住自我，在发挥优点的同时，努力克服弱点和不足。三要知道自己是干什么的。时刻牢记自己是一名共产党员、一名公务员、一名审计干部，要正确对待自己，把充实自己、提高自己作为终生课题，始终保持开拓进取的精神状态，始终保持勇于创新的激情，使自己的思想跟上潮流、跟上时代。

（二）要爱岗敬业，做到雷厉风行、严细认真。工作中，每个人都有自己的位置，岗位没有高低贵贱之分，只有责任大小、贡献大小之分，无论哪个岗位都是工作的需要，都可以干出一番事业，组织和群众把你放在这个位置，就要尽心竭力，有所作为。一要端正态度。责任胜于能力，态度决定一切。积极的态度能催人奋进、激励斗志、战胜困难与挫折，消极的心态往往会使人悲观失望、冷漠麻木、抱怨不止、牢骚满腹，在挫折和困难面前一蹶不振。有的干部工作态度不端正，对自己有利的工作就积极，对自己不利的工作就消极，这样的工作态度是不会取得成就的，是必须予以纠正的。二要注重细节。细节绝不是小事，细节决定成败。工作中，往往一个很小的细节就能反映一条审计线索，就能发现一个大案要案。同样，一个很小的疏忽，可能就会酿成大错。要高度重视，从小事抓起，从点滴做起，做认真过细的工作。三要勤于思考。有的干部不愿动脑，交代一项工作不知道如何完成，反过来还要领导替他去想；有的自己还没弄明白的事情，就交代给别人去做，别人做得如何自然就没有评判标准，出现矛盾和问题便无所适从；还有的不善于换位思考，对交代的工作不加思索、只凭想当然就盲目否定，即便执行了，也没有很好地理解，贯彻下去往往变形走样，不由初衷，没有效果。因此，要在日常工作中养成勤于思考的习惯，善于用战略的、辩证的、改革的思维研究思考问题，不断推动工作创新，推动特派办发展。四要加快节奏。时间就是效率，时不我待、时不再来。要解决“懒”的问题，做到勤奋敬业，不断增强进取意识和工作热情；要解决“慢”的问题，对工作决不能捂着、瞒着、拖着，该办的事情要早动手、早见效，能解决的问题要解决好，不能久拖不决、积累矛盾；要解决“散”的问题，坚决治理工作时间干私活、聊天、玩游戏等问题，坚决纠正开会时迟到早退、接打手机、随意走动、注意力不集中等问题，做到集中精力干工作、聚精会神搞审计。

（三）要坚持原则，做到敢于碰硬、善于攻坚。作为监督部门干部，我们必须公平公正、刚直不阿，敢打硬仗、能打硬仗，努力维护经济秩序。一要无私无畏。私心杂念重的人搞不了审计，也干不好审计。从事审计工作必须练就一身“刀枪不入”的硬功夫，消除“人情”“关系”的影响，以对人民群众高度负责的精神，认真履行职责。要敢于审计，勇于攻克难关，对于违反财经纪律的行为要一查到底。二要客观公正。温家宝同志指出，人民信任审计机关，把重任交给审计机关，同时也关心和注视着审计机关，这就需要审计机关自身要正、自身要严。我们每一位审计干部，都要牢记党委、政府和人民群众的重托，认认真真搞审计，实事求是查问题，使我们的工作经得起群众和历史检验。三要文明审计。用审计别人的标准来要求自己，用理解自己的理念来理解别人，妥善处理与被审计单位的关系，遇事先讲道理，善于听取被审计单位意见，不讲粗话、大话、过头话，言行举止规范文明。要如实反映审计情况，实事求是地处理问题，做到既合法又合理。

（四）要顾全大局，做到珍视团结、维护稳定。一个单位要发展进步，必须有团结和谐的良好环境，必须有统一意志、统一行动。一要维护整体利益。树立“办兴我荣、办衰我耻”“一荣俱荣、一损俱损”思想，时时处处维护我办整体利益。大家都深受其害的“职工住房问题”，为什么会小事变大、好事变坏，乃至整个审计系统深受影响呢？主要原因是个别人只想到个人利益，不考虑特派办整体利益，导致问题复杂化，加之网上发帖引起媒体炒作，使事态扩大化，在全国造成很大影响，最终受害的是我们每一名干部。前段时间，有的同志不吸取教训，又采取网上发帖方式反映干部不廉洁等问题，这种行为损害了我办的整体形象，事实上也损害了我们每个人的形象。对反映问题我们持欢迎态度，我们不是怕反映问题，但对这种反映问题的方式我不赞成。有问题要通过正常渠道有组织地向办党组反映，也可以直接向署党组反映，对组织要有起码的信任。今后，如果再发生类似问题，我们就要查一查，找本人谈一谈，问问你到底是啥目的、什么出发点。二要常怀宽容之心。宽容是一种高贵的品质，是对别人的释怀，也是对自己的善待。而我们有的人专挑别人的毛病，嫉妒心强。特别是有的人对群众推荐、组织选拔任用的干部求全责备，看到别人有机会提拔重用就想方设法诋毁，我不上你也别上，这种风气要不得。要认识到，走出一个满盘皆活，一个不动死水一潭。要抬举人、成全人，多看别人的优点和长处，不能只盯着缺点和不足。如果一味的挑剔、内耗、窝里斗，那么什么事也办不成，想办、该办的事，也不敢去办了。三要善于团结协作。团结是一个集体的生命。团结出凝聚力、出战斗力、出生产力，出政绩、出经验，出人才、出干部，也出健康；不团结就会败坏风气、伤害感情，危害集体利益。要发扬团结协作精神，工作中主动配合，主动补台。补台不拆台好戏连台。对党组确定的任务，大家要群策群力共同去推进；干部职工的事情，大家要齐心协力共同去办好；特派办面临的困难，大家要同舟共济共同去克服；新的矛盾和问题，大家要携起手来共同去解决，通过我们的共同努力，创造特派办更加美好的未来。

（五）要遏制欲望，做到谨慎交友、抵住诱惑。审计干部只有严格要求自己，才能真正维护审计的独立性和权威性。一要甘于寂寞。大家工作辛苦，劳动强度大，特别是审计现场条件差异也很大，有的条件比较艰苦，有时要连续工作几十天。如果没有一种良好的生活作风、严肃的生活态度，很难经得住诱惑。在这里，要特别提醒大家，在审计期间，必须认真执行“八不准”规定，坚决不能与被审计单位有非正常联系，更不允许参加被审单位宴请和高消费娱乐活动。二要把好社交圈。俗话说：“近朱者赤，近墨者黑。”交友要慎重，要交那些志同道合、具有积极健康兴趣爱好的人。对那些千方百计同你拉关系、为你送好处的人，要保持高度警惕。如果放松警惕，就容易被别有用心的人所利用，等你明白过来想悬崖勒马时，已是上贼船容易下贼船难了。三要保持平常心。人的欲望一定要节制，如果私欲膨胀，不管是从贪财、贪色开始，还是从贪物、贪乐开始，其结果都是殊途同归，难逃覆灭的相同下场。我们要保持一颗平常心，不攀比、不盲从，艰苦奋斗，清正廉洁，做到自重、自警、自励、自律，提高拒腐防变能力。

加强干部作风建设，对审计干部的要求是很高的。每一名干部必须从提高思想道德素质入手，认真解决好如何做人、如何做事、如何做官问题，使转变作风成为每个党员、每个干部的自觉行动。

一要有荣辱心、知足心和感恩心，解决好“做人”的问题。要知荣辱，努力践行“八荣八耻”的社会主义荣辱观，分清是非、善恶、美丑的界限，坚持什么、反对什么，倡导什么、抵制什么，都必须旗帜鲜明。要知足常乐，在一己之利上要超脱一些，在履行岗位职责上要永不满足，追求卓越。要知恩图报，始终怀着一颗感恩的心，感恩于组织，感恩于社会，感恩于单位，感恩于父母、家人和朋友，感恩于生活，甚至感恩于挫折。只有懂得了感恩，才能懂得回报，才能真正理解生活和工作的意义。

二要有事业心、责任心和敬畏心，解决好“做事”的问题。要干事业，这是每个党员干部应当具备的基本素质，我们要追求更高的事业境界，只有这样我们的工作作风才会有一个大的改观。要负责任，人生在世要扮演很多角色，不论扮演哪一种角色都担负着相对应的责任。对国家忠诚、对岗位奉献、对亲人的关怀、对朋友的帮助都是一种责任，承担一个角色就要履行应尽的义务。要谨慎，有些人什么话都敢讲，什么事都敢做，什么饭都敢吃，什么钱都敢拿，就是缺乏敬畏心，缺乏对民心的敬畏，对规则的敬畏，对法纪的敬畏。我们要增强忧患意识和危机感，始终做到如临深渊，如履薄冰，无论是对待学习、工作，还是对待生活，都要时时反思，时时警醒。

三要有公仆心、同情心和廉耻心，解决好“做官”的问题。要甘当公仆，摆正自己与群众的关系，知道谁是为谁服务的，正确地看待自己的职位和权力，把对上负责与对下负责结合起来，时刻提醒自己，扎扎实实为群众办实事。要体谅他人，理解别人的立场和感受，站在他人的角度思考和处理问题，多为群众谋利益，最大限度地理解和关心下属，不在下级和基层群众面前摆架子，耍威风，滥用权势。要廉洁从政，做到防微杜渐，筑起牢不可破的防线，在各种诱惑面前，把工作、原则和责任放在首位，稳住心神，管住身手，带头执行廉洁从政各项规定，自觉防止权力失控、行为失范。

四、加强干部作风建设要怎么做

加强和改进干部作风的途径和方法很多，从审计机关的实际看，当前要着重抓好以下几项工作。

（一）加强教育，夯实作风建设的思想基础。教育是作风建设的基础，有扎实的教育才会有良好的作风，必须把干部教育作为加强干部作风建设一项刻不容缓的重大任务。一要多途径开展学习教育。充分利用民主生活会、中心组学习、工作研究会、报告宣讲、专家讲座、知识竞赛等形式，组织干部学理论、学经济、学管理、学修养，引导审计干部把学习作为一种政治责任、一种精神追求、一种生活方式，养成学习的良好习惯，在学习中提升人生境界、实现自我超越。二要全方位加强学习教育。重点开展“五个教育”，即开展职能职责教育，充分认识审计工作的地位与责任，切实转变思想作风；开展素质能力教育，认真查找综合能力的短板，切实转变学习风气；开展职业道德教育，强化审计工作的目的与宗旨，切实转变工作作风；开展政绩地位观教育，弘扬实事求是，脚踏实地的优良传统，切实转变领导作风；开展廉洁自律教育，加强个人修养，切实转变生活作风。三要加强理论学习考核。采取述学、考试、撰写专题调研报告等形式，全面了解掌握审计干部理论学习情况，把学习情况纳入干部年度考核中，作为评价干部的基本内容。

（二）认真整改，解决作风建设的症结问题。在全办组织开展干部作风“八查八看”活动：一是查学习态度，看是否存在政治业务学而不深、一知半解、学风不浓的问题；二是查全局观念，看是否存在与发展要求不相适应，孤立片面的就审计论审计，大局意识、宏观意识、忧患意识不强问题；三是查工作责任，看是否存在敬业精神不足、工作满足现状问题；四是查工作态度，看是否存在工作严谨细致不够、敷衍塞责问题；五是查工作效能，看是否存在上岗不上进、得过且过、工作效率不高问题；六是查精神状态，看是否存在萎靡不振、工作热情不高问题；七是查创新意识，看是否存在不愿思考、因循守旧、监督与服务相脱节问题；八是查组织纪律，看是否存在自由散漫、工作拖拉、纪律松弛，执行“八不准”不严问题。每一名干部都要通过查摆问题，制定整改措施，切实转变作风。

（三）努力实践，力求作风建设的实际成效。实践是检验干部作风的根本标准，也是锤炼干部作风的关键环节。要紧扣中心，服务大局，围绕成果抓审计，做到监督与服务并重，寓监督于服务之中。一是抓大要案。坚持全办动员、全员参与，紧紧围绕审计业务这个第一要务开展各项工作，努力形成人人关心业务、人人研究业务、人人服务业务的良好氛围。要通过纪检、政法、信访、上级审计机关等各种渠道收集信息、了解线索，在确保完成年度审计计划的同时，对一些重大违法违纪问题和经济案件，要紧追不舍，深挖细究，力争每年都能查出几个大案要案。二是抓成果。树立责任意识、精品意识，狠抓成果利用，用信息成果反映工作成果。要紧紧围绕党中央、国务院和审计署关注的问题以及发展中的热点难点问题，客观准确地反映国家宏观调控政策执行落实情况，反映重大违法违规问题和经济案件线索，反映损害群众利益和影响科学发展的问题，反映涉及体制机制的问题，特别是要准确把握审计要情和审计要目的要求，努力提出政策性、宏观性、前瞻性、针对性和操作性更强的意见和建议，确保更多审计信息被上级采用。三是抓典型。总结宣传我办的工作成绩、创新做法、典型事迹和先进个人。把查了多少大要案、提出多少意见建议、出了多少要情要目、移送多少案件、总结了多少好典型，作为干部作风建设重要成果。

（四）严格监督，营造作风建设的外部环境。要建立健全监督机制，形成全方位、强有力的监督网络，经常地、主动地、动态地监督审计干部的作风和行为。一要增强监督意识，树立作风问题无小事的观念，认识到监督是组织的关心和爱护，不断强化自我监督和接受监督的意识。二要加大监督力度，采取提前介入、过程跟踪、明查暗访等手段，把对作风状况的监督贯穿到干部履行职责的每个环节和部位，做到干部的权力运行到哪里，监督就延伸到哪里。建立完善个人重大事项报告、礼品礼金登记上交、收入申报等制度，实现个人自律；注重加强对干部“八小时以外”生活圈、社交圈的监督，确保干部保持良好的作风和形象。三要严肃追究责任。在监督过程中要敢于动真碰硬，对发生作风问题的人和事，该提醒诫勉的要提醒诫勉，该纪律处分的要纪律处分，确保严肃执纪。

（五）完善制度，建立作风建设的长效机制。要把作风建设与健全完善长效机制结合起来，形成科学合理、完整严密、切实可行的制度体系，为加强作风建设提供保障。一是健全质量控制制度。实行审计工作全面质量控制，对编制审计方案、收集审计证据、编写审计日记和审计工作底稿、编发审计信息、出具审计报告、归集审计档案等全过程实行问责制度，通过问责，问出压力、问出干劲、问出激情、问出绩效，问出全办上下“真干事、干成事”的浓厚氛围。二是健全督办检查制度。完善机关督办工作办法，加强对重点工作、重点事项的督促检查，狠抓工作落实，做到决策部署后，有反馈、有评估、有总结。特别是对一些容易回潮、反弹的工作要跟踪抓、反复抓，不见成效不罢休，防止“一紧二松三垮四重来”的现象。三是健全奖励惩戒制度。把作风优劣列入评价考核体系，对那些务实、勤勉、清廉、有为、引领正气的干部，在物质上、精神上、政治上、组织上都要优先考虑；对那些慵懒、懈怠、钻营、功利、败坏风气的干部，要通过经济、组织、制度、纪律、法律等手段予以惩戒。

（六）强化领导，形成作风建设的崭新局面。作风建设是一项长期的系统工程，弹性很大，必须下决心、动真格，务求有触动、见实效。一要领导带头。办、处两级领导干部在抓作风建设中起核心作用，要以身作则，既要“带”又要“抓”，为干部职工树立榜样，对作风方面存在的问题，及时指正，督促改正，弘扬新风正气，抵制歪风邪气，以良好的作风保障各项工作任务圆满完成。二要借助载体。

全面落实审计署“作风改进年”活动，切实将“实、高、新、严、细、廉”的标准贯彻落实到各项工作之中。当前开展的“解难题，振士气，促发展，创先进”主题实践活动和“创先争优”活动都要与干部作风建设相结合，以活动促作风。三要注重导向。树立“能力+作风”的选人导向和“实绩+作风”的评价导向，坚持德才兼备、以德为先的原则和品行为本、能力为要的思想，牢固树立“以实绩论英雄，凭德才坐位置”的用人观念，把作风作为选人用人和干部考核的重要指标，切实做到用好的作风选作风好的人。

作风是一种习惯，是能够通过后天努力改进和养成的；作风是一个影子，时时处处体现在干部学习、生活和工作当中；作风是一种能力，好的作风能决定一个人的成长进步；作风是一种力量，优良的作风能够推动我们的事业向前发展。让我们积极行动起来，从我做起，从现在做起，以审计干部的新风貌，开创我办各项工作新局面。

（节选自2010年8月在长沙特派办年中整训党课讲稿）

加强处级干部队伍建设
健全干部任用机制

一、深刻认识加强处级干部队伍建设的重要性和紧迫性

政治路线确定之后，干部就是决定的因素。多年实践表明，业务工作所取得的成绩，归根结底是因为把队伍建设放在了十分重要位置，特别是发挥了处级干部的特殊作用。必须深刻认识新形势下加强处级干部队伍建设的极端重要性和紧迫性，坚定不移地把处级干部队伍建设作为根本性、战略性任务来抓。

（一）加强处级干部队伍建设是贯彻署党组指示要求的需要。审计署每年都集中一段时间对审计干部进行集中整训，去年的全国审计工作座谈会专题研究部署队伍建设，今年署党组第三季度中心组学习会又以审计干部队伍建设为主题。在今年新任职处级干部培训班上，刘家义审计长亲自为处级干部作辅导报告，强调要改进思维方式，努力做到十个坚持、十个防止，处理好十个关系。所有这些充分表明，署党组对审计队伍建设始终高度重视，我们必须从大局出发，认真贯彻落实署党组安排部署，把审计干部队伍、特别是处级干部队伍建设好。今年3月，我来长沙办任职前，署里主要领导与我谈话，叮嘱我要抓好两件大事，一个是把职工住房遗留问题解

决好，另一个就是加强干部队伍建设。抓好长沙办干部队伍建设，是署党组的政治嘱托，我们必须不辱使命，不负重托，把我办干部队伍建设好。我办有处级干部48人，占全办审计干部的1/3，是抓队伍建设的重中之重，我们必须从处级干部队伍建设入手，把这支队伍建设好，就会起到事半功倍的效果，就会影响和带动整个干部队伍建设。

（二）加强处级干部队伍建设是加快特派办发展的需要。事业发展关键在人。处级干部在特派办的地位十分重要。第一，处级干部是审计事业的中坚和骨干。在特派办各项工作中，处级干部处在领兵打仗、冲锋陷阵的关键位置，重大审计项目要靠处级干部牵头来实施，急难险重任务要靠处级干部带头来完成，一些矛盾和问题要靠处级干部努力去破解。处级干部能力强弱、素质高低，在一定程度上决定着我办事业的兴衰、发展的快慢、工作水平的高低，处级干部队伍建设只能加强、不能削弱。第二，处级干部是承上启下的桥梁和纽带。在日常工作中，大家一头连着办领导，一头连着基层群众，既对上负责，又对下负责，办党组的决策部署、工作任务要靠大家向基层传达和落实，干部群众的意见呼声、思想动态要靠大家向党组反映。如果处级干部桥梁和纽带作用发挥不好，就会发生“中梗阻”，就会信息不畅、延误事业，长沙办就不会更好更快发展。第三，处级干部是我办发展的希望和未来。处级岗位是干部成长进步的平台，在这里必然要走出司局级干部。新陈代谢、新老交替是历史规律，现任的办领导不可能始终在长沙办任职，未来的办领导必然在处级干部里产生，也许在座的某一位就是若干年后的长沙办特派员，长沙办的希望和未来归根结底要寄托在年轻人身上。为了长沙办事业的持续发展，为了我办有更加美好的未来，必须从现在做起，大力加强处级干部队伍建设，这是一项具有战略意义的重大任务。

（三）加强处级干部队伍建设是促进干部成长进步的需要。以人为本，是社会主义和谐社会基本特征的集中体现，是科学发展观的本质。加强处级干部队伍建设，就是坚持“以人为本”这一核心，以实现干部的全面发展为目标，一切从干部的思想、工作、生活实际出发，最大限度地激励干部、调动干部、鼓舞干部和凝聚干部，促进干部快速成长、尽快成熟、早日成才。只有加强处级干部队伍建设，才能对干部严格教育、严格管理、严格监督，有计划、有组织地抓好处级干部思想观念、思维方式、行为习惯、工作态度的养成和提高，才能不断提升干部素质。只有加强处级干部队伍建设，才能在工作实践中培养干部、在艰苦岗位磨炼干部、在矛盾面前锻炼干部、在考验面前检验干部，尽快提高处级干部工作能力，才能不断增长干部才干。只有加强处级干部队伍建设，才能为处级干部发挥聪明才智提供舞台、创造条件，使优秀的干部脱颖而出，才能为干部发展创造更多机遇。加强处级干部队伍建设，与我们每一名处级干部的前途命运、发展进步息息相关，我们一定要深刻认识，主动参与，共同努力把这支队伍建设好。

（四）加强处级干部队伍建设是解决自身存在矛盾和问题的需要。当前，我办处级干部队伍整体上是好的，能够讲政治、讲大局，坚决贯彻执行署党组和办党组的各项要求；能够按照职责要求，团结带领处室人员积极完成各项工作任务；能够独当一面开展审计工作，有较强的工作能力和敬业奉献精神，在干部群众中具有一定的威信。但是，与署党组的要求比，与先进特派办比，还存在一定差距和不足。一是结构不合理，主要是年龄偏大，平均年龄

45岁，35岁以下的一个没有；学历偏低，具有研究生学历的只有1人；学审计专业的只有7人。二是素质不适应，一些处级干部在思想水平、决策能力、执行力度等方面存在差距，有的观念陈旧，思路不清，业务不精，工作抓不住重点，不善于研究问题、分析问题；有的没有摆正和找准自己的位置，带头作用不明显，混同于一般干部；有的缺乏领导艺术，工作方法简单，不善于管理，办法不多，创新不够，凝聚力不强。三是作风不过硬，有的工作不大胆，怕得罪人，该抓的不抓、该管的不管、该改的不改，只要不出事，宁可不干事；有的工作不实，作风漂浮，不能沉下身子、潜下心来研究问题，工作效果不佳；有的出勤不出力，得过且过，工作效率不高。四是状态不理想，有的干部工作三分钟热血，虎头蛇尾，不能一以贯之；有的缺乏激情，精神萎靡，思想滑坡；还有的个人至上，以自我为中心，看问题偏激，发牢骚、讲怪话，影响不好。所有这些问题，都要通过加强处级干部队伍建设来解决。

二、牢牢把握处级干部队伍建设的基本要求

当前和今后一个时期，加强处级干部队伍建设的总体要求是，以党的十七届四中全会精神为指导，认真贯彻落实署党组关于加强审计干部队伍建设的安排部署，坚持严格教育，严格管理，严格监督，以科学发展观统领处级干部队伍建设，以改革创新精神推进处级干部队伍建设，围绕特派办工作大局谋划处级干部队伍建设，用审计业务工作效果检验处级干部队伍建设，努力把我办处级干部队伍建设成为政治坚定、业务精良、管理过硬、作风扎实、清正廉洁的高素质队伍，为审计事业科学发展提供坚强的组织保证。主要目

标是，用3年左右的时间，使处级干部队伍整体素质明显提升，业务能力明显增强，工作作风明显转变。具体要把握好四个方面的基本要求。

（一）要勇于实践，提高能力。能力建设是处级干部队伍建设的核心。一要努力提高学习能力。善于学习，勤于学习，是一名领导干部的基本功。要树立终身学习理念，坚持学理论、学业务、学管理、学哲学、学政策、学法律，努力培养战略性、辩证性、创新性和开放性思维。要把学习与思考结合起来，把学习与运用结合起来，把吸收与创新结合起来，以干促学、以学促干，用学习能力的提高，带动实践能力、执行能力的显著提升。二要努力提高创新能力。增强创新意识，坚决破除落后的、不合时宜的传统思想观念，勇于否定自己过去的认识和经验，克服思维定式的消极影响，自觉地把国家政策和审计工作的具体实际相结合，在“结合”中寻求创新，树立新理念，思考新问题，开拓新思路。三要努力提高研究分析能力。审计干部不仅仅要善于发现问题，更重要的是要善于分析问题，能够找到存在问题的深层次原因，能够从体制机制等更高层面提出审计建议，这才能够成为一名优秀的审计干部。我们每一名处级干部都要在研究分析问题上下功夫，跳出审计看审计，以新的思维、新的视角，分析问题、判断问题、处理问题。四要努力提高协调沟通能力。协调沟通是审计工作重要的方法和艺术。要加强与审计署各司局的沟通联系，主动求得它们的指导和支持，不断提高工作水平。要善于与被审单位协调沟通，争取理解和配合，虚心听取它们的意见和建议，客观分析和对待被审单位存在的问题。要加强处室内部的沟通协调，做好干部群众思想政治工作，营造团结共事的良好氛围。要加强处室之间的沟通协调，做到相互尊重，相互支持，形成工作整体合力。五要努力提高执行落实能力。对办党组做出的安排部署，要一步一个脚印、扎扎实实地推进落实，决不搞“半截子”工程，不解决问题不放手，不达目的不罢休。要善于从繁重的工作中抓住重点，使各项工作及时高效推进。六要努力提高带兵打仗能力。在审计实施中，处级干部既是战斗员，又是指挥员，要充分利用每一个人的特长，发挥每个人的作用，打造团结、高效、富有战斗力的坚强工作团队。特别是正处长，职位不高，管人不多，但责任大，岗位特殊。业务处室处长的能力高低影响着“一条线”，综合处室处长的能力大小关系到“一个面”，在特派办的作用举足轻重。处长要不断提高分析判断、把握全局、综合决策、组织协调、知人善任能力，在工作筹划上，做到目标明确，思路清晰，方法得当，措施具体；在工作摆布上，做到统筹兼顾，突出重点，整体推进；在干部使用上，做到扬长避短，量才使用，合理分工，发挥整体合力，实现最大效能。

（二）要高度负责，勇创佳绩。具有强烈的责任心，是处级干部必须具备的基本品质，是做好审计工作的重要前提。高度负责，就要去私心、敢担当、有作为，在难题面前，敢闯敢试、敢为人先；在矛盾面前，敢抓敢管、敢于碰硬；在风险面前，敢作敢为、敢担责任。一要对党和国家负责。党和国家把我们放在审计这一重要岗位，对我们寄予厚望。我们一定要牢固树立党员意识、公务员意识、审计人员意识，不辜负党和国家的期望，切实履行好自己的职责，努力维护国家经济安全，确保政令畅通，用自己的实际行动报效党和国家。二要对事业负责。我们既然选择了审计事业，就要对这一事业负责，要具有强烈的事业心、责任感，有争创一流工作业绩的雄心壮志，做到一事未完寝食难安、一事有误愧疚不已，尽心履职，尽力工作，以昂扬向上的激情推动审计事业不断发展进步。三要对社会负责。审计工作涉及经济社会发展的方方面面，要站在全局的高度看审计，认识到做好审计工作就是对经济社会发展做贡献，对问题查不深、查不实甚至视而不见，就是失职渎职，就是失信于社会、失信于民。四要对组织负责。组织上把大家任用在处级领导岗位，是工作的需要，更是对大家品质的认可、能力的信任，我们要常怀感恩之心，竭尽全力地工作，抓好各项工作的推进落实，用优异的工作成绩向组织上交出满意的答卷。五要对下属负责。处级干部工作态度，决定着一个处室风气的形成，一个没有责任心的处长，不但无法高质量完成工作任务，还会贻误下属的成长进步。我们要以对同志高度负责的精神，发挥好传帮带作用，努力培养年轻干部，对工作严要求，对干部严管理，让他们得到更快的发展和提高。六要对人生负责。人生一世就要有追求，我们能够走上处级领导岗位，说明我们每个人都有上进心、有追求，也有成就。我们要把自己的人生融入到特派办的发展当中，让自己活得更有价值。

（三）要严格要求，改进作风。作风是领导干部内在素质的外在表现，是事业成功的重要保障。每一名处级干部都要从自身做起，努力培养过硬的作风，更好地为审计事业发展服务。一是培养勤奋务实的作风。要把所有心思凝聚到干事业上，把全部本领用在促发展上，把最大功夫下到抓落实上，善抓大事、常抓小事、敢管难事、多做实事。要克服畏难情绪、懒惰行为和颓废心态，始终保持昂扬向上的精神状态，保持一种敢打硬仗的士气，对确定的事情要敢于接招、敢于亮剑、敢于胜利。二是培养严谨细致的作风。审计工作质量在很大程度上体现在“严”和“细”上，细节绝不是小事，不注重细节就可能“差之毫厘、失之千里”。要从小事抓起，从点滴做起，培养严谨细致的职业习惯，从审计方案制定、审计实施、报告撰写到审计处理和成果利用，每个步骤和细节都不能丝毫马虎，都要做认真过细的工作。三是培养雷厉风行的作风。要保持时不我待、只争朝夕的劲头，对待每一项工作，都要做到不懈怠、不迟滞、不推脱，该办的事情早动手、早见效，能解决的问题要解决好，不能久拖不决、积累矛盾。要敢于碰硬，勇于同各种违法乱纪行为作斗争，秉公执审，提高审计突破能力。四是培养谦虚谨慎的作风。要多学别人的长处，多看自身的不足，低调做人，谦虚办事，在失意的时候不放弃、不丧志，在得意的时候不忘形，不盛气凌人。要始终做到如履薄冰、如临深渊，无论是对待学习、工作，还是对待生活，都要时时反思，时时警醒。五是培养艰苦奋斗的作风。强调艰苦奋斗，并不是让审计干部当苦行僧、过紧日子，而是要提醒大家时刻绷紧艰苦奋斗这根弦，决不能贪图安逸、追求享乐，要经得住各种利益的诱惑，牢记“八不准”规定，坚决不能与被审计单位有非正常联系，更不允许参加被审单位宴请和高消费娱乐活动。六是培养坚韧不拔的作风。始终保持一种锲而不舍、一抓到底的“韧劲”，对办党组安排部署的各项工作，要抓住不放，善始善终。

（四）要加强修养，塑造形象。审计干部良好形象的塑造过程，就是审计干部自我修养的过程，塑造形象必须从加强修养做起。一要有坚定的理想信念，始终忠诚于党，忠诚于人民，忠诚于审计事业，坚定为审计事业发展而奋斗的决心，只有这样才能从内心深处爱上审计、奉献审计，做到终身无怨无悔。二要有丰富的专业知识，把学习作为一种精神境界、一种生活习惯，熟练掌握并灵活运用各种审计方法，不断提高审计工作效率，保证审计质量。三要有高尚的道德情操，加强思想道德建设，自觉践行社会主义荣辱观，培养高尚的道德情操，始终保持蓬勃朝气、昂扬锐气、浩然正气，靠道德和人格力量赢得尊重、建立威信。四要有高雅的兴趣爱好，业余时间，适当的休息、调节是必要的，但玩要有限度，要有节制，要远离黄、赌、毒，多从事有益身心健康的业余的文化活动，不断提高自身修养和人格魅力。五要有良好的人际关系，处理好与上级、下级、同级和外部等各种人际关系，努力形成团结、和谐、协作、健康的人际关系，同时要谨慎交友，把好社交圈。六要有清廉的做人准则，做到防微杜渐，筑起牢不可破的防线，在各种诱惑面前，把工作、原则和责任放在首位，稳住心神，管住身手，带头执行廉洁从政各项规定，自觉防止权力失控、行为失范。

三、努力为处级干部队伍建设创造宽松和谐环境

在处级干部队伍建设上的要求是很高的，既需要处级干部自身在日常工作生活中持之以恒、付出艰苦的努力，也需要有适宜干部队伍建设的外部条件。一是创造优良的学习提高环境，开展学习型特派办创建活动，经常性地组织读书交流研讨活动，创造条件让更多的处级干部参加各种形式的学习培训，支持大家参加各种类型的继续教育，积极推荐处级干部到地方政府、企事业单位挂职锻炼。二是创造优良的干事创业环境，进一步明确处长、副处长、处级员的岗位职责，使处级干部任务明确、责任具体；在审计业务工作中，发挥处长作用的同时，注重发挥副处长、处级员作用，交重任、压担子、给机会，调动每一名处级干部工作积极性；正确评价

和使用干部，看主流、看方向、看业绩，用人所长，容人所短，不求全责备；鼓励干部大胆工作、大胆突破，对改革的措施、创新的做法，只要主观意愿良好、出发点正确，允许工作中有失误，支持干部修正失误。三是创造优良的成长进步环境，树立正确的用人导向，重政绩、重品行，不唯票数、不唯分数、不唯资历，把干部精力、活力和潜力引导到干事创业上来；建立处级干部轮岗交流、公开选拔、考核评价制度，推进能者上、平者让、庸者下；积极沟通协调，努力畅通干部出口，拓宽干部输出渠道。四是创造优良的民主政治环境，坚持特派办发展依靠处级干部、尊重处级干部，让处级干部充分享有知情权、参与权、表达权，特派办的重大问题、重大决策、重大事项通过座谈、问卷、谈话等形式及时征求处级干部意见；坚持开展谈心谈话活动，及时听取处级干部的要求、意见和建议；鼓励处级干部为特派办发展献计献策，定期开展干部建议征集活动，对优秀的意见建议进行物质奖励。五是创造优良的工作生活环境，积极改善办公条件，逐步提高审计干部生活待遇，努力解决干部职工的实际问题，坚持开展健康有益的文化活动，缓解干部生活、工作和精神压力，让干部职工有归属感，保护和调动干部工作积极性。六是创造优良的宣传舆论环境，及时总结、宣传和向上推荐处级干部先进事迹，开展优秀处级干部评选活动，选树优秀处级干部典型，对贡献突出的，大张旗鼓地表彰和奖励，在网上创建处级干部论坛，宣传处级干部正确主张，让处级干部有尊严、有荣誉感。

（节选自2010年9月在长沙特派办中心组学习会上的讲话）

有针对性地做好青年干部培养工作

要准确识人。古往今来，很多名人在年轻的时候就已经崭露头角，甘罗12岁封上卿，周瑜13岁能领兵，肖克24岁任红八军军长。他们的成长当然都有其特定的历史背景，但如果没有人去发现，没有人去培养，他们再优秀也很难脱颖而出。作为领导干部，特别是组织人事部门，一项非常重要的职责就是要知人善任。青年干部刚参加工作时很多稚气未脱，没有接受过社会的历练，身上有一种“初生牛犊不怕虎”的闯劲，也有着浮躁娇气、好高骛远的习气。我们一方面要理解年轻人，避免用挑剔的眼光看待青年干部，防止把青年人的意气风发看成心浮气躁，把敢作敢为看成鲁莽蛮干，把大胆创新看成违背传统，把直抒胸臆看成怪话牢骚。我们都是从青年时代走过来的，也经历过了“激情燃烧的岁月”，对青年人应当有充分理解和宽容，避免戴着“有色眼镜”看人。我们要允许青年干部有失误，决不能“一碗水看到底”，让青年人“一失足成千古恨”。要区别情况，对青年干部进行客观、完整的评价，用全面、系统、发展的观念看人。如果以挑剔的眼光、求全责备的态度识人看人，就难以发现人才，就会错过人才。对于看准了的、品质优秀的青年干部，一定要精心加以培养，让他们脱颖而出，发挥更大的作用。

要敢于用人。大量事实证明，只要有实践机会、有干事舞台，青年人照样能担当重任。在我们党的历史上，许多老一辈革命家担任军长的时候，包括方面军军长，也就是二三十岁，新中国成立初期担任中央和省一级重要领导职务的许多同志当年也就四十来岁，我记得当时李先念40岁，小平同志45岁。改革开放以来，不到40岁就提拔为省部级的优秀干部也并不少见，胡春华29岁正厅级、34岁副部级、43岁正部级；汪洋32岁正厅级、38岁当选安徽省副省长。我是从大庆走出来的干部，铁人王进喜有句名言：井无压力不出油，人无压力轻飘飘，我对此体会非常深。记得我刚参加工作时在大庆市龙凤公社当团委书记，后来又担任公社党委委员、革委会副主任，当时我们公社的老书记有意识给我压担子，一些重要的会议甚至全乡的大会，经常让我去讲话部署工作，当时我只有21岁，开始心里也没底，但书记要求我去讲，硬着头皮也得上，但我每次都认真准备，讲完效果也很好，还有其他工作也都让我冲在前面。这段时期是我人生中得到锻炼，收获最多的时期之一，为我后来的发展之路奠定了坚实的基础。我到市政府担任领导职务后，当时我分管的战线有很多优秀的年轻干部，通过向市委推荐，有几位30多岁的干部，担任了部门一把手，这些年轻干部工作非常有激情、有魄力、能干事，不但成为我的得力助手，后来也陆续走上了厅级领导岗位，有的任地市委主要领导，有的到省直部门任领导职务。这些都充分说明用干部年龄不是问题，问题是有没有真本事，只要有能力就应给舞台，就要压担子，要敢于把重要岗位、重要工作交给青年人去做。

要善于管人。常常碰见有些单位的领导干部抱怨说现在的青年人难管难带：这次错误改了，没几天又犯了；当面答应很好，背后又开始非议；表面应承下来了，过后又我行我素。人本来就是难管的，青年干部参加工作不久，既不适应环境，思想也没有定性，管起来确实有难度，只有找准问题的原因，才能真正管到点子上。比如，有的青年干部因为没有树立起正确的荣誉观和集体感，这种情况下要通过思想教育、言传身教引导他们树立观念，让他们迅速融入集体；还有的青年干部表现自由散漫，这种情况下要给他们定纪律、立规矩，通过落实奖惩激励机制来激发其自律自强的动力；还有的青年干部确实付出很多但相对得到较少，这种情况下要做好思想工作，将来要从全局上考虑，适当搞好兼顾；有的青年干部有时候可能就是一个习惯问题，比如有的容易马虎大意，这时就需要有意识地让他从事一些更细致的工作，通过工作中的历练让他成熟起来。还有的青年干部确有一些自我要求不严，主观不努力，或者有违纪违规问题，对这种干部也别姑息，应该严格教育、严格管理，甚至有的还要严肃处理。总之，管好青年干部的办法有很多，管人的方式也因为每个领导个人的风格有所不同，还是要对症下药，讲究管理人的方法和管人的艺术。

要真诚帮人。对青年干部严格管理、严格约束，有利于他们的快速成长，但严不等于每天都板着面孔，也不是一味地苛求，要以理服人、以情感人、真诚帮人，这样才能促进青年干部健康成长，把青年干部团结起来、带动起来。青年干部刚刚参加工作，处在人生成长的“爬坡”阶段，而且面对着各种各样的压力和挑战，我们要多关心、多关注，特别是要多关爱，要在政治上关心他们，在理想信念、价值观念等方面多做疏导和引导，要多了解青年干部的思想状况，少一些对青年干部的成见，避免先入为主。要在工作上支持他们，对青年干部工作中的良好愿望要尽量创造条件，对他们一些新办法、新探索要大力支持，鼓励他们大胆创新，对不切实际的想法要尽量有策略地耐心解释，不要泼冷水、态度生硬，保护好他们的积极性。要在生活上帮助他们，特别是当他们遇到困难、挫折的时候，要多给予一些鼓励和帮助，帮助他们总结工作当中的经验教训。领导干部还要为青年干部做表率，搞好“传帮带”，以自身模范行动来影响带动青年干部。

（节选自2013年2月审计署青年干部培养工作座谈会上的发言）

始终保持共产党员政治本色

作为一名合格的党员领导干部，必须有坚定的共产主义理想信念，这是我们党的革命和事业生生不息、持续发展的首要前提。革命战争时期，老一辈无产阶级革命家和无数仁人志士，正是树立了远大的共产主义理想信念，才能不怕牺牲，矢志不渝，坚持斗争，以星星之火，终成燎原之势，迎来了新中国的成立。必须有强烈的群众观念和宗旨意识，人民群众是历史的主体，是历史的创造者与推动者，井冈山革命斗争的实践，也反复证明了党和人民群众的鱼水关系，为了群众、依靠群众，革命就会取得胜利；忽视群众、背离群众，革命就会受到挫折。党的群众路线必须始终坚持，毫不动摇。必须有严格的组织纪律和政治纪律，毛主席说："加强纪律性，革命无不胜"；小平同志讲："有理想、有道德、有文化、有纪律，这四条里面，理想和纪律特别重要。"有了铁的纪律，才能一切行动听指挥，全党才能步调一致。无论是革命战争年代艰苦卓绝的军事斗争，还是改革开放新时期如火如荼的发展实践，都需要严明的纪律作保证。必须始终保持艰苦朴素的优良作风，革命战争年代，党领导革命军队在难以想象的艰苦条件下，不断发展壮大，取得了一个又一个胜利，最终夺取全国政权。如果没有那种吃苦精神，特别是领导干部不保持艰苦朴素的优良作风，就会消磨意志、脱离群众，就难以团结和带领人民推翻三座大山，成立新中国。

对照老一辈无产阶级革命家，对照无数的革命先烈，对照党的要求，深感自身还有很多差距和不足。主要是，理想信念还不够坚定，在学习运用马克思主义的理论、观点、立场方面，还有很大的提升空间，对我们党前进中遇到的一些困难和挫折，特别是暴露出的问题，有时也很困惑、甚至迷茫，也有些担忧，反映出自身理想信念方面还有差距。宗旨意识树得还不牢，特别是担任审计署领导干部后，工作性质发生了变化，接触的大多是机关干部，与群众接触少了，客观上造成与群众距离越来越远，对宗旨意识和群众观念有所忽视。勤俭节约意识还不强，所抓的一些工作，总怕留遗憾，在标准上总有就高不就低的想法和意识，个人有时也有“有条件就享福、没条件就吃苦”的思想，思想深处享乐意识仍然存在，在发扬艰苦奋斗作风方面还有需要改进之处。

作为一名受党培养教育几十年的领导干部，任何时候都不能松懈，要进一步加强党性修养和锻炼，强化宗旨意识，切实增强责任心和使命感，做合格的党员领导干部。一是树立终身学习的理念，不断改造主观世界。自觉把学习作为一种精神追求和工作方式，无论在岗、离岗，还是将来退休，都坚持持续学习，活到老学到老，努力改造主观世界。特别是在坚定理想信念上下功夫，把好世界观、人生观、价值观这个“总开关”，练就“金刚不坏之身”；在增强宗旨意识方面下功夫，始终站稳群众立场，密切联系群众，永远做劳动人民的普通一员；在加强党性修养方面下功夫，始终保持先进性和纯洁性，在各种诱惑面前经受住考验；在严守政治纪律方面下功夫，在大是大非面前坚持原则，始终同以习近平同志为总书记的党中央保持高度一致。二是认真履职尽责，站好最后一班岗。以只争朝夕的精神状态和饱满的工作热情，以强烈的事业心和使命感、责任感，脚踏实地、勤勤恳恳、全身心投入，做好利当前、打基础的工作，不辜负领导和同志们的信任。三是深入基层实际，加强调查研究。认真履行好全国政协委员职责，每年确定一个课题，深入基层进行充分的调查研究，积极提出有价值的议案；继续关心审计、研究审计，倾听社会对审计的反映，就审计发展中的一些重大问题进行深入思考，积极进言、发挥余热。四是从严要求自己，保持晚节。时刻绷紧廉政这根弦，从严要求，廉洁自律，筑牢思想道德防线，始终保持共产党员政治本色。

（节选自2013年9月井冈山干部学院第5期省部级干部党性教育专题培训班论文）

后　记

应中国文史出版社之约，选编了这本《永思勇行》，作为“政协委员文库”的其中之一。

我1971年1月参加工作后，曾经工作生活过五个城市，大庆、成都、天津、长沙和北京；在国有企业、乡镇党委、地方政府、国家审计机关工作过，在全国政协委员岗位上履过职；所从事的领域涉及农林财贸、城市规划建设管理、文化教育卫生和审计监督等；职务从企业的普通职工到企业领导干部，从乡镇干部到地市级政府领导，从审计一线主要负责人到国家审计机关副部级领导干部，再到全国政协委员、中国经济社会理事会理事。

在五个城市、十几个领域、几十个岗位上48年的拼搏奋斗历程告诉我，一名党员领导干部，一名人民公仆，要肩负起党和人民赋予的责任使命，必须坚守知行合一，必须坚持永思勇行。我深刻地体会到，领导干部必须“永思”，把思考作为终生课题，勤于思考、善于思考，有高超的思考能力，努力成为思想型领导干部，这样才能更好地引导群众，才能选择正确的发展路子；领导干部必须“勇行”，把干事作为看家本领，勇于创新、敢于突破，有强烈的责任意识，努力成为实干型领导干部，这样才能不负党和人民的期望，干成一项项事业。说来也巧，我曾用名李永库，后更名为李勇库，我想这也许是我坚守永思勇行人生信条的必然吧！

收录到《永思勇行》文库的文稿，是我在各个时期思考工作、推动发展的历史印记，有一些是理论文章，有一些是调研考察报告，有一些是在不同场合的讲话稿。这里面既有我对相关工作的深刻思考，特别是一些改革创新举措，在当时条件下有的开创了国内、省内和行业先河，对引领相关工作改革创新发挥了积极的作用；也有我对相关工作的推动部署，特别是一些在极其困难的条件下，推动相关工作深入落实，取得了较好的成效。这些，都深深地印记在了自己的脑海里，也比较充分地反映在了收录的文稿里。

当然，一些观点、举措，特别是一些创新性做法符合当时历史条件下的实际，在今天看来也许已经过时，但我感到蕴含其中的探索、创新、改革、担当精神，在今天仍然值得借鉴，我想这也是这本文库的价值所在。

文库在辑录过程中，得到了相关同志的支持和帮助，在此表示衷心的感谢。文稿中如有不妥之处，文责由我自负。

李勇库

2018年10月于北京

图书在版编目（CIP）数据

永思勇行 / 李勇库著 . —北京 : 中国文史出版社 , 2019.2

ISBN 978-7-5205-1031-8

Ⅰ . ①永… Ⅱ . ①李… Ⅲ . ①社会科学—文集 Ⅳ . ① C53

中国版本图书馆 CIP 数据核字（2019）第 036569 号

责任编辑：胡福星

出版发行：中国文史出版社
社　　址：北京市海淀区西八里庄 69 号院　邮编：100142
电　　话：010– 81136606　81136602　81136603　81136605（发行部）
传　　真：010–81136655
印　　装：北京地大彩印有限公司
经　　销：全国新华书店
开　　本：787 × 1092　1/16
印　　张：22.5
字　　数：270 千字
版　　次：2019 年 3 月北京第 1 版
印　　次：2019 年 3 月第 1 次印刷
定　　价：64.00 元